ANNE METTE
HANCOCK

# GRABES
# STERN

Thriller

Aus dem Dänischen
von Karoline Hippe



SCHERZ

Aus Verantwortung für die Umwelt hat sich der S. Fischer Verlag zu einer nachhaltigen Buchproduktion verpflichtet. Der bewusste Umgang mit unseren Ressourcen, der Schutz unseres Klimas und der Natur gehören zu unseren obersten Unternehmenszielen.

Gemeinsam mit unseren Partnern und Lieferanten setzen wir uns für eine klimaneutrale Buchproduktion ein, die den Erwerb von Klimazertifikaten zur Kompensation des $CO_2$-Ausstoßes einschließt.

Weitere Informationen finden Sie unter: www.klimaneutralerverlag.de

MIX
Papier aus verantwortungsvollen Quellen
FSC® C083411

Erschienen bei FISCHER Scherz

Die dänische Originalausgabe erschien 2020 unter dem Titel »Pitbull« im Verlag Lindhardt og Ringhof, Kopenhagen

Published by arrangement with Nordin Agency ApS, Denmark

Für die deutschsprachige Ausgabe:

Hedderichstraße 114, D-60596 Frankfurt am Main

Satz: Fotosatz Amann, Memmingen
Druck und Bindung: CPI books GmbH, Leck
Printed in Germany
ISBN 978-3-651-00095-7

FÜR MEINE HEIMAT

*Schlafende Hunde soll man nicht wecken.*

Sonntag, 14. Juli

# PROLOG

Bist du zum ersten Mal bei einer Exhumierung dabei?« Hauptkommissar Erik Schäfer schob sich eine filterlose King's zwischen die Lippen und sah dem Kran bei der Arbeit zu. Die Seilwinde ratterte und quietschte; langsam hob das rostrote Monstrum eine lehmige Kiste aus dem Erdloch vor ihnen.

Heloise Kaldan verscheuchte eine Fliege vor ihrem Gesicht und nickte.

»Das ist kein Kindergeburtstag, so viel ist sicher.«

»Schlimmer kann es wohl kaum werden«, sagte Heloise und blickte zum Grabstein. Die Behörden hatten den schwarz melierten Marmorblock vor Beginn der Aushebung vom Grab entfernen lassen. Der Stein lag mit der Vorderseite nach unten auf dem gelben, sonnenverbrannten Gras. Schäfer wiegte den Kopf hin und her, als wolle er sagen: Ja und nein.

»Es kommt drauf an«, sagte er. »Leichen halten sich in Särgen verblüffend gut.«

Heloise warf ihm einen skeptischen Blick zu. »Nach so vielen Jahren?«

Er wölbte die Hand vor dem Gesicht und zündete die Zigarette an. Der Qualm paffte ihm beim Sprechen aus Mund und Nase.

»In der freien Natur werden Leichen relativ schnell zersetzt.

Ein paar Monate, vielleicht sogar nur Wochen, wenn das Wetter so ist wie jetzt, und sie sind bis auf die Knochen verwest.«

Schäfer ließ den Blick über die Flensburger Förde schweifen. Die gleißende Sonne spiegelte sich auf der Wasseroberfläche, weiße Segel ragten in den Himmel.

Dann wandte er seine Aufmerksamkeit wieder dem Kran zu.

»In einem Sarg kann eine Leiche über mehrere Jahre gut erhalten bleiben. Versteh mich nicht falsch: Ein schöner Anblick ist das nicht, aber wir können davon ausgehen, dass der Inhalt dieser Kiste einem Menschen ähneln wird.« Mit dem Kinn deutete er Richtung Sarg, der in diesem Moment die letzten Zentimeter aus dem Grab gehoben wurde.

Die salzige Fördeluft vermischte sich mit dem Duft von Grillkohle, der vom Campingplatz unten am Strand heraufzog, und mit dem herben Geruch von Verwesung. Der Gestank ließ Heloise einen Schritt zurücktreten.

»Und jetzt?«, fragte sie.

»Jetzt bringen wir den Leichnam in die Rechtsmedizin und nehmen ihn unter die Lupe.«

Mit einem dumpfen *Klong* wurde der Sarg auf die Metallbahre vor dem Kühltransporter gestellt.

»Sollen wir den nach Aabenraa oder nach Sønderborg bringen?«, fragte ein uniformierter Beamter, der neben dem Fahrer des Transporters stand.

»Nichts da«, sagte Schäfer und gestikulierte mit erhobenem Zeigefinger in Richtung der Männer. »Zur Teufelsinsel, Jungs.«

Er ging zu ihnen und erklärte, dass der Sarg nach Kopenhagen verfrachtet werden solle. Heloise sah, wie er den richterlichen Beschluss aus seiner Hosentasche fischte und dem Beamten vor die Nase hielt.

Heloises Handy vibrierte. Sie befanden sich so dicht an der

Grenze, dass sie immer wieder im deutschen Netz landete. Auf dem Display wurde keine Nummer angezeigt.

»Hallo?«

»Guten Tag, spreche ich mit Heloise Kaldan?«, fragte die Stimme am anderen Ende leise, fast schon im Flüsterton.

»Ja, am Apparat.«

»Mein Name ist Markus Senger, ich arbeite als Sterbebegleiter. Ich rufe wegen Jan Fischhof an.«

Heloise wurde das Herz schwer, und sie ließ den Kopf hängen.

»Ist er tot?«, fragte sie und legte die Hand in den Nacken.

»Nein, aber es wird nicht mehr lange dauern. Er hat starke Schmerzen und verliert immer wieder das Bewusstsein, also … Wir glauben, dass es sich nur noch um Stunden handeln kann.«

»Aber als ich gestern Abend mit einer ihrer Kolleginnen gesprochen habe, klang es so, als ginge es ihm einigermaßen gut.«

»Ja, aber sein Zustand hat sich über Nacht verschlechtert. Er hat mehrfach nach Ihnen gefragt, deswegen rufe ich an.«

Heloise nickte und sah hinüber zum deutschen Ufer auf der anderen Seite der Förde.

»Ich bin gerade nicht in Kopenhagen, aber ich …« Sie schaute auf die Uhr. Der nächsten Flieger ging erst in mehr als zwei Stunden. »Ich kann am späten Nachmittag da sein.«

»Vielen Dank. Dann drücken wir die Daumen, dass Sie rechtzeitig ankommen.«

»Ist jetzt gerade jemand bei ihm?«

»Ja, wir haben Kollegen vor Ort, aber er will nicht, dass jemand von uns in sein Schlafzimmer kommt. Er möchte nur Sie sehen.«

»Okay.« Heloise nickte. »Sagen Sie ihm, dass ich unterwegs bin.«

»Danke, das werde ich ausrichten.«

»Und Markus – war das Ihr Name?«

»Ja.«

»Sagen Sie ihm …« Heloise schaute hinauf in das wolkenlose Nichts über sich und suchte nach Worten. »Sagen Sie ihm, er muss keine Angst haben … und …« Sie musste mehrmals schlucken. »Sagen Sie ihm, dass er auf mich warten soll.«

Heloise beendete das Gespräch und sah auf. Schäfer stand vor ihr und musterte sie mit gerunzelter Stirn.

»Fischhof?«, fragte er.

Sie nickte und steckte das Telefon ein.

»Ich muss nach Hause. Sie rechnen damit, dass er im Laufe des Tages stirbt.«

Schäfer nahm einen langen Zug von seiner Zigarette und betrachtete sie eindringlich.

»Gut.« Er nickte und pulte ein Fitzelchen Tabak von seiner Unterlippe.

»Aber mach dich nicht fertig, okay?«

»Was meinst du damit?«

»Er ist kein Teil deiner Familie. Er ist nicht dein Vater, also … lass das nicht zu nah an dich ran.«

Heloise sah ihm fest in die Augen. »Er liegt im Sterben, kapierst du das? Er stirbt, und er ist ganz allein.«

Schäfer nickte. »Ja, das versteh ich. Aber jeden Tag sterben Menschen. Du kannst nicht allen die Hand halten.«

Heloise schüttelte den Kopf. Sie war zu müde, um sich aufzuregen.

»Ich habe auch nicht vor, allen die Hand zu halten. Ich rede hier von *einem* Menschen. Ein Mensch, für den ich da sein kann. Jetzt. Heute. Ist das nicht der Sinn von Sterbebegleitung?«

»Ja, das ist eine sehr schöne Geste«, sagte er und nickte. »Aber man muss auch in der geistigen Verfassung dazu sein.«

»Ja, ganz deiner Meinung. Worauf willst du hinaus?«

Schäfer zuckte mit den Schultern.

»Du wirkst, als würde dich das ganz schön mitnehmen.«

Heloises Blick wanderte von den Blutungen unter Schäfers Auge zu dem Sarg und wieder zurück.

»Natürlich nimmt es mich mit«, sagte sie. »Ich weiß nicht, ob du es mitbekommen hast, aber die letzten Tage waren echt heftig. Und jetzt liegt Fischhof im Sterben, und ich habe ihm versprochen, bei ihm zu sein. Ich habe ihm versprochen, ihm dabei zu helfen, mit dieser ganzen Scheiße hier abzuschließen.« Sie deutete auf den Sarg.

»Ach, Heloise, verdammt …« Schäfer schüttelte nachsichtig den Kopf. »Du müsstest es doch nun wirklich besser wissen, statt –«

»Ich muss los!« Heloise kehrte ihm den Rücken zu und ging zu ihrem Wagen. »Ich habe es versprochen.«

Schäfer warf den Zigarettenstummel auf den Boden und trat ihn aus.

»Das hättest du besser nicht tun sollen«, murmelte er.

Vier Tage zuvor | Mittwoch, 10. Juli

# 1

Heloise schloss die Tür mit dem Generalschlüssel auf, den das Rote Kreuz ihr ausgehändigt hatte, und betrat den dunklen Flur. Seit dem ersten Treffen vor drei Monaten waren die Abstände zwischen ihren Besuchen in dem kleinen Fachwerkhaus in Dragør immer kürzer geworden, und heute schaute sie bereits zum dritten Mal in nur einer Woche vorbei.

Sie hängte ihre Tasche an den Haken im Flur und ging in die Küche, um einer der Pflegerinnen, die sie dort herumhantieren hörte, hallo zu sagen.

»Hej, Ruth«, begrüßte sie die kleine stämmige Frau, die mit dem Rücken zu ihr stand und den Küchentisch abwischte. Demonstrativ machte die Frau weiter, ohne aufzublicken, und fuhr unbeirrt mit ihrer Arbeit fort. Ihre Haare trug sie zu einem kurzen Herrenschnitt gestutzt, und Heloise konnte helle Streifen in den Falten des vornübergebeugten Nackens erkennen, wo keine Sonne hingelangt war.

Heloise spähte den Flur hinunter Richtung Schlafzimmer, dessen Tür nur angelehnt war.

»Schläft er?«

»Nein, ich glaube nicht«, antwortete Ruth. »Ich habe ihn raus in den Garten geschoben, damit er an die frische Luft kommt.« Sie wrang den Lappen aus und legte ihn zum Trocknen über den

Wasserhahn. »Hier drinnen ist es so schummerig und trist, er hat den ganzen Tag den Kopf hängen lassen, also dachte ich, es täte ihm gut, wenn er mal vor die Tür kommt. Aber der alte Sturkopf hält davon ja nicht so viel. Er hat sich so gesträubt, als hätte ich ihm gerade verkündet, ihm ein Bein amputieren zu müssen.«

Heloise lächelte. Sie konnte es sich bildlich vorstellen, wie Jan Fischhof wegen etwas so Harmlosem wie ein paar Sonnenstrahlen in Rage geriet.

Ihr Blick fiel auf einen Teller, der auf dem Küchentisch stand. Das Stück falscher Hase und die paar bräunlichen Kartoffeln waren nicht angerührt worden.

»Und gegessen hat er heute auch wieder nichts?«

»Nicht einen Bissen.« Ruth trocknete sich die Hände an ihrer Schürze ab. »Ich hab ihm gesagt, dass er auch kein Bier bekommt, wenn er nicht wenigstens ein paar Happen isst, aber selbst das konnte ihn nicht umstimmen.«

»Aber hat er sein Bier schon bekommen?«

»Wer nichts isst …« Mit ausdrucksloser Miene spannte sie ein Stück Frischhaltefolie über das Mittagessen.

»Ach, komm schon, Ruth«, sagte Heloise und legte den Kopf schräg. »Der Herr wünscht nun mal, dass ihm seine letzte Mahlzeit in einer Flasche serviert wird, dann erfüllen wir ihm diesen Wunsch doch.«

Ruth kniff die Lippen zusammen.

»Ist das die Schlagzeile, die du über deinem Artikel lesen willst? *Im Suff gestorben*?«

Die Worte trafen sie hart, und Heloise hatte den Eindruck, dass sie schon lange in Ruth rumort und nur auf die Gelegenheit gewartet hatten, aus ihr hervorzuplatzen. Heloise hob die Augenbrauen und lächelte verwundert.

»Passt es dir nicht, dass ich hier bin, Ruth?«

»Nein, das passt mir nicht.« Endlich drehte Ruth sich um und erwiderte Heloises Blick mit vorgeschobenem Kinn, die Arme in die Seiten gestemmt. Ihr dicker Hals färbte sich dunkelrot. »Ein alter Mann, der im Sterben liegt, sollte nicht für die Unterhaltungsseiten irgendeiner Zeitung herhalten müssen. Das hier ist kein Spiel!«

»Das ist mir völlig bewusst.«

»Unsere Aufgabe als Sterbebegleiterinnen ist es, den Sterbenden in ihren letzten schweren Stunden mit Trost und Fürsorge beizustehen und bei ihnen zu sein. Wir hören zu und tun, was wir können, um ihnen den schweren Abschied vom Leben leichter zu machen.«

»Genau deswegen bin ich doch hier.« Heloise trat Ruth gegenüber und legte ihr die Hände auf die Schultern.

»Ich verstehe sehr gut, dass du dir Sorgen machst. Aber du musst wissen, dass mir das hier mehr bedeutet als irgendein Arbeitsauftrag. Ich bin nicht mehr nur als Journalistin hier. Ich bin hier, weil ich hier sein will und weil Jan und ich … uns verbindet etwas. Verstehst du?«

Ruth betrachtete Heloise mit stummer Skepsis.

»Es geht mir nicht mehr nur um den Job«, fuhr Heloise fort.

Ruth nickte widerwillig. »Dann willst du also doch nicht über ihn schreiben?«

Heloise biss sich auf die Unterlippe, während sie nach den richtigen Worten suchte.

»Zumindest nicht jetzt und nicht auf die Art, wie du es befürchtest. Das verspreche ich.«

Die Runzeln um Ruths Mund verrieten, dass sie mit dieser Erklärung erst einmal zufrieden war. Sie stellte den Teller mit dem Mittagessen in den Kühlschrank und zog sich die Schürze mit einem Ruck vom Leib.

»Na gut, wenn du noch einem Moment bei ihm sitzen willst, wird das heute schon noch gehen.«

Heloise nickte. »Ich passe gut auf ihn auf.«

Ruth verließ die Küche. Heloise wartete noch, bis sie die Haustür ins Schloss fallen hörte, dann trat sie an die offene Terrassentür und schaute hinaus in den Garten. Dort saß Jan Fischhof in seinem Rollstuhl unter einem großen, limettenfarbenen Sonnenschirm. Das gleißende Sonnenlicht fiel durch den giftgrünen Stoff und legte ein Schimmern auf Jan Fischhofs knochiges Gesicht, das seine Haut noch kränker aussehen ließ, als sie es ohnehin schon war. Sein Kopf war kahl, weder Brauen noch Wimpern rahmten seine eingesunkenen Augen ein, die Zähne wirkten daher umso riesiger. Der Mann war nicht älter als siebenundsechzig Jahre, doch der Lungenkrebs hatte ihn innerhalb kürzester Zeit in jemanden verwandelt, der auf die neunzig zuzugehen schien. Neben seinem Rollstuhl stand ein Beatmungsgerät. Jans Augen waren geschlossen, der Mund offen, seine Lippen schlaff, und die grobschlächtigen Hände lagen, die Handflächen nach oben, in seinem Schoß.

Er sah aus, als wäre er bereits tot, dachte Heloise.

»Jan?«, rief sie.

Jan Fischhof blinzelte, öffnete die Augen einen Spalt, und sein Blick glitt hinüber zu Heloise, ohne sie wirklich zu registrieren.

»Ach, du bist ja wach.« Sie lächelte.

Er schloss die Augen wieder.

Heloise schirmte mit der Hand die Sonne ab und ging auf ihn zu. Schon seit drei Wochen lag sengende Hitze über dem Land. Die Strände der gesamten Ostseeküste stanken bereits nach verrottetem Tang, auf Feldern und Wiesen herrschte staubige Dürre.

Auch Jan Fischhof hatte mit den hohen Temperaturen zu kämpfen. Die Venen unter der pergamentdünnen Haut waren angeschwollen, und am Kragen seines Hemdes und an der Brust zeichneten sich Schweißflecken ab. Mit jedem Schritt, den Heloise näher an ihn herantrat, klang sein pfeifender, rasselnder Atem gequälter.

»Du siehst aus, als wär dir zu warm«, sagte sie und setzte sich vor ihm in die Hocke. Sie legte eine Hand auf sein Bein und drückte es sanft. »Brauchst du etwas zu trinken?«

Seine Augenlider glitten auf, diesmal sah er sie aufmerksamer an. Langsam nickte er.

»Ja, gern«, antwortete er. »Ein Pils wäre nicht schlecht.«

Heloise lächelte. »Bin gleich wieder da.«

Sie stand auf und ging durch die Terrassentür hinein. In dem kleinen Haus war es kühl und dunkel. Heloises Blick wanderte über die Möbel im Wohnzimmer. Der Raum schien von einer Frau eingerichtet worden zu sein. Auf dem geblümten Sofa waren bestickte Kissen drapiert, und auf den staubigen Regalen standen Kristallvasen und Porzellanfiguren von Eisbären und kleinen Mädchen, die Hände zum Gebet gefaltet. Auf dem Schreibtisch in der hinteren Ecke des Zimmers stand ein Strauß Heidekraut in einer geschwungenen Aalto-Vase. Die Blüten hatten schon längst ihre Farbe verloren, und Heloise fragte sich, ob wohl Fischhofs verstorbene Frau Alice diesen Strauß vor langer Zeit gebunden hatte. Vielleicht hatte er sich deshalb noch nicht davon trennen können?

Ihr Blick wanderte weiter über die vielen gerahmten Familienfotos, die neben dem Strauß auf dem Schreibtisch standen. Einige von ihnen hatten einen leichten Sepiaton und schienen demnach schon etwas älter zu sein, andere sahen moderner aus. Heloises Blick blieb an einer der Fotografien hängen, auf der

Fischhofs Frau und Tochter abgelichtet waren. Das Bild sah aus, als wäre es im Hinterzimmer eines Provinzfotografen aufgenommen worden. Das Mädchen, an dessen Namen Heloise sich nicht erinnern konnte, trug eine karamellfarbene Wildlederjacke und eine ausgeblichene Jeans; die Gläser in ihrem Brillengestell im Schildplattdesign bedeckten das halbe Gesicht. Alice stand neben ihrer Tochter, sie trug einen kreischgrünen Pullover von Marco Polo mit enormen Schulterpolstern, und auf ihrem Kopf lockte sich eine gewaltige Dauerwelle. Dieser Look konnte nicht typischer für die Zeit sein, in der das Bild entstanden war, dachte Heloise lächelnd und ging in die Küche.

Sie öffnete den Kühlschrank. Das mittlere Fach war mit Medikamentenschachteln in unterschiedlichen Farben und Größen gefüllt. Präparate, deren Aufgabe es war, das Unvermeidliche um Tage, Stunden, Minuten hinauszuzögern. Fischhof hatte vor drei Wochen damit aufgehört, seine Medikamente einzunehmen. Alle lebenserhaltenden Maßnahmen hatten eine Vielzahl von Nebenwirkungen zur Folge, und Fischhof war an dem Punkt angekommen, an dem er alles ablehnte – außer einem kalten Bier.

Heloise nahm ein Carlsberg aus der Kühlschranktür und ging wieder hinaus in den Garten. Sie stellte die Flasche vor Jan Fischhof auf den Gartentisch und setzte sich neben ihn in einen Korbstuhl.

Er zog eine nervöse Grimasse, zeigte aber sonst keinerlei Reaktion.

»Jan, ich bin's.« Sie trommelte mit den Fingern auf der Tischplatte, um seine Aufmerksamkeit auf sich zu lenken. »Heloise.«

»Heloise«, wiederholte er langsam. Dann nickte er, erst ganz sachte, dann schneller, so dass der Plastikschlauch des Beatmungsgeräts in seinen Nasenlöchern auf und ab hüpfte.

Er wandte den Kopf und fokussierte seinen Blick auf sie.

»Heloise?«, wiederholte er verwundert, als wäre es lange her, dass sie einander das letzte Mal gesehen hatten.

Sie lächelte ihm zu und nickte. »Wie geht es dir heute?«

Der Alte verzog das Gesicht. »Gedanken, Gedanken«, murmelte er und winkte ab.

Heloise stützte einen Ellenbogen auf die Tischplatte, legte ihr Kinn in die Hand und betrachtete Jan.

»Woran denkst du gerade?«, fragte sie.

»An dies und jenes und an den Tod. An dies und jenes und an den Tod.« Das sagte er zweimal hintereinander, als handele es sich dabei um einen alten Kinderreim, der ihm gerade wieder eingefallen war. Er summte die Silben vor sich hin. Seine hervorstehenden Kiefer klapperten im Takt.

Heloise schob die Flasche dichter an ihn heran.

»Hier, trink. Heute ist es wirklich heiß, dein Körper braucht Flüssigkeit.«

Jan Fischhof griff nach dem Bier, steckte einen Finger in die Flaschenöffnung und ließ ihn sogleich wieder hervorploppen. Dann setzte er sich die Flasche an den Mund und trank vorsichtig einen Schluck.

Die geflochtene Rückenlehne des Korbstuhls knirschte, als Heloise sich zurücklehnte und ihren Blick durch den Garten schweifen ließ. Jenseits des weißen Zauns verlief die Von Ostensgade, eine geschwungene, gepflasterte Gasse mit alten reetgedeckten Häusern, vor denen Lupinen und Bauernrosen wuchsen. Am Ende der Gasse konnte sie den Øresund sehen. Die Altstadt von Dragør war so idyllisch, dass sie fast wie eine Karikatur wirkte, und doch war für viele Einwohner dieser Ort der Nabel der Welt.

Für Jan Fischhof war es mehr als das.

Diesen Ort hatte er sich ausgesucht, um hier seinen Lebensabend zu verbringen.

»Ruth hat mir erzählt, dass du heute den Kopf hängengelassen hast«, sagte Heloise und beobachtete ihn mit mildem Blick. »Gibt es etwas, worauf du Lust hast? Etwas, das deine Laune verbessert?«

Er senkte den Blick, hob die Flasche erneut an den Mund. Kurz bevor sie seine geschürzten Lippen berührte, zögerte einen Augenblick. Dann schüttelte er den Kopf und trank einen Schluck.

»Wollen wir Karten spielen? Dein Arzt sagt, das sei gut für deinen Kopf.«

Sie legte die Hände auf die Lehnen des Korbstuhls und machte sich bereit, aufzustehen und die Karten zu holen.

Jan sah zum Øresund. Er schwieg.

»Ich habe mal ein Mädchen gekannt, das am anderen Ufer gewohnt hat«, sagte er dann. »Claudia hieß sie.«

Heloise lächelte und ließ sich wieder in den Stuhl sinken. »Warst du etwa in eine Schwedin verliebt?«

»Nein, sie war aus Glücksburg, von der anderen Seite, hab ich doch gesagt. Eine Deutsche!« Er zeigte Richtung Sund. »Sie hat einen Sommer lang hier gearbeitet … ich glaube, bei irgendeinem Sommerfest, das veranstaltet wurde, als ich noch auf dem Benniksgaard gearbeitet habe.«

»Aber wir sind doch jetzt in Dragør, Jan. Am anderen Ufer liegt Schweden. Nicht Deutschland.«

Der alte Mann kniff die Augen zusammen und fixierte Heloise mit seinem Blick, als wäre er kurz davor, sie anzufahren. Dann glitt ein Schatten über sein Gesicht, und sein Blick verschwamm.

Langsam nickte er. »Ach ja. Stimmt. Schweden.«

»Ich weiß, dass du in Südjütland aufgewachsen bist, aber jetzt wohnst du in Dragør, schon seit vielen Jahren.«

Heloise konnte sehen, dass er kurz davor war, wieder im Demenzsumpf zu versinken.

»Willst du mir nicht von Rinkenæs erzählen?«, fragte sie, um ihn bei der Stange zu halten. »Wann seid ihr noch mal weggezogen, du und Alice?«

Ein unbestimmbarer Ausdruck lag plötzlich auf Jan Fischhofs Gesicht, als er Heloises Blick erwiderte.

»Und deine Tochter?«, fragte sie. »Wie hieß sie noch gleich?«

Mit einem überraschend kräftigen Griff, der Heloise zusammenfahren ließ, packte Jan Fischhof Heloises Handgelenk. Seine Augen waren plötzlich weit aufgerissen und angsterfüllt.

»Glaubst du an Gott?«, flüsterte er.

»Gott?«, wiederholte Heloise mit ruhiger Stimme. Vorsichtig befreite sie sich aus seinem Griff, legte stattdessen ihre Hand in seine und versuchte, ihn zu beruhigen, indem sie ihm mit dem Daumen sanft über den knorrigen Handrücken strich. »Das ist ja mal eine große Frage.«

Heloise war seit ihrer Kindheit regelmäßig in die große Marmorkirche gegangen. Seit jeher war dies ihr Lieblingsplatz, ihr heiliger Ort. Sie ging jedoch nie zu den Gottesdiensten, besuchte die Kirche lieber allein, mehrmals im Monat, und ihre Füße fanden stets den Weg die schmale Wendeltreppe hinauf in den Turm, als wäre er ihr zweites Zuhause. Dort oben fühlte sie sich sicher und heimisch, und wenn sie dort saß, drängten sich ihr eine Unmenge existenzieller Fragen auf.

Aber Gott?

»Ich glaube schon an irgendetwas. Da ist mehr zwischen

Himmel und Erde, als wir uns vorstellen können. Ein tieferer Sinn«, sagte sie und zuckte mit den Schultern. »Und du? Glaubst du an Gott?«

Der alte Mann hob den Kopf und atmete schwer, als hätte er Schmerzen. Er kniff die Augen fest zusammen und schüttelte leicht den Kopf, antwortete jedoch nicht.

»Ich glaube schon, dass wir weiterreisen, wenn unsere Zeit hier auf Erden vorüber ist. Nenn es das Himmelreich, wenn du willst, und ich glaube, dass wir –«

»Und die … Hölle?«

Heloise legte den Kopf schief und schenkte ihm ein liebevolles Lächeln.

»Darüber musst du dir keine Sorgen machen, Jan. Du bist vielleicht ein knurriger alter Bandit, aber schlimmer als das ist es nicht. Wenn du da oben an die Himmelspforte klopfst, werden sie dich schon reinlassen.«

»Aber es heißt doch, dass man …« Seine Stimme brach, und die feine Haut um seine Augen zog sich zusammen. Sein ganzer Körper schien zu schmerzen. »… dass man zur Verantwortung gezogen wird.«

Heloise sah plötzlich das Gesicht ihres Vaters vor sich, und eine Unruhe machte sich in ihrer Brust breit.

»Gibt es etwas, was dir Sorgen bereitet?«, fragte sie und lehnte sich instinktiv von Fischhof weg, jedoch ohne seine Hand loszulassen.

Er nickte und ähnelte plötzlich einem Kind, das sich vor dem wütenden Vater fürchtet.

Heloise runzelte die Stirn. »Warum? Wofür solltest du zur Verantwortung gezogen werden?«

Der alte Mann wandte sein Gesicht gen Himmel und holte in schnellen, flachen Atemzügen Luft. Als er sprach, fielen die

Worte wie gutturale Brocken aus seinem Mund, als kämen sie von irgendwo ganz tief hervor und als bereitete ihm jede einzelne Silbe Schmerzen.

»Mats ... Orek.«

Heloise beugte sich wieder vor, um ihn besser verstehen zu können.

»Mats Orek? Wer ist das?«

Jan Fischhof schüttelte den Kopf. »Nein, *Mats* Orek ... *Mats* Orek.«

Seine Augen weiteten sich, als würde ihm etwas vor seinem inneren Auge erscheinen, was ihm Angst machte. Die Falten in seinem Gesicht schienen sich für einen Moment zu glätten. Er hob einen warnenden Zeigefinger.

»Es steht geschrieben im dritten Buch Mose, 24.20.«

Heloise schüttelte den Kopf. »Ich habe keine Ahnung, was das bedeuten –«

»Auge um Auge, Heloise. Zahn um Zahn. Der Schaden, den man anderen zufügt, wird einem selbst zugefügt werden.«

Die Worte blieben wie elektrisiert zwischen ihnen in der Luft hängen.

»Jan, du musst mir erklären, was du –«

»Das Blut!« Er schlug die Hand vor den Mund und wisperte zwischen den Fingern hervor »So viel Blut, Heloise. Und ich ... ich kann nicht ...«

»Wovon sprichst du? Wo hast du Blut gesehen?«

»An meinen Händen ... an meiner Kleidung ... überall!« Tränen quollen aus seinen Augen hervor. »Ich hatte gedacht, es wäre vorbei, aber ... es hört einfach nicht auf! Du musst mir helfen, ich ... ich kann den anderen nicht vertrauen. Sie lassen mich nie aus den Augen, und ich habe Angst, Heloise. Ich brauche deine Hilfe. Du wirst mir doch helfen?«

»Ich bin hier, Jan«, sagte Heloise. »Atme ganz ruhig, und dann versuch mal, mir zu erklären, wovor du Angst hast.«

»Diese Pforte, von der du sprichst …« Er hob den Zeigefinger gen Himmel. »Da oben!«

Eine Wolke schob sich vor die Sonne, und sofort schien die Temperatur um ein paar Grad zu sinken.

»Ich bin mir nicht sicher, dass sie mir aufmachen werden.«

# 2

Heloise parkte vor Erik Schäfers kleinem roten Backsteinhaus in Valby und ging den zugewachsenen Gartenweg hinauf zur Eingangstür. Sie klingelte und lauschte auf Schritte im Flur, doch das Einzige, was sie hörte, war das Brummen des Motors unter der Kühlerhaube, das von der Straße her zu ihr herüberwehte. Sie drückte ein weiteres Mal auf den Klingelknopf und klopfte ein paarmal an die Tür. Dann schaute sie stirnrunzelnd auf das Display ihres Handys.

Vor zwanzig Minuten hatte sie ihm eine Nachricht geschrieben und gefragt, ob sie kurz vorbeikommen könne, und Schäfer hatte wie immer, so knapp wie möglich, mit einem Daumen-nach-oben-Emoji geantwortet.

Heloise schaute nach, ob sein Wagen im Carport stand, dann ging sie um das Haus herum und spähte in alle Fenster, bis sie den Kommissar schließlich im Garten antraf. Er sonnte sich in einem Gartenstuhl aus sandfarbenem, geflochtenem Plastik und trug nichts weiter als rote Badeshorts und eine Cap. Sein Bauch war rund und behaart, die Beine hatte er leicht gespreizt von sich gestreckt.

Er hatte Heloise nicht kommen hören, also räusperte sie sich, um auf sich aufmerksam zu machen.

Schäfer drehte sich zu ihr um.

»Hej, Kaldan!«, sagte er.

»Sorry, dass ich hier so von hinten durch die kalte Küche komme, aber eure Klingel scheint kaputt zu sein.«

»Kein Problem, komm!« Schäfer winkte sie zu sich und bot ihr einen der anderen Stühle an. »Setz dich her.«

Heloise setzte sich Schäfer gegenüber mit dem Rücken zur Sonne. Ihr Blick fiel auf das dünne Goldkettchen, dass er um den Hals trug. Sie war schon immer der Auffassung gewesen, dass er mehr Ähnlichkeiten mit einem Mafiaboss aus New Jersey als mit einem Kriminalkommissar aus Kopenhagen hatte, und heute kehrte er seinen inneren Tony Soprano ganz nach außen.

»Kaffee?« Schäfer kniff, von der Sonne geblendet, die Augen zusammen und zeigte zur Kanne auf dem Gartentisch. »Oder willst du lieber ein Glas Weißwein? Wir haben noch eine Flasche da, aber ich weiß nicht, ob die kalt steht …«

»Nein, danke, ich brauche nichts.« Heloise musterte seinen Körper von oben bis unten, bis sich ihre Blicke schließlich trafen und Heloise ein Grinsen unterdrücken musste.

»Hast du noch nie zuvor ein bisschen Speck auf den Rippen gesehen?«, fragte Schäfer und klatschte sich auf den Bauch.

»Nein, ich … ich kenne dich halt nur in Arbeitsklamotten, und jetzt sitzt du hier plötzlich in Badehose und siehst aus wie ein Gangster. Fehlen nur noch die heißen Frauen und 'ne Zigarre.«

In diesem Moment kam Schäfers Frau Connie mit einem Wäschekorb unterm Arm die Kellertreppe herauf. Ihr voluminöses, krauses Haar trug sie offen, und der schwarze Badeanzug aus Nylon ließ einen Blick auf ihr wohlgeformtes Dekolleté zu. Um die Hüfte hatte sie sich ein rosafarbenes Tuch gebunden.

Beim Anblick seiner Frau grinste Schäfer zufrieden. Dann drehte er sich wieder zu Heloise um und hob die Brauen.

»Jetzt noch Zigarren, sagst du?«

Connie setzte ein begeistertes, breites Lächeln auf, als sie Heloise entdeckte. Sie stellte den Wäschekorb ins Gras.

»Heloise«, rief sie freudig überrascht. »Erik hat mir gar nicht erzählt, dass du heute vorbeikommen wolltest.«

Heloise erhob sich aus dem Gartenstuhl und umarmte sie zur Begrüßung.

»Das war auch ein eher spontaner Einfall«, erwiderte sie. »Ich wollte mit deinem Kommissargatten mal über ein, zwei Dinge sprechen.«

»Bleibst du etwa nicht zum Essen? Erik hat Entrecôte und Maiskolben gekauft und wollte noch den Grill anschmeißen.«

Heloise sah Schäfer an, der einladend nickte.

»Musst du nicht zur Arbeit?«, fragte sie ihn. »Du hast doch mittwochs immer Spätschicht.«

Er schüttelte den Kopf. »Nicht mehr.«

»Na, wenn das so ist …« Heloise schaute auf ihre Uhr. Es war kurz vor sechs, und sie hatte keine anderen Pläne. »Wenn es euch keine Umstände macht …«

Connie lachte laut auf, als wäre es das Verrückteste, das sie je gehört hatte, und ehe Heloise es sich versah, stand sie auch schon mit einem Glas Chardonnay in der Hand neben Schäfer und sah ihm dabei zu, wie er die Steaks auf dem Grill wendete. Er hatte die Badeshorts mit einem Paar dunkelblauer Jeans vertauscht, sich ein graues T-Shirt übergezogen und eine Schürze mit der Aufschrift FBI'S MOST WANTED umgebunden, auf der neun Fahndungsfotos von finster dreinblickenden Frauen und Männern abgebildet waren. Auf dem Bild oben links erkannte Heloise Osama Bin Laden.

»Das scheint schon eine ältere Fahndungsliste zu sein«, stellte sie fest und pikste Schäfer mit dem Zeigefinger in den Bauch.

»Was, die hier?« Er sah an sich herunter und strich mit der Hand über die Schürze. »Die habe ich vor hundert Jahren mal bei einem Weihnachtsbingo mit den Kollegen auf dem Präsidium gewonnen. Ich geh mal davon aus, dass diese Leute inzwischen alle tot sind. Also die Terroristen. Nicht die Kollegen.«

»Wie läuft's denn so?«, fragte Heloise und trank einen Schluck von ihrem Wein. »Auf dem Präsidium?«

»Das Präsidium ist ja in einen neuen Stadtteil umgezogen. Nach Teglholmen«, erklärte Schäfer und wendete die Maiskolben.

»Ach ja, stimmt. Wie ist es dort?«

Schäfer verzog die Mundwinkel und zuckte mit den Schultern.

»Schon okay. Augustin wurde in eine neue Einheit versetzt, Bandenkriminalität«, erzählte er. »Ich bekomme sie also nicht mehr so oft zu Gesicht, aber sonst ist alles mehr oder weniger wie immer.«

»Und die Fälle? Arbeitest du gerade an etwas Spannendem?«

»Wie definierst du ›spannend‹?« Schäfer erwiderte Heloises Blick. »Die Grenzen zum Bestialischen haben sich in den letzten Jahren deutlich verschoben. Aber in der Mordkommission ist es in letzter Zeit erstaunlich ruhig.«

»Das ist doch gut, oder? Weniger Fälle, also weniger Morde?«

»Ja, so kann man es auch sehen, aber ich habe irgendwie so ein Ruhe-vor-dem-Sturm-Gefühl. Immer wenn man glaubt, dass die Statistiken gerade ganz nett aussehen, kommt plötzlich irgendetwas Grauenvolles aus einer Ecke gekrochen.« Er stellte den Gasgrill eine Stufe runter.

Connie trat aus dem Haus auf die Terrasse und begann, den Tisch zu decken.

»Wie sieht's mit den Entrecôtes aus, Baby?«, fragte sie.

»Heloise bevorzugt ihr Fleisch verkohlt, also dauert es noch ein paar Minuten, aber unsere sind fertig«, sagte er und reichte ihr den Teller mit in Alufolie eingewickelten Steaks. Dann nahm er die Maiskolben vom Grill, ließ das letzte Stück Entrecôte noch auf dem heißen Rost liegen und drückte mit der Grillzange darauf herum, dass es nur so zischte. Dann wandte er sich wieder Heloise zu.

»Worüber wolltest du eigentlich mit mir sprechen?«

»Ach, ich glaube, es ist nichts«, sagte sie und schwenkte den Wein in ihrem Glas. »Aber ich ... wie hast du es eben ausgedrückt? Ich habe auch das Gefühl, dass demnächst etwas Grauenvolles aus irgendeiner Ecke gekrochen kommt.«

# 3

Wie geht es Jan Fischhof?«, fragte Connie und reichte Heloise die Salatschüssel. »Du besuchst ihn immer noch, nicht wahr?«

Connie hatte für Derartiges einen sechsten Sinn, dachte Heloise. Als schienen ihre Instinkte ihr zu verraten, dass Heloise seinetwegen vorbeigekommen war. Oder sie hatte einfach schon so viele Jahre an Schäfers Seite verbracht, dass seine Gabe, Menschen zu durchschauen, auf sie abgefärbt hatte.

»Ja, ich besuche ihn immer noch«, antwortete Heloise. »Aber so langsam bereue ich, ehrlich gesagt, die Zeitung in die Sache reingebracht zu haben.«

»Warum?«

»Ich habe irgendwie doch keine Lust, über ihn zu schreiben. Das fühlt sich zu intim an.«

»Oh, das tut mir leid.« Eine senkrechte Falte bildete sich zwischen Connies Augenbrauen, sie klang enttäuscht. »Also hätte ich dich lieber nicht –«

»Doch, das war eine gute Idee, Connie. Und ich finde es immer noch eine gute Idee, über Sterbebegleitung zu schreiben. Unsere Leser sollten mehr über die Arbeit des Roten Kreuzes erfahren. Aber ich kann nicht über Jan schreiben. Ich *will* es einfach nicht.«

»Um wen geht's?«, fragte Schäfer.

»Jan Fischhof«, antwortete Connie.

»Wen?«

»Er hier!« Heloise nahm ihr Handy aus der Tasche, suchte ein Selfie, das sie und Jan am vergangenen Wochenende gemacht hatten, und hielt Schäfer das Telefon vor die Nase.

»Connie hat den Kontakt zwischen uns hergestellt«, erklärte sie.

Schäfer warf einen Blick auf das Bild und nickte.

»Es ist wichtig, in solchen Beziehungen einen professionellen Abstand zu wahren«, sagte er und schnitt mit dem Steakmesser in das Fleisch, das vor ihm auf dem Teller lag. »Das sage ich Connie auch immer wieder.«

»Bau ein gutes Verhältnis auf, aber kein zu nahes.« Connie nickte bestätigend.

Seit zwölf Jahren arbeitete Connie als Freiwillige in der Sterbebegleitung. Sie hatte mehr im Sterben liegenden Menschen die Hand gehalten, als sie zählen konnte, und sie war es gewesen, die Heloise erzählt hatte, dass immer mehr Menschen die Welt in totaler Einsamkeit verließen. Ohne Familie, die sich an ihrem Sterbebett versammelte, ohne einen einzigen Freund. Sie hatte Heloise dazu ermuntert, sich als Freiwillige zu melden, auch mit dem Hintergedanken, über ihre Erlebnisse als Sterbebegleiterin zu schreiben und somit für die Dienste des Roten Kreuzes zu werben.

Heloise stocherte an ihrem Entrecôte herum. Es war für ihren Geschmack immer noch zu blutig, und die weißgelbe Speckschwarte, die Schäfer genüsslich in sich hineinschaufelte, ließ sie an Seifenproduktion und Fettabsaugung denken.

»Professioneller Abstand hin oder her, ich finde es wirklich bemerkenswert, dass du schon so viele Jahre dabei bist«, sagte

Heloise mit bewunderndem Blick. »Schließlich baut man immer eine enge Verbindung zu den Menschen auf, die man begleitet.«

Connie schüttelte den Kopf. »Das kommt dir nur so vor, weil dich und Jan wirklich irgendetwas verbindet. Zum Tango gehören immer zwei.«

»Wie meinst du das?«

»Viele der älteren Herrschaften kriegen erst einmal einen Schock, wenn sie mich zur Tür hereinkommen sehen.« Connie sperrte die Augen weit auf. »*Um Himmels willen! Eine Schwarze*?!«

Schäfer schüttelte den Kopf. »Es wird immer welche geben, bei denen die Bildung versagt, Schatz. Das weiß du.«

»Ja, aber trotzdem überrascht es mich jedes Mal. Denn wir sprechen hier von Menschen, die am Ende ihres Lebens angekommen sind. Sie sind einsam und haben Angst und sehnen sich nach jemandem, der an ihrer Seite ist. Aber eine Schwarze Frau? Nein, das geht zu weit. Aber ich gebe ihnen einfach ein bisschen Zeit, sich an mich zu gewöhnen, und die meisten von ihnen wissen es irgendwann zu schätzen, dass ich bei ihnen bin. Der Tod entwaffnet alle – so ist das nun mal! Aber wir bauen niemals diese enge Verbindung auf, die du schilderst, Heloise. So weit kommt es nie.«

Heloise legte ihr Besteck mit lautem Klappern ab.

»Entschuldige bitte, aber warum hilfst du solchen Arschlöchern?«

Connie lächelte und zuckte mit den Schultern. »Weil … weil sie eben im Sterben liegen.«

Heloise lehnte sich auf ihrem Gartenstuhl zurück. »Du bist ein besserer Mensch als ich.«

»Quatsch. Jan Fischhof ist auch nicht gerade ein einfacher

Typ«, sagte Connie. »Trotzdem besuchst du ihn regelmäßig. Ich glaube, du bist großzügiger, als du denkst.«

»Nein, Jan ist immerhin nicht so wie diese Typen, die du beschreibst. Er ist ein bisschen reserviert und trotzig, und nicht alle Sterbebegleiterinnen haben einen guten Draht zu ihm, aber wenn man ihn erst einmal kennenlernt –«

»Ja, das weiß ich nur zu gut«, warf Connie ein. »Er wirkt sehr angenehm. Ich war eine der Ersten, die zu ihm rausgefahren ist, und er war wirklich sehr höflich, aber er wollte nicht mit mir reden. Zumindest nicht wirklich. Aber ich glaube, das lag nicht an meiner Hautfarbe.«

»Was könnte es gewesen sein?«

Connie zuckte mit den Schultern und beträufelte ihren Maiskolben mit geschmolzener Butter.

»Er wirkte einfach nur so … wie sagt man? Zugeknöpft. Zurückhaltend. Als hätte er Angst, jemanden zu nah an sich ranzulassen. Ich glaube, er hatte es sehr schwer, nachdem seine Frau gestorben war, und seitdem hatte er nie wieder jemanden –«

»Was ist mit seiner Tochter, weißt du etwas über sie?«, fragte Heloise und erklärte: »Er war heute total von der Rolle, als ich ihn nach ihr gefragt habe, und dann hat er plötzlich allerhand merkwürdiges Zeug gesagt. Er schien vor irgendetwas Angst zu haben.«

»Inwiefern?«

»Er redete eine ganze Menge unzusammenhängendes Zeug, faselte von biblischer Vergeltung und Blut und noch so einigen anderen gruseligen Sachen.«

»Blut?« Schäfer spitzte die Ohren.

»Ja, es war schon ein bisschen unheimlich«, räumte Heloise ein. Sie erzählte den beiden, was Fischhof gesagt hatte. Als sie ihre Ausführungen beendet hatte, waren die Teller auf dem Tisch fast leer gegessen. Nur Heloises Entrecôte lag unberührt vor ihr.

»Glaubst du, er hat von einem Verbrechen gesprochen?«, fragte Schäfer. Er angelte eine Zigarette aus der Brusttasche seines T-Shirts.

»Keine Ahnung«, sagte Heloise. »Aber er war zumindest in irgendeine Sache verwickelt, für die er jetzt von Gott bestraft werden könnte, so seine Befürchtung. Er bezog sich auf das Dritte Buch Mose. Darin geht es um … ja, worum eigentlich? Karma? Alles, was du tust, wird irgendwann zu dir zurückkommen.«

»Auge um Auge.« Connie nickte zustimmend und füllte Heloises Weinglas auf. »Die Strafe für ein Verbrechen soll vom gleichen Umfang sein wie das begangene Verbrechen. Aber das ist ja so eine alttestamentliche Ansicht. Du kannst ihn dran erinnern, dass es ein Update gibt. Man soll jetzt die andere Wange hinhalten.«

Schäfer zündete sich die Zigarette an und lehnte sich im Stuhl zurück, während er aufmerksam zuhörte.

»Fischhofs Zusammenbruch schien aus heiterem Himmel zu kommen, aber ich glaube, es hing damit zusammen, dass ich die Tochter erwähnt habe«, sagte Heloise nachdenklich. »Wir haben nie richtig über sie gesprochen, und jedes Mal wenn ich versucht habe, nach ihr zu fragen, hat er einfach das Thema gewechselt. Aber heute habe ich anscheinend einen Nerv getroffen.«

»Ich kann mich gut an die Tochter erinnern«, sagte Connie und starrte vor sich hin, als würde sie versuchen, die Details in ihrem Gedächtnis hervorzukramen. »Ich habe sie nur kurz getroffen, als ich zum ersten Mal nach Dragør rausgefahren bin.

Ich glaube, sie wohnt in Stockholm oder so. Deswegen kommt ihn außer uns auch niemand besuchen. Sie hat keine Möglichkeit vorbeizukommen, weil sie so weit weg wohnt, und deshalb hat sie die Sterbebegleitung kontaktiert, damit Jan in seinen letzten Momenten nicht einsam ist. Sie hat einen Schweden geheiratet und so einen ABBA-Namen, wenn ich mich recht erinnere.«

»Agneta?«, fragte Heloise. »Oder Anni-Frid?«

»Nein, ich meine den Nachnamen, den sie angenommen hat, ich glaube, einer von ABBA heißt auch so. Irgendwas mit U, kann das sein?«

»Ulvaeus«, sagte Schäfer. »Björn Ulvaeus.«

»Ja, genau!« Connie deutete mit dem Zeigefinger auf ihn. »Ulvaeus!«

»Aber wie sie mit Vornamen hieß, weißt du nicht mehr?«, hakte Heloise nach.

»Steht das nicht in den Unterlagen, die du vom Roten Kreuz bekommen hast?«

Heloise schüttelte den Kopf.

»Ich kann ja mal bei den anderen Sterbebegleiterinnen nachfragen, ob die was wissen«, schlug Connie vor.

»Ja, danke, sehr gern«, sagte Heloise und wandte sich dann an Schäfer. »Glaubst du, ich könnte dich um einen Gefallen bitten?«

Er schob das Kinn vor und sah sie skeptisch an. »Was willst du?«

»Fischhof hat einen Namen genannt: Mats Orek. Könntest du mal nachsehen, ob diese Person irgendwo verzeichnet ist?«

Schäfer nahm einen Zug von seiner Zigarette. Er betrachtete Heloise durch den Rauch, den er langsam wieder ausblies.

»Also, du hast mir doch selbst erzählt, dass dieser Fischhof dement ist. Die Wahrscheinlichkeit, dass er im Delirium irgendetwas vor sich hinbrabbelt, ist also relativ hoch. Das ist dir klar, oder?«

»Ich bitte dich ja auch nur darum, einen kurzen Suchlauf zu starten. Nur um nachzuschauen, ob ihr mal jemanden mit diesem Namen auf dem Radar hattet. Ich muss der Sache nur auf die Spur gehen, damit ich ihn beruhigen kann.«

»Damit du *ihn* beruhigen kannst oder eher *dich selbst*?«

»Ja«, gab Heloise zu, »ich will auch sicher sein. Nach der Sache mit meinem Vater damals ...« Sie warf Schäfer einen eindringlichen Blick zu. »Wenn ich diejenige sein soll, die bis zum bitteren Ende an seiner Seite bleibt und ihm die Hand hält ... Im Moment macht sich in mir so eine Unsicherheit breit, die ich nicht abschütteln kann. Ich muss einfach wissen, welche Leichen er im Keller hat.«

Schäfer kniff die Lippen zusammen und nickte.

»Ich verstehe, dass du gern alle Karten auf dem Tisch hättest. Aber ich kann mich nicht einfach in unser System einloggen und nach einer Person suchen, die aus ermittlungstechnischen Gründen für mich irrelevant ist. Oder, doch, ich *kann* schon, aber ich *darf* es nicht.«

»Warum nicht?«

»So sind nun mal die Regeln. Sonst würden die Kollegen ständig ihren Nachbarn und dem neuen Freund der Ex hinterherschnüffeln. Das ist ein Eingriff in das Persönlichkeitsrecht, und das ist verboten.«

Heloise legte den Kopf schräg und hob die Augenbrauen. »Willst du mir damit sagen, dass du diese Regeln noch nie gebrochen hast?«

»Doch, früher ab und zu. Aber damals wurde die Privatsphäre auch noch nicht so pingelig beschützt. Wenn man heutzutage eine Suchanfrage in unseren Registern stellt, hinterlässt man eine elektronische Spur, und wenn dann jemand Fragen stellt und ich keine gute Erklärung parat habe, kriege ich ein Disziplinarverfahren an den Hals.«

»Aber wie hoch ist die Wahrscheinlichkeit, dass jemand Fragen stellt?«

Schäfer antwortete nicht. Stattdessen fuhr er sich mit der Hand über die Bartstoppeln, dass es nur so kratzte.

Er und Heloise starrten einander an, als warteten sie nur darauf, wer zuerst blinzelte.

Schließlich kapitulierte Heloise und lehnte sich in ihrem Gartenstuhl zurück.

»Komm schon, Schäfer. Für die Freundschaft.«

»Um welche Freundschaft geht es hier?«, fragte er trocken und drückte die Zigarette auf dem Teller aus. »Deine mit dem alten Zottel? Oder deine und meine?«

Heloise grinste.

»Wo ist da der Unterschied?«

Donnerstag, 11. Juli

# 4

Schäfer ließ den Helikopter nicht aus den Augen, während er den Wagen durch den Verkehr lenkte. Es war ein AS 550 Fennec der Kopenhagener Polizei, der irgendwo hinter der ikonischen Neonleuchtenhenne und anderen Werbetafeln über einem Wohngebiet kreiste. Der Bandenkonflikt war nach ein paar ruhigen Monaten wieder ausgebrochen, und in der Nacht war es zu Schießereien mit insgesamt drei Toten gekommen. Unter den Opfern waren keine Unbeteiligten – drei kriminelle Arschlöcher waren zu Tode gekommen, nichts, was Schäfers Herzfrequenz unnötig erhöhte. Aber seine ehemalige Partnerin war jetzt Teil des Sondereinsatzkommandos, und er wusste, dass sie dort oben in dem eisernen Vogel saß. Er konnte sie vor sich sehen: schwarzer SEK-Anzug über sehnigen Muskeln, Schweißband im Haar, echter Rambo-Stil. *Lisa Fucking Augustin.*

Bei der Vorstellung musste Schäfer grinsen. Er war kurz davor, sie ernsthaft zu vermissen.

»Wissen wir, nach wem sie suchen?«, fragte er und deutete mit einem Kopfnicken gen Himmel. »Gibt es einen Verdächtigen?«

Kommissar Nils Petter Bertelsen, der auf dem Beifahrersitz saß, blickte auf und sah durch die Windschutzscheibe zum Helikopter.

»Irgendeinen Drogenhändler, der heute Nacht in einer Pizzeria ein paar Konkurrenten liquidiert hat. Dimitri … irgendwas.«

Bertelsen schnipste mit den Fingern, während er versuchte, sich an den Nachnamen zu erinnern. Dann sah er Schäfer an und hob die Augenbrauen. »Zeit für Mittagessen, oder?«

Schäfer sah auf die Uhr auf dem Armaturenbrett. »Es ist Viertel nach zehn.«

»Ja, aber wir sind schon seit halb fünf unterwegs. Mein Magen knurrt. In der Dronningens Tværgade ist ein Dönerladen – wenn du sowieso in die Richtung fährst, kann ich kurz reinspringen und uns was holen.«

»Ich bin in anderthalb Stunden mit Michala Friis zum Mittagessen verabredet, ich brauch jetzt nix«, erwiderte Schäfer.

Die Verabredung stand seit anderthalb Wochen in seinem Kalender: Lunch mit der ehemaligen Polizeipsychologin Michala Friis. Sie wollten zusammen die Details in einem Mordfall durchgehen, für dessen Strafverhandlung sie beide als Zeugen einberufen worden waren. Er als Ermittler, sie als Expertin für die Klägerseite.

»Ach was?!« Bertelsen sah Schäfer mit wissendem Blick an und ließ seine Augenbrauen vielsagend auf und ab hüpfen. »Da freut sie sich sicherlich gewaltig drauf.«

Fragend sah Schäfer kurz zu Bertelsen, bevor er wieder auf die Straße schaute.

»Was willst du damit sagen?«

»Das Gespür des Ermittlers, Schäfer.« Bertelsen tippte sich mit dem Finger an die Nasenspitze. »Du willst mir doch nicht weismachen, dass du den Braten nicht gerochen hast?«

Schäfer hielt an einer roten Ampel und starrte Bertelsen ausdruckslos an, bis die Ampel wieder auf Grün sprang und ein schwarzer Tesla hinter ihnen auf die Hupe drückte.

Er schüttelte den Kopf. »Ich hab keine Ahnung, wovon du redest.«

»Nicht dein Ernst!« Bertelsen gluckste vor Lachen. »Wenn du wirklich nicht weißt, wovon ich rede, dann hast du ja echt gar nichts geschnallt, Alter! Das gibt's doch nicht!«

»Ich darf doch sehr bitten«, schnaubte Schäfer. Er drückte aufs Gaspedal und bog links in die Dronningens Tværgade ein. »Ich habe –«

»Deswegen hat Michala doch überhaupt erst gekündigt. Hast du das nicht gewusst? Ist dir nie aufgefallen, wie sie – hey, nicht so schnell, hier ist es schon!« Bertelsen zeigte aus dem Autofenster auf ein Schild mit der Aufschrift *Bazaar*.

Schäfer stoppte den Wagen an der Bordsteinkante und betrachtete die Fassade des Geschäftes. Das *Bazaar* war kein kleiner, schmuddeliger Dönerladen mit einer nackten Glühbirne in der Decke, wie er es sich vorgestellt hatte, sondern ein großes Restaurant mit Designermöbeln und Platz für mehr als hundert Gäste.

Bertelsen stieg aus dem Wagen und schlug die Autotür hinter sich zu. Schäfer sah ihn ins Restaurant gehen, wo er von einem jungen, tätowierten Hipster-Typen begrüßt wurde.

Schäfer schaltete das Radio ein und zappte ein wenig zwischen den Sendern hin und her, aber es lief nichts außer Teenagerlärm, plattem Rap und nervigen Radiomoderatoren, die über ihre eigenen Witze lachten. Er schaltete das Radio wieder aus und saß schweigend da, schaute auf den Verkehr und dachte darüber nach, was Bertelsen gesagt hatte.

Dass er den Braten nicht gerochen hatte.

Schäfer gefiel das ganz und gar nicht. Wenn er sich auf eines wirklich verlassen konnte, war es sein Bauchgefühl. Das Gespür des Ermittlers. Er nahm den Zettel aus seiner Innentasche und strich ihn mit den Fingern glatt. Es war der pinke Post-it, auf den Heloise den Namen geschrieben hatte, bevor sie gestern Abend nach Hause gefahren war. Er hatte den Post-it zusammengeknüllt, sobald sie die Tür hinter sich geschlossen hatte, war aber um drei Uhr nachts aus einem unruhigen Schlaf erwacht und hatte im Dunkeln dagelegen und Connies Atem gelauscht, während er an Heloise und Jan Fischhofs kryptische Geständnisse dachte.

Um vier war er aufgestanden und die Treppe hinuntergeschlichen in die Küche, wo er den Zettel aus dem Müll gefischt hatte.

Heloises Worte hatten sich in ihm festgebissen und nagten nun an seinen Gedanken.

*Auge um Auge … Zahn um Zahn … Alles, was du tust, wird irgendwann zu dir zurückkommen.*

Was hatte Jan Fischhof versucht, Heloise mitzuteilen?

Connie brachte immer wieder die absurdesten Geschichten von ihrer Arbeit als Sterbebegleiterin mit nach Hause: Geständnisse von Menschen, die auf dem Sterbebett Untreue und finanziellen Betrug einräumten. Menschen, die in den letzten Stunden ihres Lebens von Missbrauch und Gräueltaten erzählten, die sie zuvor nicht zu erwähnen gewagt hatten.

Erinnerungen, die sie in dieser Welt hinterlassen mussten, bevor sie sich auf ihre letzte Reise begaben.

Schäfer holte sein Handy hervor und tippte mit steifen Fingern einen Namen in das Personenregister der Polizei.

# 5

Das Handy klingelte irgendwo unter dem Stapel Papier. Heloise Kaldans Schreibtisch in der Redaktion des *Demokratisk Dagblad* war wie immer mit Notizbüchern, Zeitungsausschnitten und Dokumenten überflutet. Post-its, benutzte Kaffeetassen und Kugelschreiber, von denen nur die Hälfte funktionierte.

Unter all diesen Dingen fand sie ihr Handy noch rechtzeitig, bevor es aufhörte zu klingeln.

»Hallo?«

»Tach!« Schäfers Stimme knisterte gut gelaunt in der Leitung. »Hast du einen Augenblick?«

»Ja, wenn es schnell geht?« Heloise nahm das Telefon in die andere Hand, um an ihren Notizen weiterschreiben zu können, die sie gerade vorbereitete. »Ich muss in drei Minuten in die Redaktionssitzung.«

»Gut. Ich wollte dir auch nur mitteilen, dass ich mir den Namen, den du mir gestern dagelassen hast, mal genauer angesehen habe.«

»Hast du?« Heloise hielt mit dem Schreiben inne. »Danke, Schäfer, das ist wirklich lieb von –«

»Ja, aber ich habe niemanden unter dem Namen gefunden. Weder im Polizeiregister noch sonst irgendwo.«

Heloise ließ die Schultern hängen.

»Aber du hattest erwähnt, dass dein Freund da aus Jütland kommt«, fuhr Schäfer fort. »Also habe ich bei einem Bekannten aus der Polizeischule angerufen, Peter Zøllner. Er ist auch bei der Kriminalpolizei und wohnt in Gråsten. Bis Mitte der nuller Jahre gab es in der Stadt noch ein großes Präsidium, das inzwischen verlegt wurde. Ich glaube nicht mal, dass sie dort überhaupt noch einen Beamten stationiert haben. Das nächste Revier ist in Sønderborg, da sitzt auch Zøllner, und –«

»Ich hab nur ein paar Minuten, Schäfer.«

»Jedenfalls habe ich ihn gefragt, ob er jemanden mit Namen Mats Orek kennt – also, ob ihm der Name schon mal untergekommen war. Und das war er, allerdings hieß derjenige Mázoreck. Nicht Mats Orek.«

Schäfer buchstabierte den Namen, sie kritzelte ihn auf einen Zettel.

»Das muss Polnisch oder so was in der Art sein. Ich glaube, dass du Fischhof vielleicht missverstanden und deswegen nichts in den Archiven gefunden hast.«

»Sieht ganz so aus.« Heloise biss sich auf die Unterlippe und dachte nach. »Und das ist ein Nachname, sagst du? Mázoreck – mit Betonung auf der ersten Silbe?«

»Mázoreck, ja. Tom Mázoreck. Aus Rinkenæs.«

»Okay, der Ort stimmt schon mal. Dort ist auch Jan Fischhof geboren und aufgewachsen. Kannst du mir noch etwas über ihn erzählen?«

»Nichts Besonderes. Ich habe mich in den Fall noch nicht eingelesen, nur gesehen, dass er 1998 ums Leben gekommen ist und dass er –«

»Also *gibt* es einen Fall?« Heloise richtete sich in ihrem Stuhl auf.

»Nein, es war wohl ein Unfall. Sieht nicht so aus, als ob's da was zu holen gäbe.«

»Aber wer war er? Habt ihr irgendwelche Infos über ihn?«

»Nur einen alten Strafeintrag. Prügelei in einem Gasthaus, auf der Straße, unbezahlte Strafzettel fürs Falschparken – Peanuts. Mein Kamerad aus dem Süden erzählte mir, dass er nicht der Typ war, den sie jemals für schwerere Vergehen auf dem Kieker haben mussten.«

Mogens Bøttger, Heloises Kollege, klopfte im Vorbeigehen auf ihren Schreibtisch und zeigte auf die Tür des Besprechungszimmers. Sie musste Schluss machen.

»Schäfer, ich muss jetzt auflegen, aber dieses Strafregister – darf ich mir das ansehen?«

»Nein, das darfst du nicht, du neugierige Nase, und das weißt du ganz genau. Aber du findest die Meldung zu seinem Tod digital im Staatsarchiv, wenn du dir mal deine Journalistenweste überziehen und dir die Finger schmutzig machen würdest. Such nach dem 1. August 1998.«

Heloise konnte sich ein Grinsen nicht verkneifen. Sie beendete das Telefonat, klemmte sich den Laptop unter den Arm und machte sich auf den Weg ins Besprechungszimmer.

# 6

Gut!«

Mogens Bøttger, Ressortleiter der Investigativabteilung, klatschte in die Hände und ließ den Blick in die Runde schweifen. Um den großen Konferenztisch hatten sich sechs Investigativjournalisten versammelt. Bøttger war der Einzige im Raum, der stand. Sein dunkles Haar sah frisch gestutzt und gestylt aus, und der Anzug schmiegte sich an seinen zwei Meter hohen Yogakörper.

»Ich finde, es ist mal wieder an der Zeit für einen Statusbericht. Die Chefredaktion will ein Update dazu, welche Eisen wir so im Feuer haben. Wie sieht es denn aus beim Ibiza-Gate, Bo?«

»Heute Nachmittag habe ich den ersten Entwurf fertig«, sagte Bo Refslund und zeigte auf seinen Laptop. »Ich warte immer noch auf einen Kommentar von der Bank, aber die hatten jetzt vierundzwanzig Stunden Zeit, um auf meine Anfrage zu reagieren. Ich finde, wir können den Artikel bringen, bevor sie die Zeit nutzen, um die Sache zu verschleiern.«

In dem Artikel, von dem Bo sprach, ging es um den Filialleiter der Danske Bank, der sich auf Ibiza ein Sommerhaus gekauft hatte – mit Geld, von dem niemand wusste, woher es kam. Im Kielwasser von Dänemarks größtem Geldwäscheskandal waren schlechte Presse und weitere dubiose Mitarbeiter das Letzte, was die Danske Bank jetzt gebrauchen konnte.

»Super! Ich lese gern mit, sobald du den Entwurf fertig hast«, sagte Bøttger. Er wandte sich an die anderen Kolleginnen, und Heloises Gedanken schweiften ab.

Sie öffnete ihren Laptop und loggte sich auf der Homepage des Staatsarchivs ein. Es dauerte weniger als zwei Minuten, bis sie Tom Mázorecks Totenschein gefunden hatte. Sie klickte auf den Link, und ein gescanntes Dokument aus dem dänischen Archiv erschien auf ihrem Bildschirm.

Heloise überflog die Seite.

Die vom Gerichtsmediziner ausgestellte Sterbeurkunde befand sich an erster Stelle im Dokument. Mázorecks Name und Personennummer standen auf der rechten Seite, links eine Tabelle mit den üblichen Informationen, die mit einem Kugelschreiber ausgefüllt worden waren. Die Schreibschrift war krakelig und an einigen Stellen ausgeblichen.

Heloise kniff die Augen zusammen und versuchte, die Worte zu entziffern.

*Name: Tom Mázoreck*
*Todesumstände: infolge eines Unfalls*
*Todesursache: Tod durch Ertrinken*
*Leichenflecken, Leichenstarre, Verwesung: Nein, nein, nein*
*Ort: Rinkenæs, 6300 Gråsten*
*Todeszeitpunkt: 01. August 1998*

Mázoreck war am 12. Mai 1951 geboren worden. Zum Zeitpunkt seines Todes war er unter einer Adresse in Rinkenæs gemeldet, einem kleinen Ort, der zur Gemeinde Gråsten gehörte und zwanzig Minuten von der deutschen Grenze entfernt an der

Flensburger Förde lag. Mehr war dem Totenschein nicht zu entnehmen.

Heloise öffnete ein neues Fenster im Browser und überlegte einen Augenblick, wo sie mehr Informationen über den Unfall bekommen könnte. Sie loggte sich bei Infomedia ein, einer Datenbank, in der die allermeisten Medienberichte der letzten Jahrzehnte registriert wurden. Nachrichten, Interviews, Leserbriefe, Reportagen und kurze Notizen aus den Medien aller Länder – viel mehr, als sie bei einer gewöhnlichen Google-Suche finden würde.

Sie schrieb Toms Mázorecks Namen in das Suchfeld und klickte auf *Enter*. Drei Treffer tauchten auf ihrem Bildschirm auf. Sie öffnete den obersten Link – eine kurze Meldung aus der *Gråsten Ugeavis* vom 3. August 1998.

***Unfall mit Todesfolge auf der Flensburger Förde***

Aus der Flensburger Förde wurde am Mittwochabend ein weiterer Toter geborgen, nachdem ein Motorboot der Marke Nimbus 3000 vor Strandérød in Gråsten gesunken war.

*Gråsten Ugeavis* hat mit dem 51-jährigen Gastronomen Kurt Linnet gesprochen, der Zeuge des tragischen Unfalls wurde.

»Eben sah ich noch das Boot um die Landzunge herumfahren, und im nächsten Moment stand es in Flammen. Ich habe die Polizei gerufen, und sie kamen, so schnell sie konnten, aber leider nicht schnell genug«, berichtet er und zeigt von seiner Terrasse, von der aus er an diesem schicksalhaften Abend das Unglück beobachtet hat, Richtung Förde.

Der Führer des Bootes, der 47-jährige Tom Mázoreck, fiel einige hundert Meter vom Ufer entfernt den Wellen zum Opfer. Nach polizeilichen Ermittlungen war ein defekter

Motor für den Brand verantwortlich. Tom Mázoreck ist das dritte Unfallopfer innerhalb der letzten zwei Jahre, das an der Küste vor Gråsten ertrunken ist.

Die Familie wurde benachrichtigt.

Heloise machte einen Screenshot von dem Artikel und öffnete den nächsten Infomedia-Link. Dort lag die Todesanzeige, die nach Mázorecks Tod in der *Jydske Vestkysten* geschaltet worden war.

Unser geliebter Sohn und Bruder
TOM MÁZORECK
*12. Mai 1951 †1. August 1998
ist allzu früh von uns gegangen.
Für immer in unserem Herzen, nie vergessen.
Im Namen der Familie
Renata und Kjeld

Heloise notierte die Namen der Hinterbliebenen und öffnete schließlich den dritten und letzten Link ihrer Infomedia-Suche. Ein Artikel aus der *Jydske Vestkysten* erschien auf ihrem Bildschirm, er war im Jahr vor dem Unfall erschienen, datiert auf den 4. Juni 1997. Heloise verstand zunächst nicht, warum dieser Artikel unter ihren Suchergebnissen aufgetaucht war, doch dann fiel ihr Blick auf Mázorecks Namen im dritten Absatz, und sie begann zu lesen.

### *Europaweite Suche nach Mädchen aus Gråsten*

Die Polizei Südjütlands hat einen Fahndungsaufruf nach der 19-jährigen Mia Sark, die seit Samstag vermisst wird, an Interpol weitergegeben. Diese Maßnahme wurde eingeleitet, nachdem Zeugenaussagen darauf hinwiesen, dass die Spur der Vermissten nach Südeuropa führen könnte.

Die junge Frau wurde zuletzt am 31. Mai im Gasthaus *Der Zinnsoldat* in Gråsten gesehen, das sie zusammen mit Freunden gegen 23.00 Uhr aufgesucht hatte. Im Laufe der Nacht hatte sie das Lokal allein verlassen, angeblich, um nur kurz an die frische Luft zu gehen, und ist seitdem nicht mehr gesehen worden.

Hunderte von Freiwilligen haben in Gråsten und Umgebung bei der Suche nach Mia Sark geholfen. Einer von ihnen ist der in Gråsten ansässige Tom Mázoreck. Er ist einer von mehreren Zeugen, der der Polizei konkrete Hinweise gegeben hat.

»Wir haben gesehen, wie das Mädchen den *Zinnsoldaten* verlassen hat, und da sie seitdem nicht mehr gesehen wurde, haben wir, die wir an diesem Abend auch dort zu Gast waren, uns natürlich unsere Gedanken gemacht«, erzählt er der *Jydske Vestkysten.* »Einige von uns haben an diesem Abend einen Mann beobachtet, der an der Bar gesessen hat – Glatze und Lederjacke. Er hat kein Dänisch gesprochen, und er schien ohne Begleitung gekommen zu sein. Wir Stammgäste des *Zinnsoldaten* hatten ihn noch nie zuvor gesehen, und hinterher haben wir uns natürlich gefragt, ob er etwas mit der Sache zu tun haben könnte«, so Mázoreck.

Die Polizei bestätigt, dass der Mann mehreren Ortsansässigen aufgefallen war.

»Natürlich werden wir stutzig, wenn ein Fremder bei uns im Ort auftaucht und am gleichen Abend ein Mädchen verschwindet«, erklärt Ermittlungsleiter Peter Zøllner von der südjütländischen Polizei. »Durch unsere Lage in unmittelbarer Nähe zu den Fernverkehrsstraßen und der Grenze sind allerdings auch viele LKW internationaler Speditionen in unserer Gegend unterwegs. Die Fahrer halten regelmäßig in Gråsten, um zu essen oder zu übernachten, bevor sie weiterfahren. Wir können also aus den spärlichen Informationen, die wir erhalten haben, nichts schließen, aber es ist klar, dass es sich um eine Spur handelt, die wir ernst nehmen und weiterverfolgen. Aus diesem Grund arbeiten wir nun mit den deutschen Behörden zusammen und haben das Mädchen über Interpol international zur Fahndung ausgeschrieben.«

Mia Sark ist schlank, hat langes, dunkelbraunes Haar und ist 1,65 Meter groß. Bei ihrem Verschwinden trug sie ein schwarzes Oberteil von Saint-Tropez, hellblaue Levi's-Jeans und schwarze Sandalen der Marke Bianco.

Die Polizei bittet alle, die Informationen zu Mias Verbleib haben, die Behörden zu informieren.

»Kaldan?«

Heloise blickte von ihrem Laptop auf.

Alle Augen im Besprechungszimmer waren auf sie gerichtet, und Mogens Bøttger lächelte erwartungsvoll.

»Wie läuft es bei der Sterbebegleitung? Geht es auf den Endspurt zu?«

»Ähm, nein. Noch nicht«, sagte Heloise und ertappte sich dabei, wie sie Bøttgers Blick auswich.

Seit der letzten Entlassungsrunde – der dritten innerhalb von zwei Jahren – war ein Monat vergangen. Die Mitarbeiter hatten Bescheid bekommen, dass achtundzwanzig Stellen gekürzt werden mussten, und sie waren allesamt darauf vorbereitet gewesen, dass es ihnen an den Kragen gehen könnte. Als es so weit war, war Karen Aagaard, die die letzten fünf Jahre ihre

Ressortleiterin gewesen war, als Erste gefeuert worden. Sie hatte die Kündigung, ohne mit der Wimper zu zucken, hingenommen, hatte sich von allen mit einem kräftigen Handschlag verabschiedet und den Kollegen alles Gute gewünscht. Sie war siebenundfünfzig Jahre alt und arbeitslos in einer Branche, in der der Nachwuchs immer jünger und die Arbeitstage immer länger wurden.

Heloise war noch mal davongekommen, Bøttger auch. Doch er war es, der von Chefredakteur Mikkelsen die Zügel in die Hand bekommen hatte, was zu einem ungewohnten Machtgefälle zwischen ihm und Heloise führte, die einst gemeinsam als Fußsoldaten gedient hatten. Jetzt war es Bøttger, bei dessen Anblick man sich ducken musste, der Anweisungen erteilte und bei dem man sich einen Anschiss abholte. Heloise hätte den Job gar nicht haben wollen – das war nicht der Punkt, an dem der Schuh drückte. Sie konnte es nur schlichtweg nicht ertragen, dass Bøttger nun über ihre Arbeit bestimmte.

»Dein Artikel ist noch nicht fertig?« Er runzelte die dunklen Augenbrauen. »Du sitzt doch schon seit mehreren Wochen dran, was ist denn los?«

»Es ist ja nicht so, dass ich in der Zwischenzeit nicht noch hundert andere Artikel geschrieben habe«, protestierte Heloise.

»Das stimmt, ja, gute Arbeit. Aber was wird jetzt aus dieser Reportage?«

»Ich habe neue Informationen, denen ich aber erst nachgehen muss, bevor ich weiter an dem Text arbeite.«

»Und zwar?«

»Und zwar …« Heloise zögerte. »Ich habe etwas zu einem tödlichen Unfall gefunden, zu dem ich gern mehr recherchieren möchte. Ich glaube, Jan Fischhof weiß etwas darüber.«

Die Kollegen starrten Heloise an.

»Ein tödlicher Unfall, gerade eben?«, fragte Bøttger.

»Nein, 1998. Ich glaube, dass da einiges dahinterstecken –«

»Okay, aber das muss du ein andermal machen.« Mogens Bøttger sah zu der Tafel, auf der die Themen der kommenden Woche aufgelistet waren. »Jetzt wollen wir die Reportage über die Sterbebegleitung bringen. Wir machen eine Serie draus, Sterbebegleitung Teil eins, zwei und drei. Das erste Treffen, eine Präsentation des Ehrenamts. Worum geht es, wie meldet man sich an – all das. Dann ein Artikel über eure Beziehung, das Band, das man mit der oder dem Sterbenden knüpft und so weiter. Und dann der dritte Teil, das große Finale, der Abschied. Hast du den ersten Teil bis Anfang nächster Woche fertig?«

Mit ausdrucksloser Miene starrte Heloise Bøttger an.

Heloise räusperte sich, sagte aber nichts.

»Gut«, sagte Bøttger. »Dann sind wir uns also einig, dass ich am Montag den ersten Artikel auf dem Tisch habe, der in der Mittwochausgabe erscheinen wird. Sorg dafür, dass jemand aus der Fotoredaktion einen Termin mit diesem Fischhof macht.« Er nickte den versammelten Kollegen zu. »Das war's. Frohes Schaffen.«

Die anderen Journalistinnen erhoben sich von ihren Stühlen und schlurften langsam aus dem Besprechungszimmer.

Heloise blieb sitzen.

Als sie endlich allein waren, sah Bøttger sie mit erstauntem Blick an.

»Gibt's noch was?«

Heloise erwiderte seinen Blick. »Ich kann diese Serie nicht schreiben.«

Auf seiner Stirn vertieften sich die senkrechten Falten. »Und warum nicht?«

»Weil …« Heloise atmete tief ein, während sie in sich hineinhorchte. »Weil ich es nicht will.«

»Du *willst* nicht?«

»Nein.«

Bøttger lachte laut auf. »Verarschst du mich?«

»Nein.«

Heloise hielt seinem Blick stand, während die Stimmung zwischen ihnen zusehends angespannter wurde. Bøttgers Miene war schwer zu entziffern, aber dann verhärteten sich seine Züge, und das Grinsen verschwand aus seinem Gesicht.

»Was geht denn jetzt ab?«

»Was jetzt abgeht, ist, dass ich dich darüber in Kenntnis setze, dass ich einer Story auf der Spur bin. Aber du nimmst das überhaupt nicht ernst!« Heloise schüttelte den Kopf. »Das hättest du früher nie gemacht.«

»Aber es war abgesprochen, dass du über die Sterbebegleitung schreibst, also –«

»Und was mich am meisten wundert, ist, dass du nicht einmal *neugierig* bist.«

»Okay, schieß los!« Bøttger lehnte sich an die Wand und verschränkte die Arme. »Erzähl, was du hast. Ich höre.«

Heloise fasste zusammen, was Jan Fischhof bei ihrem letzten Treffen gesagt und was Schäfer bezüglich Mázoreck herausgefunden hatte.

Bøttger zuckte mit den Schultern. »Und? Das ist vielleicht was für die Polizei, aber was interessiert das unsere Leser?«

Heloise streckte das Kinn vor und kniff die Augen zusammen. »Wer sind Sie und was haben Sie mit dem Investigativjournalisten Mogens Bøttger angestellt?«

»Was soll der Mist, Heloise?« Genervt hob Bøttger die Arme. »Das ist eine Story, an der du ein *persönliches* Interesse hast. Das hat nichts mehr mit deiner Arbeit als Journalistin zu tun.«

»Verdammt nochmal, jetzt klingst du schon genau wie Mikkelsen!« Heloise deutete mit einem Kopfnicken Richtung Büro des Chefredakteurs am anderen Ende des langen Redaktionsflurs.

»Ja, so läuft der Laden nun mal, wenn man erst einmal Verantwortung übernimmt. Wir können nicht jeder fixen Idee nachgehen, denn wir haben hier ein Unternehmen zu führen. Wir sind hier, um eine Zeitung zu verkaufen, das hast du hoffentlich mitbekommen?«

»Ach was. Ich dachte, wir wären wegen der Inhalte hier.«

»Und wenn der Baum im Wald umfällt, aber niemand da ist, der es hört, Kaldan? Wenn niemand unsere Zeitung liest, existiert dein Inhalt dann überhaupt?«

»Weißt du, was ich glaube, Mogens?« Heloise musterte ihn von oben bis unten. »Ich glaube, die Beförderung ist dir zu Kopf gestiegen.«

»Wow!« Mogens Bøttger grinste, doch in dem Grinsen war keine Freude zu erkennen. Sein Adamsapfel hüpfte ein paarmal auf und ab. »Ganz schön dreist. Das hätte ich von dir nicht erwartet.«

Heloise senkte den Blick. Sie war mit ihrem Kommentar zu weit gegangen, das wusste sie nur zu gut. Aber sie weigerte sich, das Gesagte wieder zurückzunehmen.

»Und jetzt muss ich ein Machtwort sprechen«, fuhr Bøttger fort. »Du vergisst deine Unfallstory und lieferst mir am Montag die Reportage zur Sterbebegleitung. Basta!«

Er wandte sich ab, um zu gehen.

»Ich habe noch Urlaubstage übrig«, sagte Heloise.

Bøttger hielt inne und sah sich über die Schulter.

»Wie bitte?«

»Urlaub.«

Sie erhob sich von ihrem Stuhl und klappte den Laptop zu.

»Ich habe im Laufe der letzten drei Jahre nicht mehr als ein paar Tage Urlaub genommen, und jetzt nehme ich mir eine Woche frei. Wenn du ein Problem damit hast, musst du mich halt feuern.«

Mogens Bøttger starrte sie einen Moment lang ungläubig an. Dann wandte er sich um und verließ den Besprechungsraum.

# 7

Der Anruf nach Dragør wurde nach dem dritten Freizeichen entgegengenommen, und Heloise konnte an der gereizten Stimme hören, dass Ruth am Apparat war.

»Ist er wach?«, fragte sie und schloss die Tür des Besprechungszimmers, so dass die Geräusche aus dem Großraumbüro verstummten. Ruth raschelte am anderen Ende der Leitung, und Heloise konnte hören, dass sie laut und deutlich mit Jan Fischhof sprach, als hätte die Krankheit nicht nur seine Lungen und seinen Verstand, sondern auch sein Gehör beeinträchtigt. Das Rascheln wurde lauter, dann erklang Jan Fischhofs heisere Stimme am anderen Ende.

»Heloise?«

»Hej, Jan. Wie geht es dir heute?«

»Hervorragend!« Die Antwort kam wie aus der Pistole geschossen, klang jedoch nüchtern. »Ruth ist nicht so geizig mit den Bieren wie sonst.«

Ruth protestierte irgendwo im Hintergrund, und Heloise musste lächeln, während sie Mázorecks Sterbeurkunde auf ihrem Computer aufrief.

»Jan, hör mal: Ich rufe an, weil ich über die Sachen nachgedacht habe, die du mir gestern erzählt hast.«

Am anderen Ende der Leitung wurde es still.

»Der Mann, von dem du mir erzählt hast – hieß er Tom Mázoreck?«

»Nein, Heloise, nein, ich kann nicht ... « Jan Fischhofs Stimme wurde zu einem Flüstern. »Vergiss einfach, was ich dir gestern erzählt habe. Ich habe bestimmt nur Unsinn dahergeredet.«

»Aber hast du von ihm –«

»*Vergiss* es, sag ich. Vergiss den Namen einfach wieder! Was ... was vergangen ist, ist vergangen.« Er sprach wieder lauter, doch seine kratzige Stimme klang merkwürdig anders als sonst.

»Wovor hast du Angst, Jan? Wenn du mir davon erzählst, kann ich dir vielleicht helfen.«

Jan Fischhof antwortete nicht.

»Geht es um deine Tochter?«, hakte Heloise nach. »Hat sie etwas damit zu tun?«

Zunächst klang es, als wäre Fischhof in Gelächter ausgebrochen, erst als er zu sprechen begann, bemerkte Heloise, dass er bitterlich weinte.

»Du kannst mir nicht helfen«, schluchzte er. »Niemand kann mir helfen. Es ist zu spät. Alles ist zu spät.«

»Nein, nichts ist zu spät«, entgegnete Heloise. »Aber du musst mir schon mehr erzählen. Er kann dir nichts mehr tun, falls das deine Sorge ist. Ich habe im Zeitungsarchiv recherchiert, dass er 1998 gestorben ist, aber wenn ich nach seinem Namen suche, finde ich nur ein paar Todesanzeigen und einen Artikel über ein Mädchen, dass vor hundert Jahren nach einem Besuch in einer Gaststätte verschwunden ist. Wenn du mir also erzählst, was –«

»Sprichst du von Mia?«, fragte er leise.

Heloise blinzelte überrascht.

»Ja«, sagte sie. »Sie hieß Mia.«

»Wenn du Staub aufwirbelst, werden sie uns finden. Uns beide!«

»Was weißt du über den Unfall, Jan?«

»Sie werden kommen. Sie kommen ... Sie ... kommen«, presste er hervor, als würde er versuchen, gleichzeitig zu sprechen und nach Atem zu ringen. Plötzlich klang seine Stimme wie die eines Kindes, verwundert und schläfrig. »Sie kommen ... in Umhängen, mit Fackeln und Speeren und Augen, aufgespießt auf spitzen Stöcken.«

Heloise runzelte die Stirn. »Wovon sprichst du? Fackeln und Speere?«

»Die Schubladen im Haus, Heloise. Sie haben etwas darin gesucht. Ich kann es sehen. Sie haben meine Papiere gestohlen und ... Ja, sie haben sie gestohlen! Sie haben meine Papiere gestohlen!«

»Nein, Jan, warte. Bleib noch einen Moment bei mir!«

Heloise erkannte, dass sein klarer Moment vorbei war. Sie erlebte es nicht zum ersten Mal, dass seine eben noch zusammenhängenden Sätze innerhalb weniger Sekunden zu wirren Wortfetzen wurden.

Sie hielt den Kugelschreiber über ihrem Notizblock bereit.

»Erzähl mir von Tom Mázoreck.«

Nichts.

»Hallo? Bist du noch dran?« Heloise sprach lauter, um ihn so zum Antworten zu bewegen. »Jan?! Hallo?«

Einen Augenblick lang blieb es still in der Leitung. Dann ertönte Ruths Stimme am anderen Ende.

»Heloise?«

»Ja, was ist denn los? Wo ist Jan?«

»Er sitzt hier in seinem Sessel. Das Telefon lag in seinem Schoß.«

»Ist er eingeschlafen?«

»Nein, das glaub ich nicht. Schläfst du? Jan? ... Nein, er schläft nicht, aber er ist gerade nicht mehr bei sich. Ich glaube, er braucht Ruhe, wenn du also –«

»War heute jemand im Haus, Ruth?«

»Im Haus? Was meinst du?«

»Er meinte gerade, jemand hätte ihm etwas aus seinen Schubladen gestohlen – irgendwelche Papiere?«

Ruth schnalzte mit der Zunge. »Ach, er redet Unsinn. Das weißt du doch. Gestern wollte er mir weismachen, dass er in der Telefonleitung verdächtige Geräusche gehört hat. Heute Morgen war ihm der Postbote nicht geheuer. Außer mir ist heute niemand hier gewesen.«

»Richtest du ihm bitte aus, dass niemand ihn verfolgt und dass er keine Angst zu haben braucht?«

»Vor wem sollte er denn Angst haben?«, blaffte Ruth und klang plötzlich beunruhigt und genervt zugleich. »Hier ist doch niemand außer mir.«

»Sag ihm einfach, dass ich mich um die Sache kümmern werde und er sich keine Sorgen zu machen braucht, okay? Richte ihm das bitte aus.«

»Ja, ja.« Ruth zögerte einen Augenblick. »Kommst du heute noch vorbei?«

»Nein, ich …« Heloise zögerte. »Ich werde die nächsten paar Tage nicht in Kopenhagen sein, rufst du mich bitte an, falls irgendwas sein sollte?«

»Ist etwas passiert?«

»Nein, aber ich … ich will mich nur um eine Sache kümmern. Rausfinden, was Jan solche Sorgen bereitet.«

»Also, jetzt müsst ihr aber mit euren Räubergeschichten aufhören, alle beide. Er weiß doch gar nicht, was er da redet. Komm lieber her und –«

»Nein«, unterbrach Heloise sie. »Ich weiß, dass du glaubst,

dass meine Anwesenheit ihn noch am Leben hält, aber ich glaube inzwischen, dass es etwas anderes ist. Ich glaube, er weigert sich zu gehen, weil er Angst vorm Jüngsten Gericht hat.«

»Angst vorm Jüngsten Gericht?«

»Ja, Angst vor der Abrechnung der höheren Mächte, vor dem Fegefeuer.«

»Aber das ist doch lächerlich!« Ruth lachte laut auf.

»Ist es das? Du sagst doch selbst, dass es unsere Aufgabe ist, alles zu tun, was in unserer Macht steht, damit es den Sterbenden leichter fällt, sich vom Leben zu verabschieden. Dass es unser Job ist, ihnen einen schönen Abschied zu bereiten.«

Heloise interpretierte Ruths Schweigen als Zustimmung.

»Und das werde ich jetzt versuchen.«

# 8

Mit raschen Schritten durchquerte Heloise das Großraumbüro und nahm, zwei Stufen auf einmal, die Treppe hinunter in den ersten Stock. Sie öffnete die Tür zur Rechercheabteilung und ließ ihren Blick durch den Raum wandern. Am größten Schreibtisch des Großraumbüros saß Morten Munk, ein Berg von einem Mann, vor zwei Bildschirmen und zwei Tastaturen, über die er seine Wurstfinger mit der Präzision eines Konzertpianisten tanzen ließ.

»Hej, Munk?«

Er drehte sich auf seinem Bürostuhl in ihre Richtung, aus der sein Name gerufen wurde. Das Sonnenlicht, dass durch die offenen Fenster fiel, erhellte sein Gesicht. Er war dreißig Jahre alt, aber sein pausbäckiges Gesicht ließ ihn jünger aussehen, und Heloise konnte sich nur zu gut vorstellen, wie er als kleiner Junge ausgesehen hatte. »Miss Denmark!«, rief er und grinste so breit, dass seine Augen beinahe hinter den Wangen verschwanden. »Was führt dich hierher?«

»Ich brauche deine Hilfe, und es eilt, also wenn du dich gleich an die Arbeit machen könntest, schulde ich dir den größten Gin Tonic der Welt.«

Munk schwang sich auf seinem Stuhl herum und legte die Hände auf die Tastatur. »Was brauchst du?«

»Ich brauche eine Telefonnummer und die Adresse einer Frau. Sie hat die dänische Staatsbürgerschaft – oder hat sie zumindest mal gehabt – und wohnt, soweit ich weiß, in Stockholm.«

»Name?«

»Vorname unbekannt, Familienname Ulvaeus.«

»Haben wir ein Geburtsdatum?«

»Nein.«

»Wissen wir ungefähr, wie alt sie ist?«

Heloise versuchte, sich an das Familienfoto in Fischhofs Wohnzimmer zu erinnern. An die ausgeblichene Jeans, die Wildlederjacke und die enormen Schulterpolster in Alice' kreischgrünem Oberteil.

Sie wog mit der Hand ab.

»Sie muss Anfang der Neunziger ein Teenager gewesen sein, also denke ich, sie ist in meinem Alter, vielleicht älter. In Dänemark war sie zuletzt womöglich in Dragør gemeldet.« Sie gab Munk Jan Fischhofs Adresse.

Seine fleischigen Finger flitzten über die Tastatur, während er die Melodie von *Mamma Mia* pfiff.

»Sonst noch was?«

»Ja, such mir alles raus, was du über Tom Mázoreck auftreiben kannst.« Heloise nannte ihm Mázorecks Personennummer. »Er kam 1998 bei einem Bootsunglück in der Flensburger Förde ums Leben, und ich will alles wissen: Wer war er, wo hat er gearbeitet, wie waren seine familiären Verhältnisse – das volle Programm. Alles, was du über ihn findest.«

Munk nickte und tippte.

»Check und check!«, sagte er. »Woran arbeiten wir?«

»Darüber wollte ich auch noch mit dir sprechen.« Heloise sah über die Schulter. Keiner der anderen Rechercheure schien ihre

Anwesenheit überhaupt zur Kenntnis genommen zu haben. Sie wandte sich wieder zu Munk um.

»Du darfst Bøttger kein Wort von der ganzen Sache sagen.«

Munks linke Augenbraue formte sich fragend über seinem Auge. Er lehnte sich in seinem Bürostuhl zurück und legte die Fingerspitzen aneinander.

»Oho! Drama?«

»Nein, kein Drama, aber Mogens ist jetzt der Chef, und das ändert die Spielregeln. Also fahren wir bei dieser Sache die Ninja-Schiene, okay? Kein Mucks!«

Munk schürzte die Lippen und schloss sie mit einem unsichtbaren Schlüssel ab.

Heloise drückte ihm einen Kuss auf die Stirn und verließ das Redaktionsgebäude.

# 9

Die zu Dreiecken geschnittenen Sandwiches lagen in Reih und Glied am Flughafenimbiss. Heloise schnappte sich eines mit Schinken und Käse und stellte sich an der Kasse in die Schlange. Sie bezahlte, steckte das Sandwich in ihre Umhängetasche und machte sich auf den Weg zum Gate, als ihr Telefon piepte. Sie fischte es mit einer Hand aus der Tasche, während sie mit der anderen ihren Rollkoffer hinter sich herzog.

Eine Nachricht von Munk.

Heloise blieb mitten im belebten Terminal stehen und öffnete die Nachricht. Sie enthielt drei Links. Heloise klickte auf den ersten. Es war Tom Mázorecks Sterbeurkunde – die, die sie selbst online gefunden hatte. Der nächste Link leitete sie zu einer Karte von Rinkenæs weiter, auf der Munk Mázorecks letzte Adresse markiert hatte, und unter dem dritten fand sie eine Übersicht über Mázorecks Lebenslauf.

Heloises Blick flog über die Seite.

Von 1985 bis 1988 war er als Krankenträger im Krankenhaus Sønderborg tätig gewesen. In den folgenden Jahren war er bei einer Ziegelei in Egernsund angestellt, und danach folgte ein langer Zeitraum, in dem sein Einkommen nicht registriert worden war. Auf jeden Fall hatte Munk nichts finden können, auch keine Zahlung von Arbeitslosengeldern. In den Jahren 91 und 92 war er außerdem unter keiner Adresse gemeldet gewesen, aber im Januar 1993 tauchte er wieder im System auf. Bis zu seinem Tod war er bei der Schlachterei Blans in Teilzeit beschäftigt und arbeitete, ebenfalls in Teilzeit, in einer nicht näher bezeichneten Anstellung auf dem sogenannten Benniksgaard. In den letzten fünf Jahren seines Lebens war er in Rinkenæs gemeldet gewesen.

Heloise sah auf und ließ ihren Blick über das Duty-free-Regal schweifen, ohne jedoch wahrzunehmen, was dort angeboten wurde.

Benniksgaard?

Sie meinte sich zu erinnern, dass Fischhof diesen Namen mehrmals erwähnt hatte. War er ebenfalls dort beschäftigt gewesen? Sie wusste zumindest, dass Fischhof mit Tieren gearbeitet hatte. Irgendwo in der Landwirtschaft.

Sie öffnete ein Browserfenster und googelte den Ort. Ihr wurde angezeigt, dass Benniksgaard ein Vier-Sterne-Hotel in Rinkenæs mit einem dazugehörigen Golfplatz mit achtzehn Löchern und Blick auf die Flensburger Förde war. Anscheinend pilgerten Golfer aus allen Ecken der Welt dorthin, um ein Stück authentischer dänischer Idylle zu genießen, während die Menschen aus der Umgebung das Hotel für Examensfeiern, Hochzeiten und Taufen buchten.

Heloise runzelte die Stirn.

Das passte so gar nicht zu dem, was sie über Jan Fischhof wusste. Er war ein Typ, der sich auch mal die Hände schmutzig gemacht, Löcher gebuddelt, Nägel in die Wand gehauen und seinem eigenen Abendessen das Fell über die Ohren gezogen hatte. Er hatte seinen Lebensunterhalt nicht damit verdient, reichen Touris ihre Golftaschen hinterherzutragen oder Pralinen auf den Kopfkissen der Hotelgäste zu drapieren, da war sie sich ganz sicher.

Ein FaceTime-Anruf riss Heloise aus ihren Gedanken. Sie nahm den Anruf entgegen und musste lächeln, als sie Gerda Bendix sah.

»Störe ich?«, fragte Gerda. Die Verbindung hakte ein bisschen, aber Gerdas Gesicht leuchtete nahezu auf Heloises Display, der Blick klar und hellwach.

In letzter Zeit hatte Heloises beste Freundin das Leben mit einem Appetit und einer Neugierde genossen, die seit Jahren auf der Strecke geblieben waren. Dieses Funkeln stand ihr gut, fand Heloise. Gerda war schon immer schön gewesen, auf diese Art und Weise, die eine Massenkarambolage im Stadtverkehr auslösen konnte, aber nach der Scheidung von Christian schien sie zehn Jahre jünger geworden zu sein. Während böse Zungen in ihrem Umfeld behaupteten, er dagegen sei um zehn Jahre gealtert.

»Du störst doch nie«, sagte Heloise und ging zu ihrem Gate. »Geht's dir gut?«

»Ja, alles prima. Ich habe gerade eine Pause zwischen zwei Patienten, also dachte ich, ich sage mal hallo. Und du, was machst du? Du bist nicht in der Redaktion, wie ich sehen kann?«

»Ich bin unterwegs.« Heloise schwenkte das Telefon herum, so dass Gerda die Shoppingmeile am Kopenhagener Flughafen sehen konnte.

»Wohin geht's?«

»Lange Geschichte – beziehungsweise … eigentlich ist sie so kurz und unkonkret, dass ich selbst nicht mal weiß, worum es eigentlich geht. Jan, den ich im Auftrag der Sterbebegleitung manchmal besuche, hat mir ein paar Dinge über einen alten Fall aus Südjütland erzählt, denen ich jetzt mal nachgehen will.«

»Was für ein Fall ist das?«

»Es ist ein bisschen kompliziert, aber ich glaube, er hat Angst, Abschied vom Leben zu nehmen …« Heloise fiel plötzlich etwas ein, weshalb sie sich selbst unterbrach. »Hey, sag mal, schreiben eure Soldaten nicht Abschiedsbriefe, bevor sie in Einsätze geschickt werden?«

Gerda arbeitete als Traumapsychologin beim Militär und fuhr täglich hinaus in die Svanemøllen-Kaserne. Außerdem war sie auf mehreren Auslandseinsätzen in Kriegsgebieten gewesen.

»Ja, das machen alle beim Militär, bevor sie auf die Einsätze geschickt werden«, sagte Gerda. »Jedes Mal wenn ich nach Afghanistan gesandt wurde, habe ich an dich und Lulu und meine Mutter Abschiedsbriefe geschrieben. Und früher natürlich auch an Christian.«

»Was schreibt man in solchen Briefen?«

»Das ist bei jeder Person anders. Ich habe immer aufgeschrieben, wie sehr ich euch liebe und dass ihr nicht zu lange unglücklich sein dürft, wenn ich nicht mehr Hause kommen sollte. In die Briefe an Christian hab ich auch Sachen geschrieben, die … du weißt schon, die ich ungern mit ins Grab genommen hätte. All das Ungesagte zwischen uns. Geheimnisse.«

Heloise nickte langsam.

»Warum fragst du?«

»Es kommt mir so vor, als suche Jan nach irgendeiner Form von Vergebung.«

Gerda runzelte die Stirn. »Aber wofür?«

»Das weiß ich eben nicht.« Heloise zuckte mit den Schultern. »Du kennst mich doch. Ich muss einfach rausfinden, was dahintersteckt.«

»Hm.« Gerda sah aus, als hätte sie etwas auf dem Herzen, sagte aber nichts. »Pass auf dich auf, okay?«

»Das tu ich doch immer.«

»Ja, aber trotzdem. Du hast innerhalb weniger Monate das Vertrauen zu einem Mann aufgebaut, der dein Vater sein könnte, und man *könnte* eventuell auf den Gedanken kommen, dass du deine eigene Vergangenheit und deine eigenen unverarbeiteten Gefühle auf eure Beziehung projizierst.«

»Ja, ja«, sagte Heloise und widerstand dem Impuls, die Augen zu verdrehen. »Ich kann mir vorstellen, wie das aussieht, und natürlich hast du recht – das hast du! Aber die Sache ist die, ich …« Heloise holte tief Luft und lächelte. »Ich mag ihn einfach so gern! Ich will nur sichergehen, dass ich mich nicht in ihm täusche.«

Gerda öffnete den Mund, doch dann presste sie die Lippen aufeinander.

»Okay«, nickte sie. »Also, wohin bist du unterwegs?«

»Ich fliege gleich nach Sønderborg, um –«

»Nach Sønderborg?«

»Ja. Jan ist in Südjütland geboren und aufgewachsen«, sagte Heloise.

»Wohnt nicht auch Thomas dort?«

»Welcher Thomas?«

Gerda setzte ein breites Grinsen auf. »*Welcher* Thomas? Ach komm schon!«

»Meinst du O'Malley?«

»Wen denn sonst?«

»Ähm, Gerda, es gibt einige Leute in dieser Welt, die Thomas heißen.«

»Nicht in *deiner* Welt.«

»Na, ich weiß ja nicht …« Heloise senkte den Blick und konnte sich nun auch das Grinsen nicht mehr verkneifen. »Thomas Malling habe ich nicht mehr gesehen, seit er in die

USA gegangen ist, und das ist, lass mich überlegen, sieben Jahre her.«

»Aber O'Malley wohnt jetzt in Sønderborg, oder?«

»Hm, ja, ich glaube schon«, sagte Heloise, ohne wirklich daran zu zweifeln. Eigentlich hatte sie aufgehört zu verfolgen, was Thomas so machte und wo auf der Welt er sich herumtrieb, denn jedes Mal wenn sie seinen Namen googelte oder auf andere Weise Salz in die Wunde streute, schlief sie schlecht und wachte mit einem Engegefühl in der Brust auf, als hätte ihr jemand ein Gummiband um ihr Herz geschnürt.

Sie setzte sich am Gate auf eine Bank und sah hinaus auf die Landebahn, auf der gerade ein Emirates-Airbus abhob. Das letzte Mal, als sie O'Malley, wie er seit ihrer Schulzeit genannt wurde, gesehen hatte, standen sie ein paar hundert Meter von Heloises derzeitigem Standort entfernt in der Kiss & Fly-Zone außerhalb des Flughafens. Er war auf dem Weg nach New York gewesen, um seinen neuen Job als Nachrichtenredakteur bei einem der größten Medienhäuser der Welt zu beginnen, und Heloise hatte versprochen, dass sie nachziehen würde, sobald ihre befristete Stelle bei *Demokratisk Dagblad* ausgelaufen war.

Fünf Wochen später hatte Mikkelsen ihr eine feste Stelle als Investigativjournalistin angeboten.

»Thomas hat Frau und Kinder, es spielt also keine Rolle, wo er gerade wohnt.«

»Stimmt es, dass er jetzt Chefredakteur bei der Regionalzeitung dort unten ist?«

»Ja.«

Gerda schnitt eine mitleidige Grimasse. »Das ist ein ziemlicher Sinkflug von der *Huffington Post*, oder?«

»Das kann man wohl sagen.« Heloise nickte.

»Du fliegst jetzt also nach Sønderborg?«

»Ja.«

»Und wann kommt du wieder nach Hause?«

»Kommt drauf an, was ich da unten so herausfinde. Wenn es Jan schlechter geht, komme ich sofort zurück, aber ich habe mir für die ganze Woche ein Haus in Rinkenæs gemietet – der Hof heißt übrigens Gerdasminde, nur dass du's weißt!«

Gerda lächelte. »Gott, das klingt perfekt!«

»Ja, nicht wahr? Ich habe es total günstig bei Airbnb gefunden, daher ist es leicht zu verschmerzen, wenn ich plötzlich alles stehen und liegen lassen und nach Hause fahren muss.«

»Ja, aber die Zeitung bezahlt dir das ja auch.«

Heloise schüttelte den Kopf.

»Diesmal nicht. Das hier mach ich im Alleingang.«

# 10

Die Luft flimmerte in der Hitze, als Carl Roebel seinen Wagen parkte und ausstieg. Er richtete seine Brille und ließ den Blick über den Strand schweifen, wo die Wellen träge an Land spülten. Der Vemmingbunder Strand in Südjütland war ein Ameisenhaufen aus badenden Nymphen, spielenden Kindern und Rentnern, die unter den unzähligen orangefarbenen Sonnenschirmen am Meer saßen und den heißesten Sommer seit hundert Jahren genossen.

Carls Blick fiel auf die Eisdiele an der Strandpromenade, und er entdeckte den alten Mann, der auf einem Klappstuhl neben der kleinen Bretterbude saß. Der Mann hockte auf der vordersten Stuhlkante und hatte seine Hände auf dem Stock zwischen seinen spitzen Knien abgestützt. Seine Haut war gebräunt, die Muskeln sehnig, er trug ein weißes Unterhemd und ein Paar schwarze Speedos. Sein langes graues Haar war schweißnass und umrahmte das Gesicht mit den markanten Wangenknochen und schmalen Lippen. Seine Augen waren hinter einer verspiegelten Sonnenbrille verborgen.

Als Carl sich näherte, sah der Mann auf.

Carl blieb vor ihm stehen und streckte ihm zur Begrüßung die Hand entgegen. »Hej, Jes.«

Jes Decker erwiderte den Gruß mit einem kurzen Kopfnicken,

blieb jedoch sitzen, die Hände unverändert auf dem Stock abgestützt.

Carl zog seine Hand wieder zurück und sah zu den Menschen, die in der Schlange standen, um Eis am Stiel zu kaufen. Er wollte gerade fragen, ob sie sich irgendwo in Ruhe unterhalten konnten, als Jes Decker aufstand und mit einem seitlichen Kopfnicken andeutete, dass Carl ihm folgen sollte.

Der Alte trat hinaus in den Sand und stakste mit unsicheren Beinen Richtung Wasser.

Carl folgte ihm.

Ein paar Jungs mit Bürstenschnitt und Sommersprossen kamen auf sie zugelaufen, so dass den anderen Strandgästen, die in der Sonne dösten, der Sand nur so um die Ohren flog. Die Kinder hatten eine Feuerqualle, groß wie ein Klodeckel, auf einen Tennisschläger geschaufelt, die rotvioletten Tentakel baumelten durch die Maschen hindurch. Der älteste der Jungs streckte ihnen den Tennisschläger entgegen und rief vergnügt: »Schau mal, Opa! Schau mal, was wir gefunden haben!«

»Nicht jetzt, Junge. Nicht jetzt.« Der Alte scheuchte ihn mit einer raschen Handbewegung davon.

Als sie am Ufer standen, wandte er sich zu Carl um.

»Zieh deine Klamotten aus«, sagte er. Seine Stimme war harsch, der Ton lud nicht zur Diskussion ein.

»Aber …« Carl grinste nervös und blickte an sich herunter. Er trug ein kurzärmeliges Hemd und eine graue Stoffhose mit Bügelfalte. »Ich kann doch nicht … Also, ich habe kein –«

»Zieh dich aus!«

Carl starrte den alten Mann einen Augenblick lang an. Dann öffnete er die Schnalle seines Ledergürtels und streifte die Hose bis zu den Knöcheln hinunter. Er stieg aus den Hosenbeinen heraus, so dass sie auf seinen Schuhen liegen blieben, die er in der gleichen Bewegung abgestreift hatte. Dann knöpfte er sein Hemd auf. Er zog es aus und warf es in den Sand. Dann verschränkte er die Hände vor dem Eingriff in seiner Boxershorts und schluckte.

»Und jetzt?«

Der Alte hob seinen Stock und zeigte damit auf drei Männer, die bis zum Bauchnabel im Wasser standen, ein gutes Stück hinter der zweiten Sandbank. Erst jetzt erkannte Carl, dass es sich bei dem Stock um einen Golfschläger handelte.

»Die warten dort auf dich.«

Carl sah zu den Männern hinüber. Gewitterwolken hingen tief über dem Horizont und drohten, über die Küste zu rollen und allen den Tag zu verderben.

Er lächelte verunsichert. »Das ist doch gar nicht nötig, Jes. Ich könnte doch nicht –«

»Los!« Der Alte stieß Carl mit dem Golfschläger in die Brust.

Carl watete hinaus ins Wasser, kleine Steinchen und Muscheln bohrten sich in seine Füße. Die drei Männer beobachteten ihn, als er auf sie zukam, und Carl erkannte einen von ihnen: Jes Deckers Sohn René. Er war ein Mann mittleren Alters mit kurzen goldenen Haaren und so trainierten Muskeln, dass es aussah, als wären sie aufgemalt. Die anderen beiden Männer hatte Carl noch nie gesehen, aber angesichts der Stiernacken und der verschränkten Arme vermutete er, dass es sich um zwei von Jes Deckers Handlangern handeln musste.

Als sie sich gegenüberstanden, begrüßte René Decker Carl mit einem Kopfnicken.

»Es besteht wirklich kein Grund, sich hier draußen zu treffen«, sagte Carl. Er blickte nervös vom einen Schergen zum anderen. »Ich würde nie auf die Idee kommen, unsere Gespräche aufzuzeichnen –«

René Decker breitete die Arme aus. »Du bist zweifellos ein guter Kerl, Roebel. Aber du weißt ja, was man über Vertrauen und Kontrolle sagt.« Er setzte ein Lächeln auf und legte Carl Roebel eine Hand auf die Schulter. »Auf diese Art und Weise können wir sicher sein, dass aus uns noch mal Freunde werden, oder?«

Carl nickte.

»Gut«, sagte René und verschränkte die Arme vor der Brust. »Worum geht's? Eine Lieferung? Gibt es Probleme mit dem Produkt?«

»Nein, es geht um … es geht um Glenn.«

»Was ist mit ihm?«

»Er arbeitet für euch, oder?«

René Decker zog die Mundwinkel nach unten und zuckte mit den Schultern. »Vielleicht. Warum?«

»Weil er gestern Abend bei Penny Lane saß und herumposaunte, er habe neulich für euch einen Auftrag in Hamburg erledigt. Er hat keine Details verraten, aber man konnte den Eindruck gewinnen, dass es etwas mit Drogen zu tun hatte. Ich an eurer Stelle würde ihn mir mal vornehmen. Sobald er was getrunken hat, plappert er munter drauflos, und vielleicht hat er es mal nötig, dass … ihr ihn euch mal zur Brust nehmt.«

René Decker strich sich mit den Fingern über das Kinn und nickte.

»Okay. Ich werde mit ihm reden.« Er klopfte Carl auf die Schulter. »Gut, dass du da draußen Augen und Ohren offen hältst, Roebel. Deine Loyalität wird dir –«

»Da ist noch was.«

Decker erwiderte Carls Blick.

»Ich habe noch etwas gehört, das ihr vielleicht wissen solltet.«

»Nämlich?« René Decker nickte auffordernd, damit Carl weitersprach.

»Heute Morgen hat jemand auf dem Revier angerufen. Jemand von der Mordkommission aus Kopenhagen.«

»Und?«

»Und er hat ein paar Fragen gestellt, die euch vielleicht interessieren könnten.«

»Fragen worüber?« Decker runzelte die Stirn. »Wir haben keine Rechnungen mit Kopenhagen offen.«

»Er hat gefragt, ob irgendjemand etwas über Pitbull weiß.«

René Decker öffnete verblüfft den Mund, ohne ein Wort zu sagen. Für einen Augenblick starrten die Männer sich schweigend an, Deckers Blick durchbohrte Carl.

»Bist du sicher?«, fragte er schließlich.

Carl nickte. »Er hat sich bei Peter Zøllner nach Pitbulls Todesumständen erkundigt.«

»Was wollte er sonst noch?«

»Nichts weiter.«

René Decker zögerte. »Weißt du, ob sie irgendetwas gefunden haben?«

Carl schüttelte den Kopf.

»Aber er hat von der Mordkommission angerufen, sagst du?«

»Ja. Zøllner hat mit ihm gesprochen, ich habe also nur Bruchstücke des Gesprächs mithören können.«

»Wie war sein Name?« René Decker schob das Kinn vor und schielte aus den Augenwinkeln hinüber zum Strand, wo sein Vater wartete. »Der Typ, der angerufen hat, wie war sein Name?«

»Schäfer«, antwortete Carl Röbel und richtete seine Brille. »Erik Schäfer.«

# 11

Das Blut hatte sich in großen Lachen in der Eingangshalle gesammelt und war bis in den Korridor der herrschaftlichen Wohnung geflossen. Dort war es festgetrocknet, dunkelviolett und rissig, wie japanische Raku-Keramik. An einigen Stellen war es verschmiert, Fußabdrücke zeichneten sich darin ab, und an den weißen Wänden klebten tabakbraune Abdrücke von Händen, Schultern und Ellenbogen, die sich im Eifer des Gefechts an ihnen abgestützt hatten.

Erik Schäfer machte einen großen Schritt über einen stummen Diener aus Messing, der im Eingangsbereich umgefallen war, ging in die Hocke und betrachtete das Blut, das durch die kleinen Holzwurmlöcher im Parkett gesickert war.

Er hob den Kopf und suchte die Decke nach Blut ab, das eventuell vom wilden Herumfuchteln mit einer Tatwaffe nach oben gespritzt sein konnte, doch weder an den Kristallen des großen Kronleuchters noch am Deckengewölbe waren Spuren zu sehen.

Schäfer schloss die Augen und atmete langsam aus.

Über dem klaren, metallischen Geruch von Blut hing ein heller Duft in der Wohnung, eine Mischung aus Reinigungsmittel, Sonne und frischer Luft, die aus dem offenen Fenster hereinwehte. Der einzige intensive Geruch kam von einer

Handvoll Mikado-ähnlichen Stäbchen in einem bernsteinfarbenen Glas, das auf der Kommode im Eingang umgestoßen worden war. *Cèdre du Fil de Fer* stand auf dem Etikett. *Home fragrance.*

Der Bewohner dieser Wohnung konnte noch nicht lange tot sein.

Schäfer stand auf und sah den langen Korridor hinunter, der vom Blitzlicht des Tatortfotografen erhellt wurde.

Die Leiche lehnte am Ende des Korridors mit dem Rücken an der Wand, die Beine leicht gespreizt von sich gestreckt. Gesicht und Oberkörper waren vornübergebeugt; das Einzige, was man vom Kopf sehen konnte, war ein kahler Fleck auf dem Schädel, umkränzt von halblangem silbergrauen Haar. Der cremefarbene Anzug, den der Mann am letzten Tag seines Lebens angezogen hatte, war von Blut und Urin durchtränkt.

Schäfer schüttelte den Kopf.

»Lester, du alter Ganove«, murmelte er. »Wer hat dir diesen Scheiß hier angetan?«

Die Tür zum Hausflur stand offen, und Schäfer konnte hinter sich Schritte im Treppenhaus hören.

Die ehemalige Polizeipsychologin Michala Friis tauchte im Türrahmen auf. Ihr blondes Haar war zu einem Pferdeschwanz zusammengebunden, sie trug eng anliegende schwarze Jeans und ein schwarzes T-Shirt mit einem U-Boot-Ausschnitt, das ihre sonnengebräunten Schultern und ihr Schlüsselbein zur Geltung brachte.

Bertelsens Worte hallten wie ein verspätetes Echo in Schäfers Gedanken nach.

Michala Friis blieb im Türrahmen stehen und spähte in den Flur hinein.

»Was haben wir?«

»Ein ganz gewöhnliches Blutbad.« Schäfer deutete mit einem Kopfnicken zu der Leiche und reichte ihr ein paar Latexhandschuhe. »Kommst du rein?«

Sie lächelte und nahm die Handschuhe entgegen.

»Ich dachte, wir waren am Bistro Boheme verabredet«, sagte sie. Das Restaurant, in dem sie sich eigentlich zum Lunch treffen wollten, lag schräg gegenüber von der herrschaftlichen Wohnung.

»Mittagspause muss ausfallen«, sagte Schäfer.

»Ja, das hab ich mir schon gedacht. Du scheinst alles in deiner Macht Stehende zu tun, um mich in den Polizeidienst zurückzuholen.«

Das war der übliche Witz zwischen ihnen, doch in ihm steckte mehr als nur ein Funken Wahrheit. Schäfer grinste schief.

Bis vor einem Jahr war Michala Friis ein fester Bestandteil der Mordkommission gewesen, arbeitete aber jetzt hauptsächlich als Beraterin im privaten Sektor. Schäfer hatte den Polizeipräsidenten überredet, ein Budget für die Erstellung von Täterprofilen einzurichten, damit sie Friis in besonders schwierigen Fällen als Beraterin heranziehen konnten. Er nutzte jede Gelegenheit, um sie daran zu erinnern, dass sie zur Polizei gehörte, anstatt sich unter Immobilienspekulanten und anderen Finanzarschlöchern zu tummeln. In ihrem Feld war sie die Beste im ganzen Land, und Schäfer machte ihr schwere Vorwürfe, ja, er war regelrecht wütend, dass sie ihren Job bei der Polizei aufgegeben hatte.

Er wäre nie auf den Gedanken gekommen, dass hinter dieser Entscheidung etwas anderes als finanzielle Gründe gesteckt hatten.

»Ich habe gerade vor dem Restaurant geparkt, als ich das

Blaulicht gesehen habe«, sagte Schäfer. Er hatte den Beamten bemerkt, der vor dem Aufgang auf dem Bürgersteig stand und eine Frau mittleren Alters befragte, die mit blutverschmierter Kleidung und panischer Angst in den Augen vor ihm stand.

Michala Friis reckte den Hals und spähte den Korridor hinunter. »Herrje, hier ist es ja richtig zur Sache gegangen, was?«

Schäfer nickte.

»Erstochen?«

»Lässt sich jetzt noch nicht sagen. So wie er dasitzt, kann ich die Verletzungen nicht genau sehen, und wir dürfen ihn nicht bewegen, bevor Oppermann hier ist.«

Rechtsmediziner Oppermann war bereits auf dem Weg zum Tatort, um die Leiche zu untersuchen, bevor die Polizei mit Ermittlungen in einem etwaigen Mordfall überhaupt beginnen konnte.

Michala Friis machte einen großen Schritt um Schäfer herum und schaute in das erste der drei großen Zimmer, die durch Flügeltüren miteinander verbunden waren. In der ganzen Wohnung waren Wände und Böden weiß getüncht, und mit Ausnahme einiger eher avantgardistischer Kunstwerke waren die Räume mit französischen Vintage-Möbeln, Kirchenleuchtern, Spiegeln und dekorativem Schnickschnack im romantischen Stil eingerichtet. Es war ein langer Weg von Kopenhagen nach Versailles, aber der Geist Ludwigs XVI. schien in dieser dreihundert Quadratmeter großen Stadtwohnung an der Ecke Grønningen und Esplanade weiterzuleben.

Michala Friis stieß einen beeindruckten Pfiff aus. »Altes Geld?«

»Hochgearbeitet.«

Sie warf einen Blick auf den Leichnam. »Was war sein Metier?«

»Das ist Lester Wilkins.«

Überrascht hob sie die Augenbrauen und starrte Schäfer an.

»Jetset-Wilkins?«

Schäfer nickte.

Lester Wilkins, geborener Poul Næssøe Andersen, war in seinen Jugendtagen ein Messias der internationalen Jazzszene gewesen, und die Millionen waren ihm nur so zugeflogen. Er war der Darling der Boulevardpresse, per Du mit den Royals, ein Freund der Damenwelt und erfüllte noch diverse andere Jetset-Klischees. In den letzten Jahren war er selbst jedoch zum schlimmsten Klischee von allen geworden: der einsame Säufer. Eine bedauernswerte Wende in einem sonst so schönen Menschenleben.

»Wer in aller Welt will ihm denn etwas zuleide tun?«, fragte Michala und betrachtete den Leichnam. »Und warum?«

»Das ist die Frage – warum?«

Mit dieser Ausgangsfrage begann Schäfer stets seine Ermittlungen. In erster Linie ging es nicht um das »Wer?«, sondern um das »Warum?«. Welches Motiv gab es? Alle erdenklichen Motive ließen sich in sieben Kategorien einteilen: Eifersucht, Profit, Rache, Ausgrenzung, Fanatismus, Lust oder Nervenkitzel. Ab und zu trafen mehrere dieser Möglichkeiten zu, aber alle Morde konnten mindestens einem dieser sieben Motive zugeordnet werden, und an genau dem Punkt kam Michala Friis ins Spiel. Sie konnte sich anhand des Fundorts, anhand eines Blickes in die Akte, anhand der Stimme eines Verdächtigen, anhand dessen Körperhaltung oder Mimik, anhand der Habseligkeiten des Ermordeten ein Urteil bilden. Auf der Grundlage von Details, die der Polizei auf den ersten Blick oft nicht besonders wichtig erschienen, konnte sie dazu beitragen, wahrscheinliche Motive und somit die Gruppe potenzieller Täter einzugrenzen.

Schäfer sah sich um. Die Wohnung sah größtenteils ordentlich aus, nur der Eingangsbereich war verwüstet worden.

»Sieht aus, als wäre er hier an der Tür überfallen worden. Vermutlich hat er den Täter oder die Täterin in die Wohnung gelassen, es gibt zumindest keine Hinweise auf einen Einbruch«, sagte er. »Ich glaube, sie haben sich ordentlich in die Haare gekriegt, hier sieht es ja aus wie auf einem Schlachtfeld. Das Zeug auf der Kommode ist umgefallen, der stumme Diener auch, dann dieses Bild dort … Das sieht eindeutig nach einem Kampf aus. Und zwar nach einem der brutaleren Sorte.«

Schäfer zeigte auf ein Gemälde, das im Eingangsbereich an der Wand hing. Es war kobaltblau, einfarbig, als wäre es mit einer Malerrolle gemalt worden. Mitten in der Leinwand klafften vier senkrechte Schlitze, die jemand mit einem Messer oder einem anderen scharfen Gegenstand in das Bild geritzt haben musste.

»Was sagt dir das über den Täter oder die Täterin?«, fragte Schäfer. »Spielt Wut eine besondere Rolle?«

Michala Friis verengte die Augen und trat näher an das Gemälde heran.

»Sieht aus wie ein Lucio Fontana.«

»Ein was?«

Sie nahm das Bild von der Wand, um auf der Rückseite der Leinwand die Signatur des Künstlers zu entziffern. Sie verzog die Mundwinkel und nickte anerkennend.

»Tatsächlich. Verrückt!«

»Was ist denn?«

»Ein echter Fontana. Profit kannst du als Motiv also ausschließen – so viel sagt mir das schon über den Täter oder die Täterin«, sagte sie und hängte das Gemälde wieder an seinen Platz. »Außerdem trägt Wilkins, wie es aussieht, eine Rolex Submariner.«

Schäfer sah hinunter zum Leichnam und erblickte das goldene Armband, das aus seinem Ärmel hervorblitzte. Dann zeigte er auf das Bild.

»Aber es ist aufgeschlitzt worden.«

»Das ist Fontanas Markenzeichen. Er hat den Spazialismo geprägt, ein Kunstkonzept, bei dem die Künstler versuchen, das zweidimensionale Bild zu durchbrechen.«

»Willst du mir damit sagen, dass das so aussehen *soll*?«

»Ja, und es ist viel Geld wert. Wir reden hier von Millionen! Und so etwas hängt einfach in einer Wohnung in Kopenhagen.« Michala Friis betrachtete das Kunstwerk mit großen Augen. »Das sollte in einem Tresor verwahrt werden. Oder noch besser im Staatsmuseum oder im Louisiana hängen.«

Schäfer bemerkte, dass ihr Atem sich vor Begeisterung beschleunigt und sich kleine Schweißperlen in dem Grübchen zwischen Nase und Oberlippe gebildet hatten.

»Entschuldige, aber sehen wir hier das Gleiche?«, fragte er trocken. »Eine blaue Leinwand mit vier Schlitzen?«

Michala lächelte ihn an und nickte.

Schäfer warf ihr einen demonstrativ leeren Blick zu. Dann schüttelte er den Kopf und ging den Korridor hinunter.

»Wilkins hat doch allein gelebt, oder?«, rief Michala ihm nach. »Er hatte wohl weder Ehepartnerin noch Kinder?«

Sie öffnete eine Tür und betrat Lester Wilkins' Schlafzimmer. Das große Doppelbett war frisch bezogen, die Bettwäsche kreideweiß und glattgestrichen.

Sie sah sich in dem Zimmer um und setzte sich schließlich ans Fußende des Bettes.

»Ja, er hat allein gelebt.« Schäfer steckte den Kopf zur Tür herein. »Und er war auf seine alten Tage wohl ziemlich unter die Räder gekommen. Schwer alkoholkrank und depressiv, soweit ich informiert bin. Wer weiß, wofür er sein Geld sonst noch ausgegeben hat. Drogen? Nutten?«

Michala Friis lehnte sich nach hinten, so dass das Bettgestell knarrte, und stützte sich auf die Ellenbogen. Sie ließ ihren Blick durchs Zimmer schweifen.

»Wenn die Wände hier doch nur reden könnten«, seufzte sie. »Wilkins hat angeblich in den Siebzigern und Achtzigern sämtliche Models flachgelegt, aber ich möchte nur zu gern wissen, wie viel Action es hier in den letzten Jahren noch gegeben hat. Wahrscheinlich nicht so viel«, sagte sie und deutete mit einem Kopfnicken auf ein Paar Krücken, die in der Ecke des Raumes an einer kalkweißen Kommode lehnten. Auf der Kommode lag ein ganzes Buffet an Gichtmedikamenten, Betablockern, Psychopharmaka gegen Angststörungen und diversen anderen Mittelchen, die nicht gerade auf ein wildes Sexleben hindeuteten.

Schäfer beobachtete Michala Friis, wie sie dort auf diesem Bett halb saß, halb lag, und dachte: In einem anderen Leben vielleicht.

Ihre Blicke trafen sich, und sie lächelte. »Ist was?«

Schäfer räusperte sich. »Bertelsen hat mir heute Morgen etwas erzählt, was … was ich gerade nicht aus dem Kopf bekomme.« Er kratzte sich an der Stirn.

Michala sah ihn an, ohne zu zwinkern. »Nämlich?«

»Ich hatte nur erwähnt, dass wir zwei zum Lunch verabredet waren, um über den Giftmord in der Holbergsgade zu sprechen, und da hat er angedeutet, dass, ähm … dass ich anscheinend gewisse Signale nicht mehr so gut deuten kann wie früher.«

Sie senkte den Blick und befeuchtete ihre Lippen.

»Was sagst du dazu?«, fragte Schäfer. »Hat er etwa recht?«

Sie zog die Schultern bis zu den Ohren und lächelte schief. »Was sagst *du* denn dazu?«

»Ich finde, dass das alles ziemlich kompliziert machen würde.« Seine Stimme war mild, lud aber nicht zu Verhandlungen ein. »Und ich kann meine Arbeit nicht ordentlich machen, wenn die Dinge nicht so sind, wie ich sie wahrnehme. Ich muss mich auf meine Instinkte verlassen können.« Er schlug sich auf den Bauch.

Michala erhob sich vom Bett und strich ihre Kleidung glatt. Sie ging auf Schäfer zu, der noch auf der Türschwelle stand, und blieb direkt vor ihm stehen.

»Du bist ein unglaublich guter Ermittler, Erik – wenn es darum geht ...« Ihr Blick ruhte für einen Moment auf seinen Lippen, und es sah so aus, als würde sie noch etwas hinzufügen wollen, doch dann klopfte es laut an die Wohnungstür am anderen Ende des Korridors.

Friis und Schäfer gingen zum Eingang, wo ein junger Beamter auf sie wartete. Er hatte dunkle Haare und ein breites Kreuz. Seine Uniform saß so stramm, dass er aussah, als wäre er vakuumverpackt worden. Er war als Erster am Tatort eingetroffen, und Schäfer hatte ihn gebeten, sich bei den anderen Bewohnern des Hauses umzuhören, ob noch jemand anderes als die Nachbarin etwas gesehen oder gehört hatte.

»Bei den meisten Wohnungen im Haus handelt es sich um Büros«, erklärte der Beamte. »Die Einzigen, die hier außer dem Opfer noch wohnen, sind die Dame aus der vierten, die ihn gefunden hat, und eine weitere Partei in der fünften Etage. Oben ist gerade niemand zu Hause.« Er zeigte mit dem Daumen nach oben. »Die Nachbarin sagt aus, dass sie das Opfer gestern Abend noch kurz auf der Treppe getroffen hat. Er habe so ausgesehen, als wolle er ausgehen. Schick gemacht und gut gelaunt.«

»Hat sie ihn gefragt, wohin er wollte?«, fragte Schäfer.

»Sie meinte, er sitzt mehrere Abende in der Woche unten

an der Bar im Bistro Boheme, aber ich bin gerade drüben gewesen, und dort haben sie mir gesagt, dass er gestern nicht da war.«

»Wann hat sie ihn gefunden?«, fragte Michala.

»Vor einer Stunde. Sie wollte gerade mit dem Hund raus und hat bemerkt, dass die Tür zur Wohnung offen stand, also wollte sie nachsehen, ob alles in Ordnung ist. Die Zentrale hat ihren Notruf um 11.17 Uhr entgegengenommen.«

»Das heißt, die Fußabdrücke …« Michala Friis zeigte auf einen rotbraunen Streifen auf dem Boden. Dort war vermutlich jemand in einer Blutlache ausgerutscht. »Die könnten von der Nachbarin stammen?«

Der Beamte nickte. »Sie sagt, sie hat die Wohnung betreten, um zu sehen, ob er noch lebt. Sie hat ihn also angefasst, seinen Puls gecheckt – und so weiter.«

»Wo war denn der Hund währenddessen?«, fragte Schäfer.

»Was meinen Sie?«

»Sie haben doch gerade gesagt, sie wollte mit dem Hund raus, als sie die offene Tür bemerkt hat. Wo war denn der Hund, während sie hier in der Wohnung war?«

Der Beamte zuckte mit den Schultern und sah sich um.

»Gut, sorgen Sie dafür, dass die Jungs vom NKC die Finger- und Schuhabdrücke der Nachbarin nehmen«, sagte Schäfer und deutete mit einem Kopfnicken zu der Truppe vom Nationalen Kriminaltechnischen Centrum, kurz NKC. Die Kollegen mit ihren Pinselchen waren schon in vollem Gang, nach Fingerabdrücken und anderen Spuren zu suchen. »Hat sie ein Alibi für den Abend und die vergangene Nacht?«

»Sie sagt, sie sei zu Hause gewesen.«

»Allein?«

Der Beamte nickte.

Schäfers Handy vibrierte. Er zog es aus der Tasche und sah auf das Display.

Der Name KALDAN leuchtete auf.

Er zögerte und schaute vom Telefon auf zur Leiche. Hatten die Medien etwa schon Wind von Lester Wilkins' Tod bekommen?

Scheiß Facebook und Twitter!

Man konnte einfach nicht mehr in Ruhe arbeiten, bevor Fotos von Mordopfern, Verschwörungstheorien und alle möglichen Fake News im Internet verbreitet wurden. Es war nur eine Frage von Minuten, bevor die Übertragungswagen der Presse vor dem Haus vorfuhren und die Homepages der Zeitungen mit Bildern und schwulstigen Worten zu Wilkins' Tod zugekleistert wurden.

Schäfer biss die Zähne zusammen und drückte den Anruf weg. Dann wandte er sich wieder an den Beamten.

»Die Nachbarin hat, laut unseren Informationen, das Opfer als Letzte lebend gesehen, also nimm sie mit aufs Präsidium und lass sie zu Protokoll geben, was sie wann gesehen und gehört hat. Kann sein, dass da etwas Interessantes zum Vorschein kommt, was sie uns in der ersten Befragung noch nicht erzählt hat. Ein Geständnis zum Beispiel.«

Der Beamte nickte und verließ die Wohnung. Im gleichen Augenblick trat Rechtsmediziner Jakob Sandahl in den Korridor, seinen Laborkoffer in der Hand.

»Sandahl?«, fragte Schäfer überrascht. »Ich dachte, John Oppermann sei schon auf dem Weg?«

»Ja, das war auch der Plan. Aber dann haben sie, kurz bevor Oppermann zur Tür raus ist, einen Teenager reingebracht. Also hat er entschieden, am Institut zu bleiben und sich die Sache anzusehen. Ich soll mich derweil um Wilkins kümmern.«

Jakob Sandahl war erst seit fünf Monaten am Institut für Gerichtsmedizin, hatte jedoch vom ersten Tag an Starstatus, weil er zuvor den *Service de Médecine Légale* am Universitätsklinikum von Montpellier geleitet hatte. Er war jung – zumindest jünger als Schäfer – und arrogant, und er hatte eine Menge zu bieten. Außerdem war er unverschämt attraktiv mit dem vollen butterblonden Haar und den markanten Augenbrauen. Er füllte die Landschaft zwar nicht so sehr aus wie Schäfer, strahlte aber ein Selbstbewusstsein aus, das ihn stattlicher erscheinen ließ. Er machte kein Geheimnis daraus, dass er erwartete, das Zepter von Oppermann zu übernehmen, wenn der Chef der Rechtsmedizin nächstes Jahr in den Ruhestand ging. Ehrlich gesagt, war er ein Geschenk an die Kopenhagener Polizei. Sie konnten von einem Rechtsmediziner mit seinem Knowhow nur profitieren, und Schäfer hatte keinen guten Grund, ihn zu verachten. Doch das, wofür Sandahl stand, gefiel ihm gar nicht: neue Zeiten und die Übergabe des Staffelstabes an einen rotznasigen Bengel, der glaubte, mehr zu wissen als diejenigen, die diesen Job schon gemacht hatten, als er selbst noch Quark im Schaufenster gewesen war.

Jakob Sandahl stellte sich Michala Friis vor.

»Wir kennen uns noch nicht«, sagte er, und sie quittierte Schäfers Abneigung mit einem Lächeln.

Sandahl betrat die Wohnung und ging neben dem Leichnam in die Hocke. Er hob Wilkins' Kopf, der ihm auf die Brust gesunken war. Sein Gesicht war verzerrt und leblos.

Sandahl versuchte, Wilkins' Mund zu schließen, doch die Totenstarre war bereits eingetreten, und der Kiefer war wie zu einem stummen Schrei gefroren. Er untersuchte die Mundhöhle, die Zunge und den Hals. Dann packte er das linke Bein des Opfers und drückte es mit einem Ruck gegen dessen Oberkörper. Das Bein gab dem Druck nach und beugte sich wie in rostigen Scharnieren.

»Die Leichenstarre ist im Oberkörper bereits eingetreten, jedoch noch nicht bis in den Unterleib vorgedrungen«, sprach Sandahl in sein Diktaphon, ohne den Blick zu heben. Er maß die Temperatur des Toten und drückte auf die Leichenflecke, um zu sehen, ob sie verblassten. »Der Todeszeitpunkt liegt vermutlich …« Er sah auf seine Armbanduhr und wiegte den Kopf, »… bei heute Morgen zwischen fünf und sieben Uhr.«

»Haben wir es hier mit stumpfer Gewalt zu tun, oder was ist Ihr erster Eindruck? So, wie er dasitzt, kann ich weder Messerstiche noch Einschusswunden erkennen, aber es wäre schön zu wissen, nach welcher Art von Mordwaffe wir suchen müssen.«

»Sieht nach einem natürlichen Tod aus.«

»Ein natürlicher Tod?« Schäfers Augenbrauen verschmolzen beinahe mit seinem Haaransatz, und er gestikulierte hitzig in Richtung der Blutlachen, die sich im gesamten Korridor angesammelt hatten. »Das sieht doch alles nach einem klassischen Massaker aus!«

Sandahl schüttelte den Kopf. »Das kommt vom Suff.«

»Vom Suff?«

»Ja. Der Mann war ein notorischer Alkoholiker, oder?«

»Angeblich. Und?«

»Nun, auf den ersten Blick sieht es so aus, als hätten wir es mit geplatzten Adern in der Speiseröhre zu tun, was auf einen erhöhten Druck auf die Venen zurückzuführen ist. Diese Art von Krampfadern platzen leicht, und wenn sie es tun, tritt das Blut durch den Mund aus. Das ergibt ein erschreckendes Bild, wie Sie sehen können, aber es handelt sich nichtsdestotrotz um einen natürlichen Tod. Der Fachbegriff für diese Erkrankung ist

Ösophagusvarizen, und die häufigste Ursache ist eine Leberzirrhose.«

»Leberzirrhose?«

»Ja.«

Schäfer kratzte sich am Hals und musterte Sandahl mit gerunzelter Stirn.

»Ich werde ihn mir auf meinem Tisch natürlich noch genauer angucken«, sagte Sandahl und erhob sich. »Aber alles andere würde mich doch sehr wundern.«

»Hm«, knurrte Schäfer und sah auf den blutverschmierten Boden.

»Er ist vermutlich nach Hause gekommen, und dann ist auch schon das erste Äderchen geplatzt, als er hier im Eingang stand. Das Blut ist dann aus seinem Mund geschossen – und wir reden hier von einem gewaltigen Schwall. Er muss gespien haben wie ein offener Hydrant! Ganz bestimmt ist er in Panik verfallen und durch den Korridor gestolpert, bis er hier zusammengesunken und verblutet ist.«

»Hm«, wiederholte Schäfer skeptisch.

»Ich kann Sie insofern trösten, dass Sie nicht der erste Ermittler sind, der bei Ösophagusvarizen von einem Mord ausgegangen ist«, sagte Sandahl und streifte seine Latexhandschuhe ab. »Das ist ein regelrechter Niagarafall des Todes. Eine teuflische Sauerei. Aber Sie wissen ja, wie es ist.« Mit väterlicher Miene klopfte er Schäfer auf die Schulter. »Die Dinge sind nicht immer so, wie sie scheinen.«

Zwei Sanitäter kamen mit einer Bahre herein. Sie hoben den Leichnam in den Leichensack und schlossen den Reißverschluss, so dass Lester Wilkins' entsetzt aufgerissene Augen und der offene, blutige Mund unter dem schwarzen Plastikmaterial verschwanden.

»Ich gehe davon aus, dass ich morgen früh mit der Obduktion fertig bin«, sagte Sandahl. »Sagen wir 08.30 Uhr?«

Schäfer nickte schweigend. Der Rechtsmediziner verabschiedete sich und verließ die Wohnung.

Schäfer wandte sich beinahe widerwillig zu Michala Friis um und erwiderte ihren Blick. Ihr Haargummi saß nicht mehr so stramm wie vorhin, eine Haarsträhne hatte sich aus dem Pferdeschwanz gelöst und fiel ihr ins Gesicht.

Sie lächelte aufmunternd.

»Er hat recht, Erik. Man ist nicht immer einhundert Prozent bei der Sache, und wegen ein paar Fehleinschätzungen muss man nicht an sich zweifeln und glauben, dass man den Braten nicht mehr riecht. Das siehst du doch ein, oder?«

Schäfer hörte Mitleid in ihrer Stimme und verkrampfte innerlich. Er presste die Lippen aufeinander und nickte. Kein Grund, mehr in die Sache hineinzuinterpretieren.

»Gut«, sagte er schließlich. »Gehen wir jetzt Mittag essen, oder was?«

# 12

Der Himmel über dem Flughafen Sønderborg war wolkenlos, als die Räder auf der Landebahn auftrafen, aber der Geruch von regennassem Asphalt verriet, dass gerade ein Schauer über Südjütland hereingebrochen war.

Es war nur eine kurze Reise vom tiefen Bariton der Hauptstadt bis in die wunderbar klare Stille, die Heloise nun umgab.

Während sie auf die Schlüsselübergabe für den Mietwagen wartete, schaltete sie den Flugmodus in ihrem Handy aus. Sofort tickerte eine Nachricht von Morten Munk herein:

*Die Frau in Schweden, nach der du suchst, heißt Elisabeth Ulvaeus. Sie ist als Eigentümerin des Anwesens in Dragør registriert. Ich habe dir ihre Telefonnummer etc. per Mail geschickt. MM.*

Heloise unterschrieb die Mietwagenpapiere und fand wenige Minuten später den weißen Renault Clio auf dem Parkplatz vor dem Flughafen. Sie setzte sich in den Wagen, der nach künstlichem Spray roch, und rief Munks Mail auf ihrem Handy auf. Er hatte verschiedene Anhänge mitgeschickt. Heloise klickte zuerst auf einen mit dem Dateinamen »Ulvaeus«.

Sie überflog das Dokument.

Fischhofs Tochter arbeitete Munks Recherchen zufolge als Meeresbiologin für ein deutsches Unternehmen in Stockholm, und sie wohnte in einem kleinen Ort namens Smedslätten, ein Stück westlich der schwedischen Hauptstadt.

Heloise klickte auf die Telefonnummer, die Munk mitgeschickt hatte, und hielt sich das Handy ans Ohr. Der Anrufbeantworter sprang direkt an, und sie wartete, bis der Piepton erklang.

»Hej, Elisabeth, mein Name ist Heloise Kaldan«, sagte sie und zog sich den Anschnallgurt über die Schulter. »Ich rufe an, weil ich mit Ihrem Vater befreundet bin und ein paar Fragen zu Ihrer gemeinsamen Zeit in Südjütland habe. Ich bräuchte da bezüglich einiger Fragen Ihre Hilfe. Er erinnert sich ja selbst nicht mehr an so viel, also … Wenn Sie mich also zurückrufen könnten, sobald Sie meine Nachricht abgehört haben? Vielen Dank!«

Heloise hinterließ ihre Nummer und legte auf, dann versuchte sie, Schäfer zu erreichen. Er ging nicht an sein Telefon, also schickte Heloise ihm eine Nachricht.

*Gerade in Sønderborg gelandet, bin auf dem Weg zur örtlichen Polizei. Dein Kollege hieß Peter Zøllner, nicht wahr? Ruf doch bitte zurück!*

Heloise gab die Adresse ins Navi ein und startete den Motor.

# 13

Heloise war einmal in New York auf offener Straße ausgeraubt worden. Ein charmanter älterer Herr mit Hut und baileysfarbenem Anzug hatte sich neben sie auf eine Bank an der Ecke Spring Street und Mulberry gesetzt. Er hatte sie angelächelt, mit einem höflichen Kopfnicken ihre Aufmerksamkeit auf die 9-mm-Parabellum in seiner Innentasche gelenkt und sie gebeten, ihm Portemonnaie und Handy auszuhändigen. Heloise hatte gehorcht, und als sie eine halbe Stunde später im Fünften Revier in Little Italy aufgetaucht war, um den Überfall zu melden, war sie schockiert gewesen, wie schmutzig und dunkel es in dem schönen alten Gebäude war – und wie unsicher sie sich dort fühlte. Unzählige Telefone klingelten in einer dissonanten Sinfonie, zu Verhören abgeführte Verdächtige brüllten und schrien, Kaffeemaschinen röchelten, und aufgebrachte Bürger erstatteten Anzeigen wegen aller möglichen Delikte, von Diebstahl über Lärm bei den Nachbarn bis zu sexueller Belästigung und häuslicher Gewalt und Mord – während die Stadt, die niemals schläft, vor den Türen des Reviers vibrierte.

Im Vergleich dazu erinnerte das Polizeirevier in Sønderborg, vor dem sie jetzt stand, an ein modernes Krematorium. Das grell erleuchtete, öde Gebäude aus gelbem Backstein schien von einem

Architekten entworfen worden zu sein, der auf gar keinen Fall für den Pritzker-Preis nominiert werden wollte.

Heloise betrat das Gebäude durch die automatischen Schiebetüren. Sie ging geradewegs auf den Empfangsschalter zu, wo ein Wackerstein von einem Festnetztelefon lautlos neben einer Kaffeetasse blinkte. Die Sahne im Kaffee war flockig, und das Fett hatte sich am Rand der Tasse angesammelt. Es schienen schon einige Stunden vergangen zu sein, seit dieser Kaffee eingeschenkt worden war.

Weder am Empfangsschalter noch im Wartebereich war auch nur eine Menschenseele anzutreffen, und es war so totenstill, dass man die Vögel draußen vor der Tür durch die geschlossenen Fenster zwitschern hören konnte.

»Hallo?«, rief Heloise und sah sich in dem menschenleeren Eingangsbereich um. »Ist hier jemand?«

Sie hörte das Geräusch einer Toilettenspülung vom anderen Ende des Gebäudes, und einen Augenblick später kam ein junger uniformierter Beamte zum Empfangsbereich geschlendert, eine Ausgabe der Illustrierten *Alles für die Frau* in der einen und ein Handy in der anderen Hand.

Er beschleunigte seinen Schritt, als er Heloise warten sah.

»Entschuldigen Sie bitte«, sagte er und legte die Zeitschrift in eine Ablage unter dem Empfangstresen. Er lief rot an, den Blick auf den Boden gerichtet. »Mir war nicht klar, dass jemand hier ist.«

»Kein Problem«, sagte Heloise lächelnd. »Ich würde gern mit einem Ihrer Kommissare sprechen, Peter Zøllner.«

Sie reichte dem Beamten ihren Presseausweis über den Tresen, er nahm ihn entgegen und runzelte die Stirn.

»Helöjse Kaldan?«

»Es wird Élois ausgesprochen. Das ist Französisch.«

Jedes Mal dasselbe …

»Zøllner ist gerade nicht auf dem Revier«, sagte der Beamte und gab ihr den Ausweis zurück. »Er ist unterwegs.«

»Wissen Sie, wann er wieder hier ist?«

»Vielleicht später, vielleicht auch erst morgen. Er ist auf Streife im Bezirk unterwegs, es kommt also drauf an, ob irgendwo etwas anfällt, worum er sich kümmern muss. Worum geht's?«

»Ich recherchiere gerade für einen Artikel für *Demokratisk Dagblad*. Eine meiner Quellen ist Kommissar bei der Kopenhagener Polizei, und er hat mich an Zøllner verwiesen.«

Der Beamte stand plötzlich stramm, es schien nicht gerade alltäglich zu sein, dass eine Journalistin von einem landesweiten Medium vorbeischaute.

»Ach?«, sagte er und setzte eine gewissenhafte Miene auf. »Kann ich Ihnen nicht vielleicht weiterhelfen?«

»Ja, vielleicht. Das ist bisher alles nur Spekulation, aber ich wollte mich erkundigen, ob ihr noch die Akten von einem Fall aus dem Jahre 1998 vorliegen habt? Es geht um ein Boot, das irgendwo vor Rinkenæs gesunken ist. Ein Mann ist dabei ums Leben gekommen. Hier ist der Totenschein.«

Heloise zog den Ausdruck des Scheins aus ihrer Tasche und legte ihn auf den Tresen.

»Ich würde gern mit Zøllner über die Sache reden. Er ist älter als Sie und erinnert sich vielleicht noch an den Vorfall.«

Der Blick des Beamten glitt über die Seite. »Das war aber kein Strafverfahren, oder?«

»Nein.«

Er presste die Lippen aufeinander und nickte.

»Da ist Zøllner wirklich der richtige Ansprechpartner. In den letzten Jahren gab es in der Region aufgrund der Polizeireform große Umstellungen. Mehrere Reviere wurden geschlossen, und viele alte Akten wurden vernichtet.«

»Was ist mit alten Strafverfahren? Sind die noch archiviert?«

»Ja, aber nur die ungelösten Fälle. Alle abgeschlossenen Delikte finden Sie im Staatsarchiv am Standort Aabenraa. Sie können sich für eine Akteneinsicht anmelden, wenn Sie denn –«

»1997 ist eine junge Frau verschwunden, Mia Sark. Sagt Ihnen das was?«

»Sark ...«, wiederholte der Beamte mit nachdenklicher Miene. Dann schüttelte er den Kopf. »Nicht auf Anhieb.«

»Die Artikel, die ich zu ihrem Verschwinden einsehen konnte, stammen alle aus dem darauffolgenden Jahr, und ich konnte keine weiteren Berichte finden. Ich weiß also nicht einmal, ob sie jemals wieder aufgetaucht ist. Haben Sie eventuell die Möglichkeit nachzusehen, ob der Fall noch bei Ihnen liegt – also bis jetzt ungelöst ist?«

»Schon, aber das dauert bestimmt eine Weile, bis ich dazu etwas gefunden habe.«

»Vielen Dank.«

Der Beamte schenkte ihr ein bedauerndes Lächeln. »Nein, Sie verstehen nicht: Fälle, die so viele Jahre zurückliegen, sind nicht in unsere elektronische Datenbank eingepflegt worden. Die stehen unten in unserem Archiv, das –«

»Ist doch super«, fiel Heloise ihm ins Wort und sah ihm direkt in die Augen. »Ich warte solange.«

Widerstrebend nickte der Beamte und verschwand im Korridor. Zwanzig Minuten später kehrte er mit geröteten Wangen und einer braunen Pappkiste unterm Arm zurück. Er stellte sie auf den Schreibtisch hinter dem Empfangsschalter und leerte nach und nach den Inhalt.

»Na, dann wollen wir doch mal sehen«, sagte er.

Schweigend blätterte er in einer Akte. Er nahm ein Foto daraus hervor und reichte es Heloise.

»Das muss sie sein, oder?«

Heloise nickte, obwohl es das erste Foto war, das sie von Mia Sark zu Gesicht bekam. Es war ein altes Passfoto aus den Neunzigern, als Bilder dieser Art noch nicht einem Verbrecherfoto ähneln mussten. Die aquamarinblauen Augen der jungen Frau waren mit schwarzem Lidstrich nachgezogen, was ihr einen harten Ausdruck verlieh. Ihr Lächeln entblößte ihre nicht ganz ebenmäßigen weißen Zähne. Ihre Haut war blass, und das lange schwarze Haar umrahmte das herzförmige Gesicht.

Sie sah gut aus, ohne schön zu sein, dachte Heloise. Hart, aber nicht kalt.

»Hier ist noch eins«, sagte der Beamte und reichte Heloise ein weiteres Bild.

Auf dem Gruppenfoto waren drei junge Leute zu sehen, zwei Mädchen und ein Junge, an einem braun lackierten Holztisch voller Bierflaschen, Würfelbecher und Teelichter. Mia Sark saß ganz rechts, am dichtesten vor der Kamera, und es war nicht zu übersehen, dass sie nicht fotografiert werden wollte. Sie hielt die Hand, in der sie eine Zigarette hatte, vor die Linse, um den Fotografen davon abzuhalten, sie abzulichten. Sie sah betrunken aus, als ginge es ihr nicht besonders gut. Statt breit zu lächeln wie auf ihrem Passfoto, war ihr Mund eine schmale Linie in dem blassen Gesicht, und das Blitzlicht der Kamera hatte ein Paar wütender, blutunterlaufener Augen eingefangen. Ihre natürliche Schönheit war auf diesem Bild nicht mehr zu erkennen, nur noch die Härte in ihrem Ausdruck. Vor allem sah sie jung aus, dachte Heloise. In Heloises Erinnerung fühlte sich neunzehn älter an, als Mia ihr auf diesem Bild vorkam.

Sie drehte das Bild um und sah, dass etwas auf die Rückseite geschrieben worden war:

*Zinnsoldat, 31. Mai 1997. Mia, Johan und Marie Louise.*

Das Bild stammte von dem Abend, an dem Mia Sark verschwunden war.

»In dem Fall wurde ... etwas mehr als ein Jahr ermittelt, sehe ich hier. Er wurde am 3. August 1998 zu den Akten gelegt.« Der Beamte hielt Heloise das Dokument hin, so dass sie den letzten Akteneintrag lesen konnte. »Seitdem gab es nichts Neues.«

»Und sie ist nie wieder aufgetaucht?«

»Nein.«

»Gab es irgendeine Theorie, was mit ihr passiert sein könnte?«

»Ja ...« Er blätterte eifrig durch die Akte. »Die Ermittlungen ergaben bereits frühzeitig, dass sie vermutlich entführt und Richtung Süden verschleppt worden war. Hier wird schon einige Tage nach der Aufnahme der Ermittlungen auf das Palermo-Protokoll hingewiesen.«

»Palermo-Protokoll?«

»Ein Übereinkommen der Vereinten Nationen zum Menschenhandel.«

Heloise musste an den Artikel in der *Jydske Vestkysten* denken.

»Ich habe etwas über einen Fernfahrer gelesen?«

»Ja, es gab eine Spur, die nach Deutschland geführt hat, und hier steht, dass Interpol eingeschaltet wurde.« Der Beamte las weiter, schließlich schüttelte er langsam den Kopf. »Nein, sie haben nie irgendwelche Hinweise gefunden.«

»Gab es andere Verdächtige? Außer dem Fernfahrer?«

»Das darf ich Ihnen nicht sagen, weil der Fall nicht aufgeklärt worden ist.« Der Beamte schenkte ihr ein bedauerndes Lächeln. »Ich darf nur die Informationen weitergeben, die für die Öffentlichkeit freigegeben sind.«

»Einer der Letzten, der das Mädchen lebend gesehen hat, war der Mann, der bei dem Bootsunglück ums Leben gekommen ist, das ich vorhin erwähnt hatte«, fuhr Heloise unbeirrt fort. »Steht über ihn etwas in der Akte? Er hieß Mázoreck. Tom Mázoreck.«

»Ich darf leider nicht ...« Der Beamte schloss den Ordner und legte ihn auf den Tisch. »Wie gesagt, der Fall ist nicht aufgeklärt worden.«

Heloise legte den Kopf schräg und studierte die Züge in seinem Gesicht. Die gutmütigen Augen. Die Ader, die sichtbar an seinem Hals pulsierte.

»Wie hießen Sie doch gleich?«, fragte sie.

»Oliver.«

»Oliver«, wiederholte Heloise und fixierte ihn mit ihrem Blick. »Dieser Fall ist mehr als zwanzig Jahre alt. Sie wissen doch genauso gut wie ich, dass er niemals aufgeklärt werden wird, solange er in dieser Kiste in Ihrem Keller herumliegt und Staub ansammelt.« Sie stellte sich auf die Zehenspitzen und spähte über den Empfangsschalter. »Was ist denn auf diesem Videoband? Ein Mitschnitt von einem Verhör?«

Sie zeigte auf eine VHS-Kassette, die neben der Akte auf dem Schreibtisch lag. Auf dem Etikett der Kassette stand mit Filzstift geschrieben: *SARK, M. HUSH-HUSH, 8. DEZEMBER.*

»Ich kann Ihnen leider nicht ...« Er schüttelte den Kopf und legte die Sachen zurück in die Pappkiste.

Die automatischen Schiebetüren hinter Heloise glitten auf, und eine junge Polizistin kam herein. Sie hatte ihr rotblondes Haar zu einem hochsitzenden Pferdeschwanz gebunden und lief zielstrebig über den Terrazzoboden des Eingangsbereichs. Ihre Brüste waren eindeutig gemacht und so prall, dass sich zwischen den Knöpfen ihres Uniformhemdes Lücken auftaten. Heloise fiel es schwer, nicht dorthinzustarren.

Die Beamtin grüßte ihren Kollegen mit einem kurzen Nicken, als sie am Empfangsschalter vorbeiging und auf eine Tür im hinteren Teil des Raumes zusteuerte. Sie öffnete die Tür, und Heloises Blick fiel auf einen älteren Beamten in Zivil, der im angrenzenden Büro an einem Schreibtisch saß.

»Hey – kann es sein, dass Zøllner doch hier ist?«, fragte sie und deutete mit einem Kopfnicken zu dem Mann.

Der Beamte sah sich über die Schulter. »Nein, das ist Carl Roebel.«

»Ist er auch Kommissar?«

»Ja.«

»Könnten Sie ihn vielleicht bitten, sich kurz mit mir zu unterhalten? Ich würde ihm gerne ein paar Fragen stellen.«

Der Beamte ging zu Carl Roebel, beugte sich zu ihm hinab und sagte etwas, was Heloise nicht hören konnte. Sie sah, wie der Kommissar sich in seinem Stuhl zurücklehnte und sie musterte. Dann stand er auf und kam auf sie zu, ohne den Blick von ihr abzuwenden.

»Guten Tag. Heloise Kaldan.«

Carl Roebel nickte, ohne sich vorzustellen. Dann schob er seine Daumen in die Gürtelschlaufen seiner Hose und legte den Kopf in den Nacken.

Er war ein hochgewachsener Mann mit dünnen Armen und schwachen Schultern unter dem kurzärmeligen Hemd. Heloise schätzte ihn auf Mitte fünfzig. Seine Augen waren klein, aber wachsam hinter den gelblichen Brillengläsern und die Haare über seiner hohen Stirn eher spärlich.

»Ich wollte nur fragen, ob Sie uns vielleicht behilflich sein könnten«, sagte Heloise. »Ihr Kollege Oliver hat mir bereits mit einigen Informationen im Fall Mia Sark sehr weitergeholfen.« Sie lächelte dem uniformierten Beamten zu, der an Roebels Seite getreten war. »Aber es gibt noch ein paar Fragen, die er mir nicht beantworten konnte, weil es sich um einen älteren Fall handelt. Deshalb dachte ich, dass Sie vielleicht mehr darüber wissen?«

Carl Roebel sah sie an, ohne zu blinzeln. »Mia Sark?«

»Ja, das war eine junge Frau, die 1997 in Gråsten verschwunden ist.«

»Ich weiß sehr gut, wer Mia Sark war.«

»Waren Sie damals in die Ermittlungen involviert?«, fragte Heloise.

Roebel musterte sie mit skeptischer Miene. »Warum interessiert ihr euch plötzlich für eine Sache, die so lange Zeit zurückliegt?«

»Ihr?«

»Ja, einer Ihrer Kollegen hat heute Morgen hier angerufen.«

»Einer meiner Kollegen?« Heloise runzelte die Stirn und sah abwechselnd zu Oliver und Carl Roebel.

War es vielleicht Munk, der auf dem Revier angerufen hatte, als er Informationen zu Tom Mázoreck einholen wollte? Es war hoffentlich nicht Bøttger, der sich plötzlich doch für den Fall interessierte?

»Ein Erik Schäfer«, sagte Carl Roebel.

»Ach so!« Heloise lächelte und schüttelte den Kopf. »Schäfer ist nicht mein Kollege. Er ist bei der Mordkommission.«

»Und in welchem Dezernat sind Sie?«

»Ich bin nicht …« Verdutzt schüttelte sie den Kopf. »Ich bin nicht bei der Polizei. Ich bin Journalistin.«

Carl Roebel wandte den Blick zu seinem jungen Kollegen und sah für einen Moment so aus, als wolle er ihn am liebsten am Kragen packen.

»Du meintest, sie wäre von der Kopenhagener Polizei!«

»Nein, ich …« Oliver zog die Schultern bis an die Ohren,

setzte eine Unschuldsmiene auf und versuchte, sich zu verteidigen. »Ich habe gesagt, dass sie von den Kopenhagenern an uns *verwiesen* wurde.«

Carl Roebel presste die Lippen aufeinander. Dann wandte er sich wieder an Heloise.

»Dürfte ich mal einen Ausweis sehen?«

Heloise zückte ihr Portemonnaie und legte es auf den Empfangstresen, so dass er ihren Presseausweis hinter dem Plastikfenster sehen konnte.

Roebel sah von dem Ausweis zu Heloise, die Miene immer noch skeptisch. »Warum interessieren Sie sich für Mia Sark?«

»Weil ihr Name in Verbindung zu einer Story auftaucht, an der ich gerade arbeite, und es würde mir sehr weiterhelfen, wenn Sie mir erzählen könnten, was Sie über den Fall wissen.«

Carl Roebel betrachtete sie einen Augenblick schweigend und mit vorgeschobenem Kinn, als würde er versuchen, sie zu durchschauen. Dann schüttelte er den Kopf und scheuchte sie raus.

»Wir sprechen mit der Presse nicht über offene Fälle.«

»Aber ich wollte doch nur hören, ob Sie –«

»Wir sprechen nicht mit der Presse!«

Heloise setzte sich auf den Fahrersitz und knallte die Autotür zu. Sie zückte ihr Notizbuch, um aufzuschreiben, was ihr zu Augen und Ohren gekommen war, bevor sie es wieder vergaß.

*Menschenhandel. Palermo-Protokoll. Welche Rolle hat Interpol bei den Nachforschungen gespielt?*

*Verdächtige? Verhör auf Video – wer wurde vernommen?*

*Der Fall wurde bereits nach vierzehn Monaten zu den Akten gelegt – warum so schnell?*

*Das letzte Foto von Mia Sark – was ist an jenem Abend passiert? Johan und Marie Louise – wo sind die beiden jetzt?*

Sie hob den Kugelschreiber vom Papier und starrte ins Leere, während sie Carl Roebels Reaktion im Kopf Revue passieren ließ. Die mangelnde Hilfsbereitschaft überraschte sie nicht. Die Polizei hielt selten viel von der Presse, und nur die wenigsten Kommissare konnten dazu überredet werden, Dienstwege zu umgehen, egal, wie charmant man ihnen zulächelte. Worüber sie jedoch gestutzt hatte, war Roebels Reaktion, als sie nach Mia Sark gefragt hatte. Und er hatte sofort Erik Schäfer mit ihr in Verbindung gebracht. Heloise hatte Schäfer nichts von Mia Sark erzählt. Als er heute Morgen beim Revier in Südjütland angerufen hatte, war es einzig und allein um Tom Mázoreck gegangen.

Es klopfte hart an die Scheibe, und Heloise schrak so heftig zusammen, dass ihr das Notizbuch aus der Hand fiel und auf den Boden rutschte.

»Mein Gott!«, entfuhr es ihr, und sie presste ihre Hand auf die Brust.

Heloise sah Oliver vor ihrer Autotür stehen. Sie drehte den Zündschlüssel halb um, so dass sie das Fenster herunterfahren konnte.

»Sie haben mich erschreckt!«, lachte sie.

»Entschuldigen Sie bitte«, sagte er und lächelte. »Sie haben das hier vergessen.«

Er reichte ihr ihr Portemonnaie durch das Fenster.

»Danke. Es tut mir leid, wenn Sie jetzt Probleme mit Roebel kriegen«, sagte sie. »Scheint ja ein mürrischer Typ zu sein.«

»Ja, er war gerade nicht begeistert, aber nehmen Sie es nicht persönlich. So ist er immer.«

»Haben Sie einen Anschiss gekriegt?«

Er schüttelte den Kopf und sah sich auf dem Parkplatz um. »Nein. Ich weiß nicht einmal, wo er abgeblieben ist.«

»Okay. Jedenfalls vielen Dank für die Hilfe.«

»Gern geschehen«, sagte er. »Tut mir leid, dass ich Ihnen nicht mehr sagen konnte, aber Sie könnten es ja bei der Lokalzeitung versuchen. Wenn es sich um ein Unglück aus der Gegend handelt, haben die seinerzeit sicherlich darüber berichtet. Gut möglich, dass sie noch Namen von Informanten in ihren Archiven haben. Und sprechen Sie mit Zøllner, wenn er wieder da ist.«

»Ich versuche es mal bei meinen Kontakten bei der Presse, und wenn da nichts zu holen ist, komme ich noch mal vorbei«, sagte Heloise und startete den Motor.

Oliver trat ein paar Schritte zurück, dann überlegte er es sich noch einmal und kam zurück ans Fenster. Er legte eine Hand auf das Autodach und beugte sich zu ihr hinunter.

»Ich … Ich habe in einer Stunde Feierabend, haben Sie vielleicht Lust auf einen Kaffee?«

Heloise erwiderte seinen Blick und lächelte. Wie alt mochte er wohl sein – vierundzwanzig, fünfundzwanzig?

»Danke für das Angebot«, sagte sie, »aber ich muss leider weiter.«

Oliver senkte den Blick und nickte. Dann wandte er sich um und verschwand hinter den Türen des Polizeireviers.

Heloise nahm ihr Handy hervor. Sie gab einen Namen in das Suchfeld des Browsers ein und starrte einen langen Moment auf das Display.

»Das ist eine richtige schlechte Idee«, sagte sie zu sich selbst und atmete tief ein.

Ihr ganzer Körper zitterte, als sie auf »Suchen« klickte.

# 14

Die Frau griff sich in den tiefen Ausschnitt und zog ein kleines, zylinderförmiges Glasröhrchen zwischen ihren Brüsten hervor. Sie öffnete es und streute das weiße Pulver auf den Tresen.

»Hier, Baby«, sagte sie, schob das Pulver auf einen ihrer langen, blutroten Fingernägel und hielt es René Decker vors Gesicht.

Er schüttelte den Kopf, ohne sie anzusehen. Sein Blick war auf die geschlossene Tür am anderen Ende des Clubs gerichtet, die zum Büro seines Vaters führte. Seit dem Treffen mit Roebel am Strand hatte er darauf gewartete, seinen Vater allein zu erwischen, aber die Deutschen hatten schon auf ihn gewartet, als sie zurückkamen. Sie mussten die Abrechnung machen und Geld zählen. René wusste, dass das schon mal eine Stunde dauern konnte. Vielleicht auch länger.

Die Frau schnupfte das Kokain. Sie wischte sich mit dem Finger um die Nase, schniefte ein paarmal und lehnte sich zu René hinüber, der auf dem Barhocker neben ihr saß.

Sie legte ihre Hand in seinen Schoß und massierte ihn mit langsamen, mechanischen Bewegungen, während sie ihm den Hals küsste und ihm ihren heißen Atem ins Ohr blies. Er ließ sie gewähren, reagierte jedoch nicht auf ihre Berührungen. Er saß einfach nur schweigend auf seinem Barhocker, fixierte die

Tür und wartete, während sie stöhnte und ihre Bewegungen, die keinerlei Effekt auf ihn hatten, schneller wurden.

Unablässig drehte er das Bierglas in seiner Hand im Uhrzeigersinn, den Blick auf der Tür geheftet, die Gedanken bei Mázoreck.

»Gefällt dir das?«, fragte sie und versuchte, ihn auf den Mund zu küssen.

Er wich aus. Ihr Atem roch metallisch, und die Brüste, die sie an ihm rieb, waren hart wie Stein.

»Gefällt dir das, Baby?«

»Nein«, sagte er und nahm einen Schluck von seinem Bier. Er sah die Frau immer noch nicht an.

Sie wich ebenfalls ein Stück zurück und betrachtete ihn mit gerunzelter Stirn. Dann lächelte sie ihn fragend an und rieb sich mit dem Finger unter der Nase.

»Wie meinst du das?«

René Decker sah sie zum ersten Mal an, seitdem er sich neben sie gesetzt hatte.

Sie war Mitte zwanzig, aber das aufgespritzte Gesicht ließ sie älter aussehen. Ihre Lippen waren prall und glänzten wie Ballons, die bis kurz vorm Zerbersten mit Wasser gefüllt worden waren. Sie wirkten unnatürlich riesig in dem kleinen Gesicht. Ihre Augenbrauen waren tätowiert, und die langen Extensions in verschiedenen Rotbrauntönen waren mit Spangen in dem splissigen Haar befestigt. Es passte farblich zu dem kastanienbraunen Lacklederkleid von der Größe einer Briefmarke. Ihr Künstlername war Luanna – Deckers Vater hatte ihn sich ausgedacht. Alle Männer des Clubs waren bereits mehrmals bei ihr gewesen, auch René. Erst jetzt fiel ihm auf, dass er gar nicht wusste, wie sie wirklich hieß.

Er erwiderte ihren Blick.

»Du machst mich nicht scharf«, sagte er.

Sie lachte verunsichert, befeuchtete ihre Lippen und senkte den Blick. Sie legte die Hand erneut in seinen Schoß und begann wieder, an ihm zu rubbeln.

Er sah sie mit totem Blick an.

»Du hast ein Kind, nicht wahr?«

Ihr Lächeln verblasste. Sie zog ihre Hand zurück und sah ihn lange an. Dann holte sie erneut das kleine Glasröhrchen hervor und streute mehr Kokain auf den Tresen.

»Du hast ein Kind«, wiederholte er und schaute demonstrativ auf seine Omega-Uhr. »Es ist Viertel nach eins an einem Donnerstagnachmittag, und du sitzt hier und kokst, während dein Kind irgendwo da draußen alleine rumrennt. Schämst du dich nicht?«

Sie leerte demonstrativ den gesamten Inhalt des Glasröhrchens und nahm eine Kreditkarte aus ihrer Tasche.

»Glaubst du wirklich, ich werde geil beim Anblick von so einer Koksschlampe wie dir, die nicht einmal auf ihr eigenes Kind aufpassen kann?«

»Das war doch sonst nie ein Problem«, schnaubte die Frau. Sie teilte den Stoff auf dem Tresen in schmale Linien auf.

»Hast du dich in letzter Zeit mal selbst gesehen?«, fragte René und musterte sie von oben bis unten. »Plastiktitten und Entenschnabel. Vögelst mit Fremden für Kohle. Für Coke?«

»Fick dich«, murmelte sie, legte sich einen zusammengerollten Geldschein an die Nase und beugte sich über den Tresen.

René packte sie an den Haaren und zog ihren Kopf mit einem kräftigen Ruck nach hinten, so dass sie laut aufschrie. Er stand auf und zog sie an den Haaren durchs halbe Lokal.

»Krieg dein Leben auf die Reihe«, rief er und stieß sie heftig in Richtung Ausgang.

Die Frau schluchzte leise und wankte hinaus zur Garderobe. Die anderen Mädchen im Club sahen ihr nur kurz mit müden Blicken hinterher. Dann widmeten sie sich wieder ihren Kunden. Ihren eigenen Problemen.

Die Tür zum Büro am anderen Ende des Clubs ging auf, und René wandte sich um.

Lazlo – ein großer, glatzköpfiger Kroate, der gebrochen Englisch sprach und Renés Vater auf Schritt und Tritt folgte – blickte aus dem Büro und nickte René zu.

René strich sein Hemd glatt und ging zu ihm.

In dem dunklen Hinterzimmer saß Jes Decker hinter seinem Schreibtisch aus Mahagoni. Er trug immer noch den dunkelblauen Bademantel, den er sich nach ihrem Strandspaziergang übergezogen hatte. Die Kapuze hatte er sich über den Kopf gezogen. Er sah aus wie ein Boxer auf dem Weg in den Ring.

René fiel auf, wie alt sein Vater geworden war – wie schwächlich und mager er aussah. Die spitzen Schultern zeichneten sich deutlich unter dem dunklen Stoff ab, und seine Hände zitterten, während er die Geldscheine auf seinem Schreibtisch zu Bündeln zusammenschob.

Der Alte hob den Kopf und sah René an. Der Blick war immer noch derselbe, dachte er. Genauso tot wie meiner. Kompromisslos.

»Hast du Glenn erreicht?«, fragte sein Vater.

»Ich habe jemanden losgeschickt, um ihn abzuholen«, antwortete René. »Er wird wahrscheinlich gleich zur Tür reinkommen.«

Der Alte nickte und senkte den Blick. »Wir können nicht zulassen, dass er durch die Gegend läuft und plappert.«

»Was ist mit der anderen Sache?«, fragte René und ballte die

Fäuste, bis seine Knöchel ganz weiß wurden. »Was Roebel erwähnt hat?«

»Das sind alles alte Kamellen«, sagte Jes Decker, ohne aufzusehen. »Lassen wir es ruhen.«

»Aber wenn dieser Polizist aus Kopenhagen Fragen stellt, müssen wir doch untersuchen, ob –«

Jes Decker hob seine Hand, um ihn zu unterbrechen.

»Wir dürfen nicht die Aufmerksamkeit von Polizisten, die wir nicht kennen, auf uns ziehen. Das ist zu riskant.«

»Dann müssen wir rausfinden, was dahintersteckt, *ohne* Aufmerksamkeit auf uns zu ziehen.«

Der Alte sah auf und legte den Kopf leicht schräg. Er betrachtete seinen Sohn mit einem forschenden Blick.

»Was glaubst du denn, was dieser Polizist weiß, was wir nicht wissen?«

René zog die Mundwinkel nach unten und zuckte mit den Schultern. »Vielleicht haben die irgendwelche Spuren gefunden. DNA, irgendetwas, das beweist –«

Sein Vater schnaubte und winkte ab.

»Wunschdenken«, sagte er.

»Warum sonst sollte sich jemand von der Mordkommission in Kopenhagen für einen Unfall interessieren, der vor zwanzig Jahren am anderen Ende des Landes passiert ist?«, fragte René.

Jes Decker stützte sich auf seinen Golfschläger und erhob sich mühsam von seinem Stuhl. Auf unsicheren Beinen ging er auf seinen Sohn zu. Er presste die Lippen zusammen und atmete tief durch die Nase ein.

»Ich dachte, du hast das alles hinter dir gelassen, Junge?«

»Es *hinter* mir gelassen?« René Decker starrte seinen Vater fassungslos an. »Jedes Mal, wenn ich abdrücke, sehe ich Tom Mázorecks Gesicht vor mir.«

»Es wird an der Zeit, dass du damit fertigwirst.«

René senkte den Blick und schüttelte den Kopf.

»Das kann ich nicht. Nicht bevor ich herausgefunden habe, was an dem Abend passiert ist, an dem er –«

Er wurde von einem Klopfen an der Tür unterbrochen. Sie wurde einen Spaltbreit aufgeschoben, und Lazlo steckte seinen Kopf ins Büro.

»Sorry for disturb, boss, Glenn arrived.«

Jes Decker warf seinem Sohn einen langen, vielsagenden Blick zu. Dann gab er Lazlo mit einem Kopfnicken zu verstehen, die Tür ganz zu öffnen.

Wenige Sekunden später betrat Glenn Nielsen das Büro, ein stämmiger Mann Anfang fünfzig mit schulterlangem Haar und dem schleimigen Grinsen eines Handelsvertreters. Er breitete die Arme aus, als wären sie beste Freunde.

»Na, Jungs? Wie vertragt ihr die Hitze? Meine Fresse, man könnte ja denken, wir wären hier in den Tropen, was?«

Er trug eine Jogginghose, die an den Seiten aufgeknöpft war, und ein rot kariertes Hemd mit abgeschnittenen Ärmeln. Der Schweiß perlte ihm auf den Schläfen, sein dunkles Haar hatte er im Nacken zusammengebunden.

René hielt nicht viel von Glenn und hatte schon seit einiger Zeit geahnt, dass er bald zu unnötigem Ballast werden würde, den sie loswerden mussten. Sie hatten ihn bis jetzt auf ihrer Gehaltsliste stehen gelassen, weil er seine Tricks und Kniffe hatte. Für Geld würde er alles tun, weshalb er nicht vor Aufgaben zurückgeschreckt war, mit denen niemand anderes sich die Finger schmutzig machen wollte. Erst vor kurzem war er Fahrer bei einem hochriskanten Auftrag in Deutschland gewesen.

Andererseits hatte er seine Tricks und Kniffe und würde für Geld alles tun.

Sie konnten ihm nicht trauen.

»Na, Junior«, sagte Glenn und hielt René die ausgestreckte Faust entgegen. »Alles klar?«

»Nein, Glenn, *nichts* ist klar«, sagte René und ignorierte die Faust. »Ich habe ein kleines Problem, bei dem du mir behilflich sein musst.«

»Das kann den Besten passieren«, sagte Glenn und ließ den Arm sinken. »Aber ist es nicht besser, wenn du die Mädels da draußen um Hilfe bittest?«

Glenn sah von René zu Jes Decker und Lazlo und gackerte. Er angelte eine Zigarette aus seiner Brusttasche und schob sie sich zwischen die Lippen.

»Hat jemand Feuer?«, fragte er und klopfte seine Hosentaschen ab.

»Ich hab gehört, dass du den Mund ein bisschen zu weit aufgerissen hast«, sagte René.

Glenn hob die Augenbrauen und nahm die Zigarette wieder aus dem Mund.

»Den Mund aufgerissen? Keinen Mucks hab ich gesagt!«

»Wie kommt es dann, dass die Polizei von deinem Ausflug nach Hamburg letzten Monat weiß?«

»Die Polizei? Ey, Mann, ich hab keine –«

René Decker griff sich an den hinteren Hosenbund und zückte eine Waffe. Er richtete die Pistole auf Glenns Kopf und feuerte einen einzelnen Schuss ab.

Die Kugel ging durch das rechte Auge, und Glenn sackte in sich zusammen wie ein Kartenhaus. Die Zigarette fiel ihm aus der Hand, rollte über den Fußboden und blieb vor Renés Füßen liegen.

Er ging in die Hocke und sammelte sie auf.

So blieb er hocken und betrachtete das Blut, das langsam unter Glenn hervorsickerte. Dessen Beine zuckten einige Sekunden, dann lag er ganz still da.

René spürte, wie sein Vater von hinten an ihn herantrat.

»Das war vielleicht ein bisschen übertrieben«, sagte Jes Decker in einem amüsierten Tonfall. »Eine Kugel ins Knie hätte es auch getan.«

René erwiderte nichts.

Lazlo sah fragend vom einen zum anderen. Dann zuckte er mit den Schultern und machte sich mit einer Säge und einem Wischmopp an die Arbeit.

»Na, komm schon Junge.« Jes Decker legte eine Hand auf die Schulter seines Sohnes und drückte sie sanft. »Was möchtest du denn am liebsten gegen den Typen aus Kopenhagen unternehmen?«

René schob sich die Zigarette zwischen die Lippen und zündete sie an.

»Kannst du Lazlo heute Abend einweihen?«

# 15

Die Flügel der Mühle von Dybbøl standen still, als Heloise an ihr vorbeifuhr. Vor ihr erstreckten sich die sonnengelben Rapsfelder bis zur Sønderborger Bucht. Auf dem in vielen Schlachten mit Blut getränkten Fleckchen Erde standen eine Handvoll herrschaftlicher Villen mit weiß getünchten Mauern und schwarz glasierten Dachziegeln, die wie frisch polierte Münzen in der Sonne funkelten. Heloise verlangsamte die Geschwindigkeit, als sie sich einem der Häuser näherte. Sie rollte langsam an der Einfahrt vorbei und studierte den Namen auf dem Briefkasten.

MALLING stand dort.

Sie fuhr noch zwanzig Meter weiter und hielt dann am Straßenrand an. Sie ließ den Motor laufen, legte den Arm ins offene Autofenster und sah hinüber zu dem Haus.

Ihr Herz schlug so stark, dass sie den Puls bis in die Fingerspitzen spüren konnte.

In der Einfahrt standen zwei schwarze Geländewagen, und einige der Fenster in den Erkern im zweiten Stock des Hauses standen offen. Die sandfarbenen Vorhänge bewegten sich leicht im Wind.

Irgendjemand musste zu Hause sein.

Heloise entdeckte eine Schaukel, die an einer großen Eiche

im Garten hing, und spürte einen schmerzlichen Stich im Herzen. Sie hatte gewusst, dass es ihr schwerfallen würde, Thomas so zu sehen. Als Vater. Als Mann einer anderen. Aber sieben Jahre waren eine lange Zeit, und Gefühle verblassten nach einer Weile. Zumindest hatte sie sich das auf der Fahrt hierher eingeredet.

Jetzt war sie sich nicht mehr so sicher.

Sie schrak zusammen, als sich die Haustür öffnete und eine Frau mit schulterlangen blonden Haaren mit schnellen Schritten die Treppe hinunterging. Sie trug ein eng anliegendes weißes Kleid, das bis zu den Knöcheln reichte. Ihre Hand lag schützend auf ihrem großen Bauch, um den sich der elastische Stoff spannte, in der anderen Hand trug sie eine Sporttasche.

Sie legte die Tasche auf den Rücksitz eines der Autos, drehte sich dann zum Haus um und klatschte in die Hände.

»Kommt schon, Jungs, wir müssen uns beeilen, wenn wir's noch schaffen wollen. Das Spiel fängt in einer halben Stunde an!«

Aus der offenen Haustür erklangen Kinderstimmen, und ein blondes Zwillingspärchen in Fußballtrikots kam herausgelaufen. Sie lachten und stießen sich gegenseitig mit den Ellenbogen in die Seiten.

Eine weitere Person erschien im Türrahmen, und Heloise stockte kurz der Atem.

Seine Gesichtszüge waren markanter als in ihrer Erinnerung, die Kieferpartie ausgeprägter. Auch sein Haar war anders. Als er jünger war, durfte es immer in wilden Locken vor sich hin wachsen. Jetzt war es kurz geschnitten und ordentlich, wodurch er nur noch besser aussah. Erwachsener.

Heloise hatte falsch gelegen.

Die Zeit hatte rein gar nichts verändert.

Sie hätte nicht herkommen sollen.

Die Kinder setzten sich auf den Rücksitz, Thomas Malling blieb auf dem Treppenabsatz stehen und winkte ihnen zum Abschied, während der Wagen langsam aus der Einfahrt rollte. Als er außer Sichtweite war, wandte er sich um, um zurück ins Haus zu gehen, doch im selben Moment durchbrach das Klingeln von Heloises Mobiltelefon die Stille.

Sie drückte den Anruf in Windeseile weg. Dann hob sie den Kopf und sah wieder hinüber zum Haus.

Thomas war stehen geblieben. Er stand auf dem Treppenabsatz, schirmte mit der Hand die Augen vor der gleißenden Sonne ab und sah in ihre Richtung.

Heloise ließ sich tief in ihren Sitz sinken und hielt den Atem an.

*Hat er mich gesehen?*

*Fuck, was mache ich eigentlich hier?*

Vorsichtig reckte sie ihren Hals und spähte aus dem Fenster.

Thomas' Blick war immer noch auf ihr Auto gerichtet.

Zehnmal schlug ihr Herz.

Dann ging er langsam auf sie zu.

Heloise sah ihn in einer Staubwolke verschwinden, als sie den Fuß aufs Gaspedal setzte und durchdrückte.

# 16

Der Feldweg war staubig und holprig, das hohe Schilf am Seitenstreifen hing über den Spurrillen und peitschte gegen das Auto. Heloise lenkte den Wagen über Baumwurzeln und um Schlaglöcher herum und fragte sich, ob sie die falsche Adresse in ihr Navi eingegeben hatte. Es war alles so schnell gegangen, als sie die Reise am Morgen geplant hatte. Eine halbe Stunde nachdem sie sich entschieden hatte, nach Sønderborg zu fliegen, saß sie auch schon in einem Taxi auf dem Weg zum Kopenhagener Flughafen, vorher hatte sie es noch geschafft, sich ein Flugticket zu kaufen, in ihrer Wohnung in Olfert Fischers Gade vorbeizufahren, einen Koffer zu packen, ein Auto zu mieten und eine Unterkunft zu finden. In aller Eile hatte sie sich gar keine Gedanken darum gemacht, dass das Haus so weit ab vom Schuss liegen konnte. Irgendwo im Nirgendwo.

Auf der Karte konnte sie sehen, dass es bis zum nächsten Nachbarn ein Kilometer war, vielleicht auch anderthalb, und doppelt so weit zur nächsten Einkaufsmöglichkeit. In Kopenhagen war alles, was sie zum Leben brauchte, in einem Radius von etwa hundert Metern von ihr entfernt, und zu jeder Tageszeit war Leben in ihrem Treppenhaus und ihrem Viertel. Der Dopplereffekt des Pulsschlags der Großstadt in steigenden und fallenden Tönen.

Der Feldweg endete vor dem Gehöft. Heloise schaltete den Motor ab und sperrte erstaunt die Augen auf.

Für kleines Geld bekam man am Rande Gråstens offenbar eine Unterkunft, die einem Landschlösschen ähnelte – zumindest von der Größe her. Gerdasminde war ziemlich heruntergekommen. Der altrosa Putz bröckelte von den Mauern, und die rotbraunen Dachziegel hatten sich teilweise gelöst und waren verrutscht. Aber das Haus lag hübsch mitten auf einer Lichtung, umgeben von großen Buchen und Trauerweiden, die mehrere hundert Jahre alt zu sein schienen. Der Rest des Hofes war überwuchert mit jüngeren Pflanzen, die vollkommen ungezähmt in tausend Grüntönen aus allen erdenklichen Ecken und Winkeln sprossen.

Heloise fand den Schlüssel wie vereinbart unter dem obersten Holzklotz im Brennholzhaufen auf der Rückseite des Grundstücks, schloss auf und sah sich in ihrem Domizil um.

In den Zimmern roch es leicht staubig, und obwohl es komplett möbliert war, sah das große Haus verlassen aus. Vergessen. Die Möbel im Wohnzimmer waren mit weißen Laken abgedeckt worden, die Dochte in den Kerzen auf dem Esstisch waren in das erkaltete Wachs gepresst, als hätte jemand die Flammen in aller Eile mit dem Daumen ausgedrückt.

Heloise öffnete die Flügeltür, die hinaus in den verwilderten Garten führte, und ließ die Sonne ins Haus. Sie zog die Laken von den Möbeln, so dass der Staub nur so in dem goldenen Licht wirbelte und tanzte. Sie setzte sich auf die Schwelle der Terrassentür und biss in das Sandwich vom Flughafenimbiss, während sie die Mails checkte, die Munk ihr geschickt hatte, und alle Artikel las, die sie zu Mia Sark finden konnte.

Doch davon gab es nicht so viele. Das Interesse der Medien war anscheinend 1998 erstorben, als der Fall zu den Akten gelegt worden war. Heloise stieß auf keinerlei neue Erkenntnisse, und Tom Mázorecks Name wurde nur im Zusammenhang seiner Aussage erwähnt, die Heloise schon auf Infomedia gefunden hatte. Immer wieder dieselbe Formulierung. Keine neuen Spuren, nichts Neues.

Heloise versuchte erneut, Schäfer zu erreichen, und diesmal beantwortete er den Anruf nach dem dritten Freizeichen.

»Hej«, sagte Heloise. »Stör ich gerade?«

»Ja, ein bisschen. Was gibt's?«

Heloise meinte, etwas Bissiges in seiner Stimme zu hören, von dem heute Morgen noch keine Spur zu erkennen gewesen war. Sie konnte das Klirren von Gläsern und das Klappern von Besteck hören, Stimmengewirr im Hintergrund.

»Ich wollte dir nur mitteilen, dass ich in Südjütland bin, um zu sehen, ob dein Buddy Zøllner mir helfen kann, etwas –«

»Du bist nach Südjütland gefahren?«

»Nein, geflogen, aber ja, ich bin hergekommen, um mehr über diesen Mázoreck herauszufinden, und dann bin ich noch über eine andere Sache gestolpert: Ein Fall von 1997, bei dem die örtliche Polizei annimmt, dass es sich um Menschenhandel handeln könnte. Es geht um eine junge Frau, die vermutlich gekidnappt und mit einem Lastwagen außer Landes gebracht wurde. Sie ist nirgendwo wieder aufgetaucht und der Fall in irgendeiner Kiste gelandet.«

»Und?«

»Ich glaube, dass die beiden Fälle irgendwie miteinander zusammenhängen, Tom Mázorecks Tod und Mia Sarks Verschwinden. Und ich glaube, dass Fischhof etwas darüber weiß. Er ist in Tränen ausgebrochen, als ich den Namen des Mädchens erwähnt habe.«

»Mia Sark?«

»Ja, so hieß sie«, sagte Heloise. »Ich habe nach ihr gefragt, als ich heute auf dem örtlichen Polizeirevier war, und ihr Fall ist schon nach vierzehn Monaten zu den Akten gelegt worden.«

Schäfer schwieg.

»Vierzehn Monate!«, wiederholte Heloise, als habe sie eine Reaktion erwartet. »Findest du es nicht merkwürdig, die Ermittlungen in so einem Fall so früh einzustellen?«

Schäfer brummte ausweichend. »Das kann man so kategorisch nicht sagen. Kommt drauf an.«

»Tom Mázoreck hat das Mädchen am Abend ihres Verschwindens gesehen. Er war in derselben Kneipe wie sie und hat mit der Presse darüber gesprochen, eine Zeugenaussage bei der Polizei gemacht und so weiter. Dann ertrinkt er am 1. August 1998, und zwei Tage später wird Mia Sarks Fall zu den Akten gelegt. Ungelöst. Punkt. Ab in den Keller mit der Akte.« Schäfer schwieg. »Hallo, bist du noch da?«, fragte Heloise.

»Ja, ich bin noch hier und frage mich, was das alles mit mir zu tun haben soll?«

Heloise runzelte die Stirn. »Du klingst genervt. Ist alles okay mit dir?« Sie konnte hören, wie Schäfer tief Luft holte.

»Ja, alles okay«, sagte er. »War einfach nur schon viel los heute.«

Heloise schwieg einen Moment. Dann fuhr sie fort:

»Könntest du für mich den Kontakt zu diesem Zøllner herstellen? Ich habe den Akten entnommen, dass er damals im Fall Mia Sark ermittelt hat, aber er ist heute nicht auf dem Revier.« Heloise stand auf, ging in die Küche und warf die Papiertüte von ihrem Sandwich in den Mülleimer. »Kennst du übrigens einen Kommissar mit Namen Carl Roebel?«

»Roebel? Nein, das sagt mir nichts. Warum?«

»Ihn habe ich heute auf dem Revier angetroffen, und er wirkte irgendwie ein bisschen *shady*.«

»Was soll das heißen?«

»Na, er war irgendwie … ich weiß nicht recht. Er hatte irgendwie eine komische Ausstrahlung, und er hat sofort deinen Anruf von heute Vormittag mit meinen Fragen zu Mia Sark in Verbindung gebracht, obwohl ich nichts dergleichen erwähnt hatte.«

»Hast du nicht eben noch gesagt, dass Tom Mázoreck im Fall Sark als Zeuge ausgesagt hat?«

»Ja, schon –«

»Dann ist es ja wohl nicht so seltsam.«

»Na gut, okay, wenn du es von der Warte aus betrachtest, aber …« Am anderen Ende der Leitung konnte Heloise eine Frauenstimme im Hintergrund hören.

»Bist du mit Connie unterwegs?«

»Nein, ich bin gerade in einer Besprechung, war's das?«

»Schickst du mir Zøllners Kontaktdaten?«

Schäfer murmelte etwas Unverständliches und legte auf.

Heloise holte tief Luft, schob das Handy in die hintere Tasche ihrer Jeans und warf einen Blick in den Kühlschrank. Dort lagen vier Flaschen Bier von einer deutschen Brauerei, die sie nicht kannte, Krombacher, und eine rote Tüte Gevalia Kaffee.

Ansonsten war er leer.

Sie notierte sich in Gedanken, dass sie auf dem Rückweg von Benniksgaard noch ein paar Kleinigkeiten einkaufen musste. Morten Munk hatte ihr die Adresse geschickt, unter der Jan Fischhof in den Neunzigern gemeldet gewesen war, und die seines damaligen Arbeitsplatzes. Heloise hatte sich richtig erinnert: Jan hatte auf dem Bauernhof gewohnt und dort zur selben Zeit gearbeitet wie Tom Mázoreck.

Sie ging zurück ins Wohnzimmer und packte ihr Notizbuch und ihr Handy in ihre Tasche. Dann trat sie hinaus in den Vorgarten und ließ die Haustür hinter sich ins Schloss fallen.

# 17

Es war gar nicht so verwunderlich, dachte Heloise, dass Jan Fischhof sich entschlossen hatte, seinen Lebensabend in Dragør zu verbringen. Die beiden Orte ähneln sich, stellte sie fest, als sie Rinkenæs erreichte – beide stellten das perfekte dänische Sommeridyll dar. Das Getreide wogte auf den Feldern, der weiß getünchte Kirchturm war von der Hauptstraße aus zu sehen, und im Hintergrund glitzerte die Flensburger Förde.

Sie parkte auf dem Hofplatz vor dem Benniksgaard Hotel und ging auf das Haupthaus zu, ein weißes, zweiflügliges Gebäude mit Reetdach und blauen Fensterrahmen.

An der Rezeption wurde sie von einer Frau mit kurzem hennafarbenen Haar und einem langen Sommerkleid, das um sie herumflatterte, begrüßt. Sie musterte Heloise und lächelte einladend.

»Herzlich willkommen. Wie kann ich Ihnen helfen?«

»Ich suche nach jemandem, der mir etwas über diesen Ort erzählen kann, bevor er zu einem Hotel mit Golfplatz umfunktioniert wurde.«

Die Frau nickte und nahm eine der Broschüren, die auf dem Empfangstresen lagen. Sie legte sie vor Heloise und klappte sie auf. Auf der ersten Seite war ein altes Schwarz-Weiß-Foto vom Hof zu sehen.

»Der Benniksgaard war mehrere hundert Jahre lang ein traditioneller landwirtschaftlicher Betrieb. Der Hof wurde –«

Heloise hob die Hand, um die Rezeptionistin zu unterbrechen.

»Wir müssen gar nicht so eine lange Zeitreise machen, ich interessiere mich ausschließlich für die Neunziger.«

Die Rezeptionistin klappte die Broschüre zu. »Gibt es da etwas, was Sie besonders interessiert?«

»Ja, ich …« Heloise zögerte und versuchte, das Alter der Frau zu schätzen. Sie war mindestens zehn Jahre jünger als Fischhof.

»Ich kenne jemanden, der mal hier gearbeitet hat, aber er ist wahrscheinlich älter als Sie. Er heißt Jan Fischhof, sagt Ihnen das was?«

Die Rezeptionistin schüttelte den Kopf. »Leider nicht.«

»Vielleicht kann mir eine Ihrer Kolleginnen helfen?« Heloise spähte in Richtung des Zimmers hinter der Rezeption. »Hat jemand von ihnen damals schon hier gearbeitet?«

»Der Inhaber vom Benniksgaard ist derselbe wie damals, aber er ist in Schottland und kehrt erst nächste Woche wieder zurück. Aber Sie könnten versuchen, Hans Gallagher zu kontaktieren. Er hat ohne Zweifel viele gute Geschichten aus der Zeit auf Lager.«

»Wer ist das?«

»Er hat damals die Nerzfarm hier auf dem Hof betrieben. Jetzt ist er Schweinebauer, sein Gehöft liegt ganz in der Nähe der alten Kirche. Tja, wer könnte damals noch hier gewesen sein?« Sie trommelte mit den Fingern auf dem Tresen. »Dann gibt es da noch Dres Carstensen, er war damals Futtermeister.«

Heloise schrieb die Namen in ihr Notizbuch. »Sie sagten etwas von einer Nerzfarm?«

»Ja, sie lag dort, wo jetzt die Driving Range ist«, sagte die

Rezeptionistin und zeigte aus einem der großen Fenster, die von Decke bis Boden reichten.

Heloise wandte sich um und schaute hinaus auf den Golfplatz, wo ein weiß gekleideter Herr einen Golfball im hohen Bogen in den Himmel schoss. Er blieb mit dem Schläger auf der Schulter einen Augenblick lang stehen, den Körper in der charakteristischen Abschlagpositur, und sah dem Ball nach.

»Wann war das?«, fragte Heloise. »Wann gab es hier diese Nerzfarm?«

»In der Zeit, für die Sie sich interessieren«, sagte die Rezeptionistin und nickte. »Aber es gab wohl einige Probleme, also wurde sie nach einigen Jahren schon wieder geschlossen. Ich erinnere mich nicht, in welchem Jahr genau, aber es muss um die Jahrtausendwende herum gewesen sein.«

Heloise sah von ihren Notizen auf.

»Was für Probleme waren das?«

»Na, Sie wissen schon, die Ethikfrage stand natürlich im Raum, es gab viel Ärger und Streit deswegen, also ...« Sie zuckte mit den Schultern.

»Und der ehemalige Betreiber heißt Hans?«

»Ja, Hans Gallagher. Er hat damals den Teil des Hofes von der Bennik-Familie gepachtet, aber es verging, wie gesagt, nicht viel Zeit, bis er den Betrieb einstellen musste.«

»Glauben Sie, er hat Miese gemacht?«

»Das weiß ich wirklich nicht«, sagte sie Rezeptionistin. »Aber er hat sich an der Sache schon die Finger verbrannt.«

»Und er wohnt hier gleich in der Nähe?« Heloise zeigte in Richtung Kirche, an der sie auf dem Weg zum Hotel vorbeigefahren war.

»Nein, draußen an Rinkenæs' alter Kirche. Das ist ein paar Kilometer außerhalb der Stadt.«

Heloise schrieb die Information in ihr Notizbuch.

»Mein Bekannter hat erwähnt, dass er damals hier auf dem Hof gewohnt hat, kann das stimmen?«

»Ja, das kann gut sein. Damals gab es hier drei Dienstwohnungen, die nebeneinander lagen, und ich weiß, dass einige der Beschäftigten für einige Jahre dort gewohnt haben. Aber alle drei Gebäude sind dem Brand zum Opfer gefallen.«

»Es gab einen Brand?«

»Ja.« Die Rezeptionistin schlug die Broschüre wieder auf und zeigte auf ein Textfenster in der Mitte des Heftchens. »Bei dem Brand sind die Dienstwohnungen und Teile des alten Getreidespeichers niedergebrannt. Das war …« Sie suchte nach der richtigen Stelle im Text. »Im Dezember 1998.«

»War es Brandstiftung?«

»Brandstiftung?« Die Frau guckte verblüfft, als wäre die Idee absolut abwegig. »Nein, nein, das war … Ich weiß gar nicht mehr, ob es eine Gasexplosion war oder so etwas in der Art, aber definitiv ein Unfall.«

»Und all das hier …« Heloise zeigte auf die anderen Gebäude. »All das war vorher ein Bauernhof?«

»Ja. Das Haupthaus, in dem sich nun unsere Suiten befinden, war das Wohnhaus des Hofherren. In diesem Trakt dort«, sie zeigte auf die andere Seite des Hofplatzes, »waren die Ställe, in dem sowohl Pferde als auch Schafe und Hühner untergebracht waren. In dem Gebäude wurden später auch die Nerze gehäutet.«

»Kann man davon noch etwas sehen? Aus dieser Zeit?«

»Nein, der gesamte Hof ist komplett saniert worden. In den alten Ställen sind jetzt ebenfalls Hotelzimmer.«

Heloise bedankte sich bei der Rezeptionistin für ihre Hilfe. Als sie wieder auf dem Hofplatz stand, googelte sie Hans Gallagher. Sie fand seine Telefonnummer und rief ihn an.

Die Stimme, die den Anruf entgegennahm, war fröhlich und gut gelaunt.

»Guten Tag«, sagte Heloise. »Spreche ich mit Hans Gallagher?«

»Wer fragt?«

Heloise stellte sich vor und erzählte, dass sie beim *Demokratisk Dagblad* arbeite.

»Wie ich höre, haben Sie damals die Nerzfarm auf dem Benniksgaard betrieben?«

Die Frage ließ ihn stutzen.

»Mh, ja, aber das ist ja lange her, und ich beschäftige mich nicht mehr mit Pelzproduktion, ich will also nicht, dass –«

»Deswegen rufe ich auch gar nicht an. Ich wollte wissen, ob Sie sich an einen Jan Fischhof erinnern, der damals auch hier auf dem Hof gearbeitet hat.«

Für einen Moment schwieg Hans Gallagher. Als er wieder das Wort ergriff, konnte Heloise hören, dass er lächelte.

»Fischhof? Ja, natürlich erinnere ich mich an den, er hat ja schließlich für mich gearbeitet!«

Heloise hielt den Autoschlüssel in Richtung des Renaults und schloss ihn mit einem Klicken auf. Mit schnellen Schritten ging sie auf den Wagen zu.

»Darf ich bei Ihnen vorbeikommen? Ich hätte da ein paar Fragen, es dauert auch nicht lange.«

Hans Gallagher klang verwundert.

»Ja, also, natürlich können Sie das, aber … ich bin gerade noch in Kollund, und es wird schon noch zwei oder drei Stunden dauern, bis ich …« Er schien sich abzuwenden, und Heloise konnte hören, dass er mit jemand anderem sprach. Dann war er wieder am Apparat. »Ich kann so gegen halb sechs zu Hause sein. Passt das?«

»Auf dem Schweinehof? An der alten Kirche?«

»Ja.«

»Dann sehen wir uns dort.«

Heloise legte auf, schlug ihr Notizbuch auf und suchte nach dem Namen, den sie sich bei ihrer Recherche zu Mia Sark aufgeschrieben hatte. Sie überlegte kurz, ob sie erst anrufen sollte, verwarf die Idee jedoch im nächsten Augenblick und stieg ins Auto. Auch wenn es sich dabei um eine lausige Methode handelte, die eigentlich der Klatschpresse vorbehalten war, wussten alle Journalistinnen, dass es unklug war, sich bei sensiblen Quellen vorher anzumelden.

Oft bekam man die besten Infos, wenn man unangekündigt an Türen klopfte.

# 18

Ja?«

Dunkle, geschminkte Augen sahen Heloise fragend an, Porzellankronen schienen weiß in dem vorsichtigen Lächeln. Die Frau an der Tür musste Anfang siebzig sein. Das blauschwarz gefärbte Haar hatte sie zum Pagenkopf geschnitten, und die bleiche, beinahe transparente Haut spannte um die markanten Wangenknochen wie das Fell einer Trommel.

»Ingeborg Sark?«, fragte Heloise.

»Ja?«

»Mein Name ist Heloise Kaldan.«

Heloise streckte ihr die Hand zur Begrüßung entgegen, Ingeborg Sark zögerte einen Augenblick, bevor sie sie schüttelte. Ihre Hand fühlte sich zerbrechlich an. Groß, aber kraftlos wie die eines Kindes.

Ingeborg Sark sah trotz ihrer Größe aus, als könnte sie ein einziger leichter Windstoß umpusten.

Sie hatte ihren langen, schmächtigen Körper in ein schwarzes gewandähnliches Kleid gehüllt, unter dem zwei Arme, dünn wie Zahnstocher, und ein Paar nackte, knochige Füße hervorlugten.

»Wie kann ich Ihnen behilflich sein?«, fragte sie. Ihre Stimme war zart, fast wie die eines Kindes.

»Ich bin Journalistin«, sagte Heloise. »Dürfte ich Ihnen vielleicht ein paar Fragen über Ihre Tochter stellen?«

Ingeborg Sark ließ Heloises Hand los.

»Mia?«

»Vielleicht dürfte ich kurz hereinkommen, dann kann ich Ihnen erklären, worum es geht.«

Ingeborg Sark betrachtete Heloise, das Kinn nach vorn geschoben, schwieg jedoch.

»Es sind ja schon viele Jahre vergangen, seit das letzte Mal über Ihre Tochter berichtet wurde«, sagte Heloise, als ihr klarwurde, dass sie schon ein paar triftige Argumente liefern musste, um Ingeborg Sarks Heim betreten zu dürfen.

»Wenn Fälle dieser Art in Vergessenheit geraten, kommt das den Ermittlungen nicht gerade zugute. Die Polizei braucht Zeugenaussagen, und oft sind es Menschen, die nur zufällig etwas mitbekommen haben, die die entscheidenden Informationen liefern. Menschen, die in der Zeitung über einen alten Vorfall gelesen haben und plötzlich an etwas denken, das sie gesehen oder gehört haben. Vielleicht hat der Täter im Laufe der letzten Jahre mit einem Freund oder Kollegen gesprochen, der dann wiederum zwei und zwei zusammengezählt hat und die Polizei kontaktiert, weil –«

»Täter?« Ingeborg Sark presste die Hand auf die Brust. »Gibt es etwa Neuigkeiten?«

»Nein, nein«, wandte Heloise kopfschüttelnd ein. »Ich hab mich ungeschickt ausgedrückt. Was ich sagen will, ist, dass eine Berichterstattung in den Medien helfen kann, Ermittlungen, die ins Stocken geraten sind, wieder in Gang zu bringen.«

Sie breitete die Arme vor Ingeborg Sark aus, die Handflächen zeigten nach oben.

»Ich war gerade erst bei der Polizei in Sønderborg, und die

Akte dort musste im wahrsten Sinne des Wortes *entstaubt* werden. Im Moment versucht niemand herauszufinden, was mit Ihrer Tochter passiert ist – niemand außer mir.«

»Aber …« Ingeborg Sark schüttelte verständnislos den Kopf. »Warum interessieren *Sie* sich für meine Tochter?«

Heloise zögerte einen Augenblick.

»Ich arbeite gerade an einem anderen Sachverhalt, und bei den Recherchen bin ich auf den Namen ihrer Tochter gestoßen.«

Ein undefinierbares Flackern huschte durch Ingeborg Sarks Blick. Sie strich sich die kurzen Fransen an den Schläfen hinter die Ohren und presste die Lippen aufeinander.

Dann nickte sie und trat einen Schritt zu Seite.

»Für wen arbeiten Sie?«

Ingeborg Sark saß in einem schwarzen Ledersessel, wiegte sich leicht von einer Seite zur anderen und sah Heloise aus schmalen Augen an. Sie hielt ein Glas Wasser in den Händen. Es hatte auf dem Couchtisch gestanden, als sie sich ins Wohnzimmer gesetzt hatten, und war zu zwei Dritteln mit einer Flüssigkeit gefüllt, deren schwacher, gelb-grünlicher Schimmer eher auf Sauvignon Blanc als auf Leitungswasser schließen ließ.

»Für *Demokratisk Dagblad*«, antwortete Heloise. »Ich bin dort als Investigativjournalistin tätig, wir gehen also bei unseren Recherchen sehr in die Tiefe, graben nach Informationen und betrachten unsere Themen etwas breiter gefächert, wofür Journalisten der Tagespresse gar keine Zeit haben.«

Ingeborg Sark nickte vor sich hin, als könne sie mit dieser Antwort leben.

Heloise sah sich im Wohnzimmer um. Alle Gardinen waren zugezogen. Es war dunkel in dem großen Einfamilienhaus, so leer und still, dass es Heloise nicht überraschen würde, wenn plötzlich ein Strohballen durch den Raum rollen würde, wie in einer Geisterstadt nach dem großen Goldrausch. Die Wände waren in einem Terrakottaton gestrichen, und die großen, dunkelbraunen Fußbodenfliesen sorgten für ein kühles Raumklima.

Draußen brannte die Sonne, doch hier drinnen bekam man davon nichts mit.

»Wohnen Sie hier allein?«, fragte Heloise.

Ingeborg Sark nickte.

»Sie haben keine weiteren Kinder?«

»Nein.«

»Haben Sie einen Mann? Einen Lebenspartner?«

Ingeborg Sark starrte mit leerem Blick an die Wand hinter Heloise. »Nicht mehr.«

Heloise nahm ein Diktaphon aus ihrer Tasche.

»Haben Sie etwas dagegen, dass ich unser Gespräch aufzeichne?«

Ingeborg Sark schüttelte den Kopf, und Heloise drückte auf *Record.*

»Wie lange leben Sie schon hier?«

»In Gråsten oder hier in diesem Haus?«

»Sowohl als auch.«

»Ich bin hier im Ort geboren und aufgewachsen. Und in diesem Haus lebe ich seit 1987. Mia war damals neun, und seit ihrem Verschwinden habe ich oft überlegt umzuziehen. Es gibt zu viele Erinnerungen an sie in diesen Zimmern – zu viele gute, zu viele schlechte, aber … ich habe immer gedacht, dass …« Ingeborg Sark senkte den Blick. »Ich weiß, dass die Leute das für albern halten, aber ich habe immer gedacht, wenn ich umziehe, dann findet sie nicht mehr nach Hause.« Sie sah auf und erwiderte Heloises Blick mit kompromissloser Miene.

»Das ist das Einzige, was mich am Leben hält«, sagte sie. »Andere Möglichkeiten gibt es nicht. Sie wird irgendwann nach Hause kommen.«

Heloise nickte, denn diese Geste war an dieser Stelle passend. Dann senkte sich erneut diese schwere Stille über das Wohnzimmer.

»Ich habe viel über den Fall gelesen, und ich weiß, dass sie die Kneipe an diesem Abend allein verlassen hat«, sagte Heloise schließlich. »Aber ich weiß überhaupt nicht, wer sie ist, in welcher Verfassung sie an diesem Tag gewesen ist.«

Ingeborg Sark wandte ihr Gesicht ab. »Wir ... wir haben uns an jenem Tag gestritten.«

»An dem Tag, an dem sie verschwunden ist?«

Sie nickte.

»Erinnern Sie sich noch, worüber Sie gestritten haben?«

»Ja, aber ...« Langsam schüttelte sie den Kopf. »Es war nichts Ernstes. Jedenfalls nicht so ernst, dass sie deswegen abgehauen wäre. Und normalerweise war sie wirklich ein liebes Mädchen.«

»Alle Informationen können eine ausschlaggebende Rolle spielen«, erwiderte Heloise und nickte ermutigend. »Sie haben sich also gestritten?«

Ingeborg Sark holte tief Luft und schüttelte leicht den Kopf. »Eigentlich hatte es viele Monate zuvor angefangen. Lange bevor Mia verschwunden ist.«

»Worum ging es denn in dem Streit?«

»Ach ... es ging einfach nur um ein paar blöde Zigaretten. Und um Geld!« Sie nahm einen Schluck von ihrem Wein. »Das war einfach nur eine idiotische Lappalie. Ich hatte herausgefunden, dass sie mit dem Rauchen angefangen hatte. Wir hatten zuvor ausgemacht, dass ich ihr den Führerschein bezahle, wenn sie sich von solchen Sachen fernhält, aber dann habe ich die Zigaretten in ihrer Tasche gefunden. Also habe ich ihr gesagt, dass sie sich die Fahrstunden selbst finanzieren muss – das war schließlich unsere Abmachung. So ein Führerschein kostete auch damals schon so um die zehntausend Kronen, und so viel Geld hatte sie einfach nicht, also bin ich davon ausgegangen, dass sie lange braucht, um dafür zu sparen, ein Jahr, vielleicht zwei. Aber ein paar Monate später kam sie nach Hause und wedelte mir mit einem Bündel Geldscheinen vor der Nase herum. Ich hatte keine Ahnung, wie sie an so viel Geld gekommen war, und war natürlich misstrauisch.«

»Woher hatte sie das Geld?«

»Das wollte ich natürlich auch wissen.« Ingeborg Sark nickte. »Deshalb haben wir uns in die Haare gekriegt, sie hat mir einfach ins Gesicht gelogen. Wollte mir erzählen, dass sie die eine Hälfte angespart und die andere Hälfte von ihrem Vater bekommen hatte. Aber – Rauchen hin oder her – er hätte ihr niemals Geld für den Führerschein gegeben.«

»Wie heißt er?« Heloise sah von ihrem Notizbuch auf. »Ihr Ex, vermute ich mal.«

Ingeborg Sark kniff die Augen zusammen und nickte.

»Er hieß Henning Sark. Er ist vor vielen Jahren gestorben. Wir haben uns scheiden lassen, als Mia noch klein war, und danach waren wir, ehrlich gesagt, nicht gut aufeinander zu sprechen. Als sie verschwand, hat er bei der Polizei ausgesagt, dass es ihn nicht wundern würde, wenn sie vor mir weggelaufen wäre, weil sie es nicht mehr bei mir ausgehalten hatte. Er hat sich nicht an der Suche nach ihr beteiligt, und ich glaube nicht, dass er je wieder auch nur einen Gedanken an sie verschwendet hat.«

»Tut mir leid, Sie das fragen zu müssen, aber könnte er recht gehabt haben?«, fragte Heloise vorsichtig. »Kann es sein, dass Mia von zu Hause abgehauen ist?«

Ingeborg Sark schüttelte langsam den Kopf.

»An diesem Tag hatten wir uns gestritten, aber dieser Streit hatte gar nichts über unser Verhältnis zu sagen. Sie war immer so ein liebes Mädchen. Wirklich ein *liebes* Mädchen«, wiederholte sie und hing für einen Augenblick ihren Gedanken nach. »Außerdem war sie doch volljährig. Wenn sie hätte ausziehen wollen, hätte nichts dagegengesprochen. Niemand hat sie dazu gezwungen, hier wohnen zu bleiben.«

»Noch mal zurück zum Streit. Sie sagen, Mia behauptete, die Hälfte des Geldes von ihrem Vater bekommen zu haben und die andere Hälfte selbst angespart zu haben.«

»Ja.«

»Was ist dann passiert?«

»Ich habe ihr gesagt, dass ich ihr nicht glaube, und habe die Wahrheit von ihr verlangt. Denn wenn ich ehrlich bin, habe ich ... ich habe mit dem Schlimmsten gerechnet.«

»Nämlich?«

»Dass sie es vielleicht geklaut hat. Vielleicht von dem ... von dem Café, in dem sie gearbeitet hat, aber ich habe es nie erfahren. Ich kann mir einfach nur nicht erklären, wo das ganze Geld plötzlich herkam.«

»Welches Café war das?«

»Das liegt draußen in Broager. Sie hat dort für ein halbes Jahr zweimal die Woche gearbeitet. Bis sie verschwunden ist.«

»Wissen Sie, ob das Café noch existiert?«

Sie zögerte. »Ja, aber ... Es hat sich seit damals sehr verändert. Es ist nicht mehr das, was es mal war – es ist total heruntergekommen. Schmuddelig!«

»Wie heißt das Café?«

»*Celeste.* Irgendwas mit *Celeste.*«

Heloise wechselte das Thema. »Was war Mia für ein Typ? War sie ein fröhliches Mädchen? Hatte sie viele Freunde?«

»Ja, sie hatte Freunde, und ja, sie war …« Ingeborg Sark verstummte. Für einen Augenblick saß sie einfach nur da und starrte in die Luft. »Aber sie schien irgendwie verändert in den letzten Wochen.«

»Inwiefern?«

»Ich weiß nicht, sie war einfach …« Ingeborg stützte den Kopf in die Hand, ihre Augen glänzten. »Ich konnte ihr ansehen, dass sie viel geweint hat. In den letzten paar Wochen war sie … ihre Augen waren total verweint, ihr Blick so mutlos, aber sie wollte mir einfach nicht erzählen, was mit ihr los war. Ich habe sie mehrmals gefragt, aber sie wollte nicht darüber sprechen. Sie wirkte so unglaublich hoffnungslos.«

»Könnte Sie vielleicht Liebeskummer gehabt haben?«

Unsicher schüttelte Ingeborg Sark den Kopf. »Ich glaube, sie hat sich mit jemandem getroffen, aber sie hat mir nie von ihm erzählt. Der einzige Junge, den sie jemals mit nach Hause gebracht hat, war Johan, und die beiden waren nur befreundet.«

»Johan – das war der Junge, der an dem Abend mit ihr unterwegs war, stimmt's?«

Ingeborg Sark nickte. »Er hat nie ganz verwunden, was damals passiert ist.«

»Wissen Sie, wo er jetzt ist?«

»Er wohnt immer noch hier im Ort. Ihm gehört die Autowerkstatt, nicht weit von hier. Ein lieber Junge. Jedes Jahr, wenn sich Mias Verschwinden jährt, kommt er vorbei und sieht nach, wie es mir geht. Ich glaube, es ist ein Trost für uns beide, mit jemandem zu sprechen, der Mia kannte. Jemand, der sich an sie erinnert, der noch weiß, wer sie war, bevor sie ›das Mädchen, das verschwunden ist‹ wurde.« Sie zeichnete imaginäre Gänsefüßchen in die Luft. »Wir sind nicht mehr so viele.«

»Was ist mit dem anderen Mädchen, das an jenem Abend mit den beiden im *Zinnsoldaten* war? Sie waren doch zu dritt unterwegs, oder? Ein Mädchen namens Marie Louise?«

»Malou Yang.« Ingeborg Sark nickte. »Niemand nannte sie damals Marie Louise.«

»Waren sie und Mia Freundinnen?«

»Mehr als das. Sie waren für mehrere Jahre unzertrennlich.« Ingeborg Sark starrte in den Kamin gegenüber vom Couchtisch. Die Feuerstelle ähnelte einem offenen Schlund, leer und rußschwarz.

»Es klingt albern, wenn ich es laut ausspreche, aber ich war manchmal fast eifersüchtig, weil die beiden sich so nahstanden. Sie benahmen sich beinahe so, als wären sie ineinander verliebt. Aber das änderte sich nach und nach, je älter sie wurden. Im letzten Jahr vor Mias Verschwinden haben sie sich ein bisschen auseinandergelebt. Das hat Malou jedenfalls der Polizei erzählt. Sie hatte auch ausgesagt, dass Mia sich in jenem Frühling mit einem Typen getroffen hat.«

»Ihrem Freund?«

Ingeborg zuckte mit den Schultern

»Hat die Polizei auch mit ihm gesprochen?«

»Nein, denn niemand wusste, wer er war. Malou hatte sie ein paar Wochen zuvor zusammen gesehen und hat erzählt, dass Mia ein großes Geheimnis aus der Sache gemacht hat. Anfangs hatte sie noch ausgesagt, dass sie sich vorstellen könnte, die beiden seien zusammen verreist, aber … nein.« Sie schüttelte den Kopf. »Ohne mir was zu sagen? Und dann nicht wieder nach Hause zu kommen? Nein. Das hätte sie niemals gemacht.«

»Kommt diese Malou auch ab und zu bei Ihnen vorbei?«

Ingeborg Sark schnaubte und schüttelte den Kopf.

»Sie hat in dem Jahr, in dem Mia verschwand, ein Medizinstudium begonnen, seitdem habe ich sie nie wieder gesehen. Ich habe gehört, dass sie jetzt im Krankenhaus in Hvidovre arbeitet. Dass sie *Kinderärztin* ist.« Sie sprach das Wort in einem spöttischen Ton aus und lachte ein leises, freudloses Lachen. »Ich erwische mich oft bei dem Gedanken: Was wäre, wenn Malou an diesem Abend verschwunden wäre? Dann stelle ich mir Mia in einem weißen Kittel vor, mit einem Stethoskop um den Hals in der Kinderabteilung irgendeines Krankenhauses.« Ingeborg Sarks und Heloises Blicke begegneten sich. »Machen mich solche Gedanken zu einem schlechten Menschen?«

Heloise schüttelte den Kopf. »Solche Gedanken sind nur menschlich.«

»Manchmal begegne ich den Müttern von Mias ehemaligen Klassenkameradinnen, und ich kann ihnen ansehen, wie sie denken: ›Gut, dass das nicht meiner Tochter passiert ist. Gut, dass *mir* das nicht passiert ist!‹«

»Sie sind auch nur Menschen«, sagte Heloise. »Ich bin mir sicher, dass sie es nicht böse meinen.«

»Na, ich weiß ja nicht …« Ingeborg Sark wandte den Blick ab und trank einen Schluck von ihrem Wein.

Heloise blätterte durch ihre Notizen.

»In einem der ersten Artikel, die ich über Mias Fall gelesen habe, kommt ein Zeuge zu Wort, der am fraglichen Abend auch in dem Wirtshaus gewesen ist – Tom Mázoreck. Sagt Ihnen der Name was?«

Ingeborg Sark sah auf und blinzelte. »Tom?«

»Ja. Kannten Sie sich?«

»Ja, ich …« Mit schmalen Augen musterte sie Heloise. »Warum fragen Sie ausgerechnet nach ihm?«

»In welchem Verhältnis standen Sie zueinander?«

Ingeborg Sark zuckte leicht mit den Schultern, während sich rote Flecken auf ihren Wangen abzeichneten.

»Er hat bei der Suche nach Mia geholfen, und er … er ist in der Zeit für mich da gewesen.«

»Sie waren ein Paar?«

»Nein, das waren wir nicht, also nicht in dem klassischen Sinne. Es war eher … nicht traditionell.«

»Aber Sie hatten ein …« Heloise hob die Augenbrauen, »ein sexuelles Verhältnis?«

Ingeborg Sark schien mit ihrem schwarzen Gewand eins zu werden. Halbherzig schüttelte sie den Kopf.

»Es war vor allem ein platonisches Verhältnis. Tom schien es auch sehr mitgenommen zu haben, was passiert ist, und das hat uns für eine Weile eng miteinander verbunden. Ich hätte, ehrlich gesagt, nicht gewusst, wie ich ohne ihn die ersten Monate hätte überstehen sollen. Er hat sich um mich gekümmert, hat dafür gesorgt, dass ich genug aß, hat mich getröstet. Er hat mir bei der ganzen Papierarbeit geholfen, hat mir bei den Gesprächen mit der Polizei beigestanden – er ist nie von meiner Seite gewichen. Aber je mehr Zeit verging, umso länger wurden die Abstände zwischen seinen Besuchen.« Sie starrte hinab in ihr Weinglas. »Aber das konnte ich ihm nicht vorwerfen. Immerhin war es mein Verlust.«

»Waren Sie in ihn verliebt?«

Ingeborg Sark hob den Kopf, ihr Blick war hart wie Stahl. »Das geht sie überhaupt nichts an!«

Heloise erwiderte ihren Blick mit einem versöhnlichen Lächeln und ließ ein paar Sekunden des Schweigens vergehen, um die Stimmung zu neutralisieren.

»Kannten Sie ihn schon vorher?«, fragte sie, »bevor Mia verschwand?«

»Ich wusste, wer er war, ja. Gråsten ist ja ein kleiner Ort.«

»Erinnern Sie sich, ob er damals, als sie sich besser kennenlernten, auf dem Benniksgaard gearbeitet hat?«

»Ja, hat er.«

»Können Sie sich an einen Jan Fischhof erinnern, der auch dort beschäftigt war?«

Ingeborg Sark fuhr erschrocken zusammen. Sie starrte Heloise mit versteinertem Blick an.

»Wissen Sie, ob Mia ihn kannte?«, fragte Heloise. »Oder hat sie ihn irgendwann mal erwähnt?«

»Was bilden Sie sich eigentlich ein?«, zischte Ingeborg Sark. »Sie klopfen hier an meine Tür. Geben vor, mir helfen zu wollen.«

Heloise blickte sie erstaunt an. »Ich verstehe nicht, was Sie –«

Ingeborg Sark stand auf. »Gehen Sie jetzt bitte.«

»Bitte setzen Sie sich doch wieder und erklären mir –«

Das Glas zersprang am Kaminsims. »VERSCHWINDEN SIE!«

Heloise sprang auf, klaubte das Diktaphon vom Couchtisch und lief hinaus in den Flur.

In der Tür wandte sie sich noch einmal um.

»Falls Sie es sich anders überlegen«, sagte sie und reichte Ingeborg Sark ihre Karte. »Ich bin die nächsten Tage noch hier in der Gegend, wenn Sie sich doch noch einmal mit mir unterhalten wollen.«

Ingeborg Sark sah hinunter auf die Visitenkarte, jedoch ohne sie anzunehmen. Ihr Blick war nun trübe, als sie ihn wieder auf Heloise richtete, die Muskeln um ihren Mund zitterten.

»Mia ist noch irgendwo da draußen«, sagte sie. »Verstehen Sie das? Sie ist irgendwo da draußen.«

Heloise schaffte es nicht mehr, darauf zu reagieren, bevor Ingeborg Sark die Tür vor ihrer Nase schloss.

# 19

Ja, dann weck ihn bitte. Es ist wichtig!«, rief Heloise flehend in ihr Telefon.

Sie stieg aus dem Auto und knallte die Tür hinter sich zu.

»Nein, das werde ich nicht tun«, widersprach Ruth am anderen Ende der Leitung. »Seitdem ihr gestern miteinander gesprochen habt, ist er total von der Rolle. Er hatte ein paar ziemlich heftige Panikanfälle, hat Sachen gesehen und Geräusche gehört und was nicht alles. Das war nicht gerade angenehm, das alles mitzubekommen, das sag ich dir. Also, was auch immer du da drüben in Jütland vorhast, ich glaube kaum, dass ihm das hilft.«

»Ich will nur einen Augenblick mit ihm sprechen«, sagte Heloise. »Ich muss ihm einfach ein paar Fragen stellen.«

»Ich finde das keine gute Idee.«

»Ja, das hab ich kapiert. Würdest du ihn bitte trotzdem wecken?«

»Nein, das *kann* ich jetzt nicht tun! Die Ärztin ist hier gewesen und hat ihm irgendeine Spritze gegeben, damit er zur Ruhe kommt, und jetzt schläft er tief und fest. Du musst dich also bis morgen gedulden.«

Auf der Hauptstraße hinter Heloise kam ein Auto in hoher Geschwindigkeit angerast. Sie drehte sich um.

Ein cremefarbener Range Rover, an dessen Seitenflügeln festgetrockneter Schlamm klebte, preschte auf den Hofplatz und machte eine Vollbremsung im Kies. Ein älterer Mann mit vierschrötigem Oberkörper sprang aus dem Auto und kam in kurzen, gezielten Schritten auf Heloise zu.

Heloise bat Ruth darum, sich bei ihr zu melden, sobald Jan Fischhof im Laufe des Abends wach würde, und legte auf.

Der Mann, der auf sie zukam, trug ein Camouflageshirt, dunkelblaue Jeans und kniehohe Gummistiefel. Sein Gesicht war breit und sonnenverbrannt. Die zusammengekniffenen Augen blitzten fröhlich, und die dichten, silbergrauen Locken fielen ihm in die Stirn und sahen nicht danach aus, als würden sie jemals lichter werden.

»Moin!«, sagte er und lächelte vergnügt, als sie sich die Hand gaben. Seine Hände waren rau und warm, sein Händedruck so fest, dass Heloise beinahe in die Knie ging.

»Hans Gallagher«, sagte er. »Entschuldigen Sie die Verspätung. Sie kommen von weit her, kann ich mir denken?«

Er lockerte den eisernen Griff.

»Ja.« Heloise nickte und streckte die Finger ihrer rechten Hand hinter ihrem Rücken, um zu überprüfen, ob noch alle Knochen intakt waren. »Ich komme aus Kopenhagen.«

»Ach! Ein Mädchen aus der Großstadt! Wie kommen Sie denn mit dem Gülleduft klar?« Er rümpfte die Nase und lachte dann mit dem ganzen Körper.

Heloise sah sich um und schnupperte vorsichtig.

»Eigentlich riecht's wie in der Kopenhagener Innenstadt an einem Sonntagmorgen, also wage ich mal zu behaupten, dass ich das gewöhnt bin«, sagte sie lächelnd.

Hans Gallagher lachte laut und gab Heloise einen Klaps auf den Rücken, dass sie beinahe das Gleichgewicht verlor.

»Na dann«, sagte er und bat sie mit einem seitlichen Kopfnicken, ihm zu folgen. »Ich habe nämlich viel zu tun, und wenn Ihnen der Gestank nichts ausmacht, können Sie mich vielleicht in den Stall begleiten, während wir uns unterhalten?«

»Ja, na klar.«

»Multitasking, was? Behaupten Frauen nicht immer, dass sie das gut können?«

Mit raschen Schritten ging er auf die große Stallanlage auf der anderen Seite des Hofes zu, und Heloise musste fast laufen, um ihm folgen zu können.

»Sie kennen also Jan Fischhof, stimmt das?«, fragte er, während er die Türen zu einem Schweinestall aufschob, der so groß war wie ein Fußballplatz.

Der Lärm in diesem Stall war unerträglich, wie zehntausend Messerklingen auf Porzellan, und bei dem Gestank von Ammoniak hatte Heloise Mühe, den Würgereiz zu unterdrücken.

Hans Gallagher beobachtete sie aus dem Augenwinkel, seine Lippen kräuselten sich zu einem Grinsen.

»Alles okay?«

Heloise riss sich zusammen und nickte. Den Blick auf den Boden gerichtet, damit sie mit ihren Chucks nicht in den Schweinemist trat, antwortete sie:

»Jan Fischhof und ich sind gute Freunde.«

»Wie geht es ihm?«, fragte Hans Gallagher und ging in den Mittelgang der Stallanlage. »Es ist ewig sehr, seit wir uns das letzte Mal gesehen haben.«

»Es geht ihm nicht so gut.«

Gallagher hielt inne, wandte den Kopf zu ihr um und sah sie mit gerunzelter Stirn an.

»Er hat Lungenkrebs, spätes Stadium, und ihm bleibt nicht mehr viel Zeit«, sagte Heloise.

Gallagher ließ den Blick auf die Spitzen seiner Gummistiefel sinken, stemmte die Hände in die Seite und schüttelte den Kopf.

»Dieser Scheißkrebs. Der hat auch meine Tochter aus dem Leben gerissen. Und Jans Frau übrigens auch – Brustkrebs, alle beide.« Er biss sich auf die Unterlippe. Sein Blick war plötzlich leer. »Wir hatten es beide nicht leicht zu der Zeit. Jetzt, wo wir ein gewisses Alter erreicht haben, ist der Tod ein immer wiederkehrender Gast geworden, und Krebs steht da als Ursache an oberster Stelle. So ein Scheiß!«

»Ja, das ist wirklich furchtbar«, stimmte Heloise zu. »Zusätzlich zum Lungenkrebs ist Jan auch nach und nach dement geworden, und ich bin hier, weil ich ihm helfen will, sich an seine verschiedenen Lebensphasen zu erinnern. Beispielsweise, wie es war, als er auf dem Benniksgaard gearbeitet hat. Stimmt es, dass Sie beide damals zusammengearbeitet haben?«

»Ich war nicht, wie Jan, als fester Mitarbeiter auf dem Hof beschäftigt, aber hatte einen Anteil an der Nerzfarm, die dort für einige Jahre betrieben wurde. Also war ich ab und zu dort. Jan hat eine Weile auch für mich gearbeitet, aber das ist ja schon ewig her. Was genau wollen Sie denn wissen?«

»Erinnern Sie sich an jemanden namens Tom Mázoreck?«

»Tom Pitbull? Ja, na klar. Was ist mit dem?«

Heloise runzelte die Stirn. »Warum nennen Sie ihn so?«

»Pitbull?«

»Ja.«

Er zuckte mit den Schultern. »Ist ja nur ein Spitzname, Sie wissen schon. So haben wir ihn halt genannt. Mázoreck, Tom, Pitbull – alles das Gleiche.«

»Können Sie mir etwas über ihn erzählen?«

»Tja, was kann ich über ihn erzählen?« Er kratzte sich mit seiner riesigen Bärenpranke im Nacken. »Er war ein witziger

Kerl, das muss man ihm lassen. Und er ist leider sehr früh verstorben.«

»Er war über vierzig, oder?«

»Kann gut sein«, sagte Gallagher. »Aber das ist ja kein Alter.«

»Wie gut kannten Sie ihn?«

»Wir haben uns nie privat getroffen, wenn Sie das meinen, aber er hat auch auf dem Benniksgaard gearbeitet und in Blans, also bin ich ihm regelmäßig begegnet.«

»Sie meinen die Schlachterei?« Heloise erinnerte sich an die Übersicht über Mázorecks Arbeitsverhältnisse, die Munk ihr geschickt hatte. »Die Schlachterei in Blans?«

Hans Gallagher nickte.

»Faul war er nicht, keineswegs. Heutzutage ist es mit der Arbeitskraft nicht mehr so weit her. Die Jungen stellen sich ja total zickig an, wenn sie mal mit anpacken sollen, dann wird alles vor die Gewerkschaft gezerrt, und plötzlich geht's um Schadensersatzklagen wegen ein paar abgebrochener Fingernägel und Schleudertrauma und was weiß ich. Tom Pitbull hatte mehrere Jobs gleichzeitig und nie einen Piep gesagt. Er war ein Kerl von der alten Schule.«

»Wie war er sonst so?«

Hans Gallagher verzog die Mundwinkel und zuckte mit den Schultern.

»Lustig. Er hatte Humor, von der schwarzen Sorte. Freundlich war er auch, hat immer gegrüßt, aber er war auch ein kleiner Unruhestifter, also so richtig Freunde wurden wir nie.«

»Ein Unruhestifter, sagen Sie. Inwiefern?«

»Er war immer in irgendwelche Schlägereien und so etwas verwickelt. Gråsten ist ja ein kleiner Ort, und die Leute reden, also wussten alle, dass er hier und da für Ärger sorgte.«

»Wie war sein Verhältnis zu Jan Fischhof, wissen Sie das?«

Hans Gallagher kniff die Augen zusammen und hob das Kinn. »Was meinen Sie mit ›Verhältnis‹?«

»Waren sie befreundet?«

»Ach, so meinen Sie das.« Er lachte erleichtert. »Hm, das kann ich schlecht sagen. Was heißt schon ›Freunde‹? Sie haben beide mehrere Jahre auf dem Hof gearbeitet, aber ob sie sonst Zeit miteinander verbracht haben?« Er wog den Kopf von Seite zu Seite. »Kann gut sein, dass sie ab und zu mal ein Feierabendbier zusammen getrunken haben, aber darüber hinaus? Nein, das glaube ich nicht. Jan war immer so ein anständiger Kerl. Unsere Töchter sind zusammen zur Schule gegangen, und unsere Frauen haben sich immer mal zum Kaffee verabredet. Ich habe in den letzten Jahren auch hin und wieder mit dem Gedanken gespielt, Kontakt zu ihm aufzunehmen, aber Sie wissen ja, wie das ist. Die Tage vergehen wie im Flug, und plötzlich …« Bedauernd presste er die Lippen zusammen.

»Was sagen die Leute in der Gegend zu Tom Mázorecks Tod?«

»Was sie dazu *sagen?*«

»Ja, Sie meinten, es sei ein kleiner Ort, die Leute reden. Was sagen sie dazu?«

»Heutzutage sagt da niemand mehr was zu. Das ist ja viele Jahre her, aber …« Gallagher zuckte mit den Schultern und zögerte. »Na, es war nun mal ein Unglück. Tragisch!«

»Und was sonst?« Heloise hatte ihren Kugelschreiber gezückt und hielt ihn erwartungsvoll über ihr Notizbuch.

Hans Gallagher holte tief Luft und kratzte sich unter der Nase. »Wie war das gleich? Er hatte so ein Segelboot. Könnte auch ein Motorboot gewesen sein, daran kann ich mich gerade nicht mehr erinnern. Und wie es nun mal so ist, gab es plötzlich ein Problem, als er auf dem Wasser war, ein gutes Stück draußen vor Providence –«

»Providence?«

»Ein Restaurant, unten in Strandergød, direkt an der Förde.«

Heloise notierte den Namen des Lokals in ihrem Buch.

»Wie gesagt, kam es dort zu Problemen. Ein Motorschaden, irgendwas in der Art. Und das war ja in der Zeit, als es noch keine Handys gab, das dürfen Sie nicht vergessen«, erklärte er mit erhobenem Finger. Dann ließ er den Arm wieder sinken und schüttelte den Kopf.

»Aber man weiß ja nicht, was dann passiert ist. Vielleicht hat er versucht, den Motor zu reparieren, wer weiß. Jedenfalls fing der ganze Mist an zu brennen, und – tja.« Er breitete resigniert die Arme aus. »Dann ist es passiert. Tragisch, aber so etwas kommt ja leider immer wieder vor in Gemeinden, die wie unsere am Wasser liegen.«

»Dass Leute ertrinken, meinen Sie?«

»Ja.«

»Passiert das auch heute noch oft?«

»Was heißt schon oft. Auf jeden Fall öfter als in der Sahara.«

Ein junger Kerl in Ölzeug betrat den Stall und ging auf Gallagher zu. Er reichte ihm einen Stift und ein Clipboard, an dem ein Formular befestigt war. Sie wechselten ein paar Worte, auf die Heloise sich keinen Reim machen konnte, und zeigten auf verschiedene Boxen im Stall. Gallagher nickte, schrieb etwas in das Formular, gab dem Typen das Clipboard zurück und wandte sich wieder Heloise zu. »Haben Sie noch Fragen?«

»Ja, in Tom Mázorecks Sterbeanzeige standen zwei Namen.« Sie blätterte in ihrem Notizbuch, um die Info zu finden. »Renata und Kjeld. Sagen Ihnen diese Namen etwas?«

Gallagher nickte. »Toms Mutter und sein älterer Bruder.«

»Leben die beiden noch hier? Ich habe unter seinem Familiennamen niemanden gefunden.«

Er schüttelte den Kopf. »Die Mutter ist vor ein paar Jahren gestorben. Sie war am Ende wirklich alt und nicht mehr ganz klar im Kopf, aber das ist sie eigentlich nie gewesen.«

»Und der Bruder?«

»Kjeld?«

»Ja.«

»Er starb ein paar Jahre nach Tom.«

»Wie kam er ums Leben?«

»Es war ein Verkehrsunfall. Ein Geisterfahrer hat ihn mit hundertfünfzig Sachen draußen auf der E45 gerammt.«

»Niemands aus Mázorecks Familie ist mehr am Leben?«

»Nicht soweit ich weiß.«

»Und er hatte auch keine Frau oder Lebensgefährtin oder so etwas?«

»Tom?«

»Ja.«

»Nein, nicht in Dänemark.«

Heloise sah von ihren Notizen auf. »Was soll das heißen, nicht in Dänemark?«

»Er hatte ein paar Jahre lang ein Mädchen. Ich weiß nicht, ob sie verheiratet waren. Aber sie sind zusammen nach Thailand gereist und haben ein paar Jahre dort gelebt, aber Tom hat die Hitze nicht mehr ertragen, also ist er wieder nach Hause gekommen.«

Heloise dachte an Mázorecks Meldeadressen, die Munk ihr geschickt hatte, und dass es für einige Jahre keine Informationen zu einem festen Wohnsitz gab.

»Was ist mit der Freundin passiert?«

»Sie ist dort geblieben.«

»Wissen Sie vielleicht, wie sie hieß?«

»Hm, Vicky, glaube ich. Oder Becky. Irgendwas in der Art. Ich habe sie nur ein- oder zweimal getroffen, und nach ihr folgten eine ganze Reihe andere Ladys. Tom hatte auch auf dem Gebiet alle Hände voll zu tun«, sagte Gallagher und zwinkerte.

»Aber zum Zeitpunkt seines Todes lebte er allein?«

»Ja. Er hat wohl mal hier und mal dort übernachtet, je nachdem, mit welcher Dame er gerade verkehrte, aber er hat hauptsächlich bei seiner Mutter gewohnt. Ihr hat ein alter Gutshof gehört, auf dem es auch ein kleines Gästehaus gab, und dort hat er viele Jahre gewohnt.«

»Wissen Sie, wo dieser Gutshof liegt?«

»Ja, das ist nicht so weit von hier.« Gallagher gab Heloise die Adresse. »Das Haus steht immer noch zum Verkauf, seit Renata verstorben ist, und ich kann mir nicht vorstellen, dass in nächster Zeit ein Käufer auftauchen wird. Es steht einfach nur herum und verfällt. Im Moment gehört es dem Staat.«

Heloise blätterte in ihren Notizen.

»Gibt's noch was?«, fragte Gallagher und sah auf seine Armbanduhr. »Es ist gleich Essenszeit, also …« Er klopfte sich auf den Bauch.

»Ja, während meiner Recherchen bin ich über den Fall einer jungen Frau gestolpert, die damals verschwunden ist. Sagt Ihnen das was?«

»Ja, Nina. Was ist mit ihr?«

»Nein, Mia«, erwiderte Heloise und blickte von ihrem Notizbuch auf. Sie hieß Mia Sark.«

»Ach ja, das Sark-Mädchen! Ja, an die Geschichte erinnere ich mich sehr gut.«

Heloise runzelte die Stirn. »Was dachten Sie, wen ich meinte?«

»Ich dachte, Sie sprechen von Nina Dalsfort.« Hans Gallagher machte eine Handbewegung Richtung Benniksgaard. »Weil wir doch gerade über die Nerzfarm gesprochen haben.«

Heloise starrte ihn an, ohne zu blinzeln, und spürte, wie sich ihre Nackenhaare aufstellten.

»Nina Dalsfort?«

»Ja, ein anderer Fall, der einen riesigen Medienrummel ausgelöst hat.«

»Was ist passiert?«

»Mit Nina?«

»Ja.«

»Sie ist abgehauen.« Hans Gallagher streute eine Schaufel voll Futter in einen der Tröge.

»Abgehauen?«

»Ja, sie gehörte zu einer Gruppe junger Idealisten, die sich gegenseitig aufgestachelt und Unruhe gestiftet haben. Das waren solche PETA-Fanatiker, die uns Nerzzüchter im Visier hatten. Damals gab es ein Riesengeschrei wegen der Pelzproduktion, verstehen Sie. Ich hätte nie gedacht, dass ich das einmal sagen würde, aber heutzutage sehne ich mich nach diesen Zeiten zurück, denn jetzt darfst du ja weder Fleisch essen noch nach Prag fliegen. Frauen darf man auch nicht mehr nachpfeifen oder alte dänische Trinklieder singen. Heute wird jeder für alles verurteilt, damals haben nur wir Nerzzüchter die Hucke vollgekriegt.«

Heloise legte den Kopf schief und versuchte ein nachsichtiges Lächeln.

Gallagher erwiderte ihren Blick und gluckste.

»Ich beschwere mich gar nicht, ich erkläre Ihnen nur, wie es früher war«, erklärte er. »Diese Aktivistengruppe hatte ein paar Aktionen gegen zwei Nerzfarmen geplant, Benniksgaard und Padborg Mink. Ihr Plan war, die Tiere freizulassen und die Höfe anzustecken, aber so weit sind sie nicht gekommen. Jedenfalls nicht bei uns. Wir haben von den Plänen Wind gekriegt und uns auf die Lauer gelegt, als sie sich mitten in der Nacht auf den Hof geschlichen haben.«

»Was ist dann passiert?«

Hans Gallagher räusperte sich. »Wurden eingebuchtet. Alle vier. Anzeige wegen Vandalismus und Beihilfe bei der Freilassung von Nerzen an drei anderen Orten in Jütland. Sie wurden auch wegen Brandstiftung und Morddrohungen angeklagt.«

»Morddrohungen?«

»Ja. Diese Nina Dalsfort trug Briefe bei sich, als sie festgenommen wurde, die sie nach ihrer geplanten Aktion auf dem Hof hinterlassen wollten. Adressiert an uns, die wir dort beschäftigt waren.«

»Und was stand in diesen Briefen?«

»Dass sie uns umbringen und häuten würden, wenn wir die Arbeit wieder aufnehmen, und dass es uns dann genauso ergehen wird wie den Tieren.«

»Und an diesen Aktionen waren vier Jugendliche beteiligt?«

»Ja. Das Mädchen und drei Jungs. Sie war die Einzige, die zum Tatzeitpunkt unter achtzehn war, also blieb sie auf freiem Fuß, während sie und ihre Freunde auf den Prozess warteten. Ein paar Tage später war sie weg. Es gab echt richtig Theater wegen ihrer Familie.«

»Was wissen Sie über die Familie?«

»Dalsfort?«

Heloise nickte.

Gallagher setzte ein schiefes Lächeln auf. »Sie kommen wirklich von weit her, was?«

»Ja, das lässt sich nicht leugnen. Wer sind die Dalsforts?«

»Die Eltern heißen Ole und Lisette Dalsfort. Ihnen gehören die Dalsfort Werke.«

»Dalsfort Werke, die …« Heloise durchforstete ihr inneres Archiv. »… Ventile und so produzieren?«

»Genau die. Das ist ein riesiges Unternehmen mit Niederlassungen in fast dreißig Ländern.«

»Und man hat nie herausgefunden, wohin sie abgehauen ist?«

Er schüttelte den Kopf.

»Die Polizei hatte eine Theorie, dass sie sich nach Deutschland abgesetzt hat, aber wo sie dann hin ist, ist schwer zu sagen.«

»Und Jan und Tom Mázoreck waren auch in die Sache mit den Aktivisten involviert?«

»Ja, die Morddrohungen waren an sie persönlich gerichtet – und natürlich an mich und einen weiteren Kollegen namens Dres Carstensen. Als die Sache vor Gericht kam, haben wir alle gegen die drei anwesenden Randalierer und gegen Nina Dalsfort in Abwesenheit ausgesagt, denn da war sie schon längst über alle Berge. Wir haben ausgesagt, was vorgefallen war, auch um all den absurden Gerüchten, die zu den Hämatomen an den Armen des Mädchens im Umlauf waren, Einhalt zu gebieten. Irgendwelche Nachbarn hatten Schüsse und Schreie gehört und sich was zusammengereimt.«

»Welche Hämatome?«, hakte Heloise nach.

Hans Gallagher zögerte einen Augenblick. Er senkte den Blick und schabte mit dem Fuß ein paarmal über den Stallboden.

»Wir hatten uns ja an dem Abend auf die Lauer gelegt und darauf gewartet, dass die vier auftauchen. Zu dem Zeitpunkt hatten wir die Polizei noch nicht über die Gerüchte wegen des geplanten Angriffs auf den Hof unterrichtet. Wir wollten uns erst einmal selbst darum kümmern, und als die Randalierer dann auftauchten, mit ihrer Heckenschere und ihrem Benzinkanister und was nicht noch alles, haben wir sie überrumpelt. Dres Carstensen hatte eins seiner Jagdgewehre dabei und gab einen Warnschuss ab. Die drei Jungs haben sich sofort ergeben – einer von denen hat sich sogar in die Hosen gepisst. Aber das Mädel hat sich nicht beirren lassen, sie ging geradewegs auf die Käfiganlagen mit den Tieren zu, also sind Jan und Tom hinter ihr her und haben sie auf dem Feldweg dorthin überwältigt. Wir hatten Kabelbinder dabei, falls wir sie selbst festnehmen müssten, also haben sie ihr die Hände auf dem Rücken zusammengebunden und sie zurück auf den Hofplatz geschleppt. Dres und ich haben so lange dort gewartet.«

»Und was ist dann passiert?«

»Das Mädel lag auf dem Boden und hat wie am Spieß geschrien. Sie war so hysterisch, also hat einer der Nachbarn – Lorentz – die Polizei alarmiert. Er hat geglaubt, dass wir sie umbringen wollten, denn diese Schreie konnte man ja kaum mit anhören. Ihre drei Kumpanen hatten bereits kapiert, dass das Spiel aus war, aber das Mädchen nicht. Sie hat sich auf dem Boden gewunden und versucht, sich aus den Kabelbindern zu befreien, die ihr natürlich nur ins Fleisch geschnitten haben.«

»Was hat die Polizei dazu gesagt?«

»Die haben sich bedankt!« Gallagher grunzte zufrieden. »Die Gruppe hatte nämlich schon auf der Nerzfarm in Padborg zugeschlagen. Sie haben die Nerze freigelassen, und die Tiere sind zu Hunderten auf der Autobahn verendet, überfahren von Lkws. Die Fahrer konnten sie ja im Dunkeln nicht sehen. Und das verstehen diese Aktivistengören eben nicht, die glauben ja, dass sie den Tieren die Freiheit schenken.«

Er schüttelte den Kopf.

»Na ja, worauf ich hinauswill: Die Polizei hatte ohnehin nach ihnen gefahndet, und als sie bei uns vor der Tür standen, haben sie uns die Randalierer dankend abgenommen. Das Mädel schrie natürlich irgendwas von Missbrauch und Gewalt und dass die

Kabelbinder so stramm um ihre Hände gebunden worden waren, dass sie sie nicht mehr spüren konnte. Aber ich hab die ganze Aktion gefilmt, um auf der sicheren Seite zu sein, dass wir nichts verbrochen haben. Ich musste mir also keine Sorgen machen, wie das Ganze für andere Leute aussehen würde. Jedenfalls nicht zu dem Zeitpunkt. An dem Abend wusste ich noch nicht, wie sie hieß oder wer ihre Eltern waren. Aber ihre Mutter ist uns danach nicht mehr von der Pelle gerückt, das kann ich Ihnen sagen. Sie war der Meinung, wir hätten ihre Tochter vertrieben.«

Heloise spürte, wie das Adrenalin in ihren Adern pulsierte. Sie umklammerte den Kugelschreiber mit hartem Griff.

»Sie haben diese Videoaufnahmen nicht zufällig noch?«

# 20

Ein schwarzer Labrador hob seinen Kopf, als sie das Wohngebäude betraten, und registrierte schläfrig, dass jemand im Haus war, bevor er den Kopf wieder auf sein Hundebett sinken ließ. Hans Gallagher streifte seine Gummistiefel auf den hellen Fliesen von den Füßen und öffnete einen kleinen Kühlschrank, der neben dem Hundebett auf dem Boden stand. Er nahm zwei Flaschen Bier heraus, öffnete die eine mit dem Kopf der anderen und reichte sie Heloise.

»Nein, danke«, sagte sie und schlüpfte aus ihren Schuhen.

Gallagher stellte das zweite Bier zurück in den Kühlschrank.

»Hier entlang«, sagte er und führte sie auf Strümpfen durchs Haus.

Es roch nach brauner Butter, Frikadellen und frisch gehackter Petersilie, und Heloise spürte, wie ihr das Wasser im Munde zusammenlief. Es war beinahe sechs Uhr, und sie hatte den ganzen Tag nichts anderes gegessen als ein weichgekochtes Ei und ein trockenes Flughafensandwich.

Sie betraten ein großes Wohnzimmer, dessen Fenster nach Süden ausgerichtet waren. Gallagher ging auf ein Regal zu, das die gesamte gegenüberliegende Wand bedeckte. Es war mit Büchern, Ordnern und alten VHS-Kassetten vollgestellt. In der untersten Reihe standen vier bis fünf Meter Schallplatten, und auf dem Boden vor dem Regal stapelten sich alte, vergilbte Zeitungen und Zeitschriften in kniehohen Türmen.

Gallagher fuhr mit dem Finger über die Rücken der Videokassetten, um das richtige Band zu finden. Er grummelte frustriert und begann von vorn.

»Hm, ich hab keine Ahnung, wo ich die hab«, sagte er verärgert und gab die Suche auf. »Wenn Sie Glück haben, finden Sie Bruchstücke der Aufnahmen in den Archiven von TV2. Die haben einen Beitrag über unsere Probleme gebracht, der dann bei TV 2 Syd gesendet wurde. Ich meine, mich zu erinnern, dass sie dafür einige Auszüge aus dem Video verwendet haben.«

Er nahm ein flaschengrünes Fotoalbum aus dem Regal und setzte sich in einen Sessel.

»Aber hier müssten noch einige Bilder von der Nerzfarm sein«, sagte er und blätterte durch das Album. »Ah! Hier ist ein Foto von Jan!«

Er nahm das Bild aus der Plastikhülle und reichte es Heloise. Als sie es betrachtete, musste sie lächeln.

Auf dem Foto war ein junger Jan Fischhof abgebildet, die Arme verschränkt, den Kopf lachend in den Nacken geworfen. Es war zu einem Zeitpunkt aufgenommen worden, an dem er so alt gewesen sein musste wie Heloise jetzt, vielleicht ein paar Jahre älter. Er hatte einen klaren, offenen Gesichtsausdruck, der den Eindruck vermittelte, dass er zu dieser Zeit ein gutes Leben geführt hatte, weder von Krankheit noch Trauer gezeichnet.

Er sah stark aus. Und so glücklich, dass es beinahe ansteckend war. Heloise erwischte sich bei dem Gedanken, dass sie ihn gerne als jungen Mann gekannt hätte.

Er stand neben einer langen Reihe von Käfigen aus Stahldraht. Hunderte von Nerzen verschiedenster Farben hatten sich mit ihren scharfen Klauen in den Gittern festgekrallt. Rechts von Fischhof stand ein Mann in armeegrüner Thermojacke und Arbeitshose. Er lehnte an einer Futtermaschine, die nach einer Mischung aus einem Traktor und einer Schubkarre aussah. Er schien derjenige zu sein, der Fischhof so zum Lachen gebracht hatte. Er hatte ein selbstsicheres Grinsen aufgesetzt und schien die Reaktion seines Kumpels zu genießen.

»Wer ist das?«, fragte Heloise und sah vom Foto auf.

»Das ist Tom Pitbull.« Gallagher gestikulierte mit der Bierflasche und nickte eifrig. »Mázoreck! Ich glaube, das Foto wurde kurz nach Inbetriebnahme der Nerzfarm gemacht, also 1993.«

Heloise betrachtete das Bild und konzentrierte sich auf Tom Mázorecks Gesicht.

Er hatte nicht die gleiche Wärme im Blick wie Jan, nicht das gleiche starke Charisma. Er war schmaler, seine Haut sah nicht so gesund aus, sie war sonnengegerbt und rau. Über den breiten Wangenknochen standen seine Augen eng zusammen, und obwohl er nicht das war, was man einen gut aussehenden Mann nennen würde, hatte er doch etwas Anziehendes an sich. Die dunklen Pupillen, die das Licht aufzusaugen schienen. Die Art und Weise, wie sich seine Mundwinkel nach oben kräuselten. Der selbstgefällige Blick.

»Und Sie wissen nicht, warum er Pitbull genannt wurde?«, fragte Heloise und fotografierte das Bild mit ihrem Handy ab. Sie hatte vermutet, dass der Name vielleicht etwas mit seinem Aussehen zu tun haben könnte, aber er hatte eher etwas von einem Kriechtier als von einem Kampfhund. Eher eine Klapperschlange als ein Pitbull.

»Wie war denn das gleich ...« Hans Gallagher holte tief Luft, und dachte einen Moment lang nach. Dann drehte er den Kopf zur Tür hinter sich und rief:

»Grethe?«

Die Antwort schallte aus einem angrenzenden Zimmer: »Ja?«

»Warum hat man Mázoreck noch mal Pitbull genannt?«

Hans Gallagher sprach nun in breitem Dialekt, der in Heloises Ohren wie eine Mischung aus Deutsch und Bornholmer Mundart klang, und sie musste sich anstrengen, um dem Gespräch folgen zu können.

Eine Frau, von der Heloise annahm, dass es sich bei ihr um Gallaghers Frau handelte, erschien im Türrahmen. Sie war eine kleine, pummelige Gestalt mit hellem Haar und tiefen Lachfältchen in den Wangen. Sie begrüßte Heloise, ohne über ihre Anwesenheit zu stutzen. Sie schien daran gewöhnt zu sein, dass Leute bei ihr zu Hause unangemeldet ein und aus gingen.

»Pitbull?«, fragte sie und trocknete sich die Hände an ihrer Schürze ab. »Ja, wie war denn das noch mal? Hatte das nicht irgendwas mit einer Schlägerei bei einem Dorffest zu tun?«

»Das war beim Ringreiten. Aber das ist viele Jahre her.«

»Aber was ist denn da noch mal vorgefallen? Die haben sich doch geprügelt, oder?«

»Ja. Tom Mázoreck und Jes Decker.«

»Ja, so war das.« Hans Gallagher nickte. »Jetzt erinnere ich mich wieder.«

»Wer ist Jes Decker?«, fragte Heloise.

Das Leder des Sessels knirschte unter Gallagher, als er seiner Frau einen vielsagenden Blick zuwarf.

»Ja, die haben sich geprügelt«, sagte seine Frau, als hätte sie die Frage nicht gehört. »Und das war auch ziemlich heftig. Die sind ineinander verkeilt über den Boden gerollt und haben um sich getreten und geschlagen, als wären sie von allen guten Geistern verlassen.«

»Weshalb haben die beiden sich denn geprügelt?«

»Es ging wohl um ein Mädchen. Ich glaube, der eine hat sich

ein bisschen zu sehr für die Freundin des anderen interessiert, irgendwas in der Art.«

»Wer hat gewonnen?«

»Decker«, sagte Grethe Gallagher, »aber er hat auch nicht nach fairen Regeln gespielt. Er hatte nämlich seinen Hund dabei, einen Pitbullterrier. Diese Rasse, die heute nicht mehr zugelassen ist, weil sie aggressiv und unberechenbar ist. Der Hund hat Mázoreck angegriffen, während er und Decker sich auf dem Boden wälzten, und hat sich ordentlich in ihm festgebissen.« Sie legte ihre Hand auf die Schulter ihres Mannes und krallte sich an ihr fest, wie um zu illustrieren, was an jenem Abend vor sich gegangen war. »Der Hund hat eine der großen Arterien zu fassen gekriegt, und es sah echt übel aus für Mázoreck – der Hund hätte ihn fast totgebissen.«

»Er war mehrere Wochen im Krankenhaus, nicht wahr?«, warf Hans Gallagher ein.

Seine Frau nickte. »Er hat es überlebt, aber der Hund nicht. Der tauchte plötzlich in Jes Deckers Kühlschrank auf, unmittelbar nachdem Mázoreck aus dem Krankenhaus entlassen worden war. In Einzelteile zerlegt und in Fettpapier eingewickelt wie Beefsteaks vom Schlachter. René, Jes' Sohn, hat ihn dort im Kühlschrank gefunden.«

»Hat Mázoreck den Hund getötet?«, fragte Heloise.

»Das hat man ihm nie nachweisen können, aber das war wohl offensichtlich. Wer sollte sonst Interesse daran haben, einen Hund zu töten?«, erwiderte Hans Gallagher. »Ich bin mir ziemlich sicher, dass es an Mázorecks Stolz gekratzt hat, in aller Öffentlichkeit so gedemütigt zu werden.«

»Und seit der Geschichte hat man ihn Pitbull genannt?«

»Einige nannten ihn jedenfalls so. Tom, Pitbull, Mázoreck.«

»Und dieser Jes Decker – wohnt der noch in der Gegend?«

»Mm-hm, ja.«

»Was ist er für ein Typ?«

»Tja, also … Decker ist …« Hans Gallagher fasste sich an die Nase, während er nach den richtigen Worten suchte. »Er ist nicht der Typ, den man gern zum Feind hätte, lassen Sie es mich so sagen.«

»Warum nicht?«

Er zog die Mundwinkel nach unten und winkte ab, als wäre das eine Frage, mit der er nicht konfrontiert werden wollte.

»Haben Sie Angst vor ihm?«, hakte Heloise nach.

»Angst?« Er lachte etwas zu laut auf, und seine Wangen röteten sich. »Die Leute hier in der Gegend haben … man hat hier Respekt vor ihm.«

»Weil man Angst vor ihm hat?«

»Weil er tut, was ihm passt. Er schert sich nicht um Gesetze und Regeln, und man erzählt sich, er habe die Polizei um den kleinen Finger gewickelt, angeblich auch so manchen Lokalpolitiker – niemand kommt an ihn ran. Soweit ich weiß, arbeitet er mit ein paar dunklen Gestalten unten hinter der Grenze zusammen.«

»Worin besteht diese Zusammenarbeit?«

»Das weiß ich nicht, aber es gibt ja diverse Gerüchte.«

»Und wie lauten diese Gerüchte?« Heloise hob die Hand und drehte ihren Zeigefinger im Kreis, um ihn dazu zu animieren, zum Punkt zu kommen.

Hans Gallagher räusperte sich. »Einige meinen, es handele sich um Schmuggelware. Andere vermuten Drogen. Pornographie, Prostitution.«

»Hans …?«

Gallagher blickte zu seiner Frau auf, die ihm einen warnenden Blick zuwarf.

Heloise sah vom einen zur anderen.

»Aber wenn dieser Jes Decker so ein harter Typ ist, wie Sie ihn beschreiben, wieso hat er dann Mázoreck mit der Tötung seines Hundes davonkommen lassen?«, fragte sie. »Warum hat er sich nicht gerächt?«

»Das hat er ja vielleicht«, sagte Hans Gallagher und zuckte mit den Schultern. »Schließlich weiß ja niemand, was da draußen auf dem Boot vor sich gegangen ist. Ein Mast ist gebrochen, ein Segel gerissen oder was auch immer … Der Motor versagt, und plötzlich geht der ganze Schiet in die Luft, so dass Tom über Bord geht und ertrinkt.«

Er sah von seinem Bier auf. Sein und Heloises Blick trafen sich. In seinen Augen leuchtete es herausfordernd auf.

»Ziemliches Pech, nicht wahr?«

# 21

Was machst du denn da? Schalt gefälligst wieder um, du alter Ganove!« Connie stellte die Schachtel After Eight neben die Kaffeekanne auf das Couchtischchen und verpasste Schäfer einen liebevollen Klaps.

»Aber jetzt läuft *Butch Cassidy and the Sundance Kid*«, protestierte er. »Bankraub und Revolverduelle, Schatz. Das ist ein Kultfilm!«

»Den du schon hundertmal gesehen hast.« Sie setzte sich neben ihn aufs Sofa und zeigte auf den Bildschirm. »Jetzt fängt doch gleich die nächste Runde an.«

»Hast du nicht gesagt, das wäre eine alte Folge?«

»Hast du nicht gesagt, du wolltest arbeiten?«

Schäfer gluckste nachgiebig. Er schaltete zurück zu der Backsendung, neigte den Kopf und überreichte Connie die Fernbedienung mit beiden Händen, als sei sie ein Samuraischwert.

»Backduell. Voilà!«

Er hob den Deckel von dem Pappkarton, der vor ihm auf dem Fußboden stand, holte eine Akte daraus hervor und studierte die Dokumente, die darin abgeheftet waren.

»Hattest du heute viel zu tun?«, fragte Connie und streckte sich nach der Pralinenschachtel.

»Geht so«, murmelte Schäfer. Er legte die Füße auf den

Couchtisch und blätterte in der Akte. »Lester Wilkins ist tot, damit hab ich den halben Nachmittag verbracht.«

»Ich habe die Schlagzeilen gesehen. Was ist denn passiert?«

»Der Gerichtsmediziner meint, dass der Tod eine Folge seines Lebensstils gewesen sei.«

»Was soll das heißen?«

»Alkohol.«

»Aber warum haben sie dich dann angerufen?«

»Haben sie gar nicht. Ich war mit Michala Friis ganz in der Nähe zum Lunch verabredet, also habe ich kurz reingeschaut, um zu sehen, ob –«

»Michala Friis?«, fragte Connie und sah ihn an. »Hast du dich heute mit Michala Friis getroffen?«

»Ja. Wir haben doch beide an diesem Fall gearbeitet.« Er klopfte mit der flachen Hand auf die Dokumente, die in seinem Schoß lagen. »Der Fall ist etwas kompliziert, also haben wir uns verabredet, um die Details durchzugehen, bevor nächste Woche die Gerichtsverhandlung beginnt.«

»Aha ...« Connie hob die Brauen und nickte langsam. »Geht's ihr gut? Es ist ja schon eine Weile her, dass ihr euch das letzte Mal gesehen habt, nicht wahr?« Ihre Stimme klang auffällig hoch und affektiert.

Schäfer begegnete ihrem Blick und lächelte.

»Bist du eifersüchtig?«

»Nein! Nicht solange Michala weiß, wo sie ihre Finger zu lassen hat.«

Schäfers Lächeln wurde breiter.

»Du *bist* eifersüchtig!«

»Yeah, well.« Connie kniff reumütig die Augen zusammen und sagte nichts weiter. Stattdessen richtete sie den Blick wieder auf den Fernsehbildschirm, auf dem ein junger Kandidat gerade einen Klumpen selbst gemachtes Fondant ausrollte.

Schäfer blätterte wieder durch seine Akte und studierte die Bilder, die der Polizeifotograf vom Opfer des Falls gemacht hatte: eine einundvierzigjährige Frau, die an inneren Schädelblutungen gestorben war, nachdem sie versehentlich Rattengift genommen hatte. Auf dem Bild lag sie auf dem Rücken auf einem Kellerboden. Ihre Haut war milchig weiß, und das Blut, das ihr aus Mund und Nase gesickert war, hatte einen dunkelroten Heiligenschein um ihren Kopf gebildet.

»Findest du sie attraktiv?«

Schäfer sah auf.

»Wen?«

»Michala.«

Connie hatte ihren Blick nicht vom Fernsehgerät abgewandt.

»Nein«, sagte er.

»Doch, das tust du!« Connie wandte sich abrupt zu ihm um. »Du hast doch, verdammt nochmal, Augen im Kopf.«

»Sie ist nicht so attraktiv wie du.«

»Und interessant ist sie auch. Sie ist doch super intelligent mit ihrem ganzen FBI-Psycho-Profile-Brimborium.«

»Sie kann dir überhaupt nicht das Wasser reichen«, sagte Schäfer lächelnd. Er legte seine Hand in Connies Nacken und zog sie zu sich, um sie zu küssen. Sie duftete frisch nach ihrem abendlichen Bad, eine Mischung aus Trauben und Patschuli. Langsam ließ er seine Hand in den Ausschnitt ihres Bademantels bis zu ihrem Busen gleiten.

Connie erwiderte den Kuss, entzog sich dann jedoch seiner Liebkosungen. Nicht etwa ruckartig, sondern langsam und höflich – diese Art von Zurückweisung hatte er in letzter Zeit öfter erfahren. Normalerweise war sie die Erste, die alle Hüllen fallen ließ, und allein beim Gedanken an Schäfer mit einer anderen Frau kochte ihr sonst das Blut in den Adern. Doch neuerdings schien sie unter seinen Händen zu Stein zu werden. Als ob sie seine Berührungen nicht länger genoss.

Schäfer konnte sich das nicht erklären.

*Du willst mir doch nicht sagen, dass du den Braten nicht gerochen hast?*

Er nahm ihre Hand und küsste sie.

»Ich gehe ins Bett«, sagte er.

»Die Sendung dauert noch zwanzig Minuten«, sagte Connie und deutete auf den Fernsehbildschirm. »Ich komme nach, wenn sie zu Ende ist.«

Schäfer sammelte die Dokumente zusammen und legte sie zurück in den Karton. Er stand auf, trug ihn in den Flur, ging barfuß hinaus in die Einfahrt und öffnete den Kofferraum seines schwarzen, ramponierten Hondas. Der Kofferraum war bereits mit Akten, Dokumenten und anderen Arbeitssachen vollgestopft, die in das neue Büro in Teglholmen gebracht werden sollten.

Er schob die Dinge umher, um Platz für den Karton zu finden, und verschwand beinahe kopfüber im Kofferraum, als sich ein Auto näherte. Schäfer tauchte aus den Tiefen des Wagens auf und blickte sich über die Schulter.

Es war kurz vor elf Uhr, aber die Sommernacht war hell genug.

Eine dunkelblaue BMW-Limousine kam die Straße heruntergefahren und verlangsamte ihr Tempo, als er an Schäfers Einfahrt vorbeirollte. Die Scheiben des Wagens waren getönt, so dass Schäfer nichts weiter als die Konturen des Fahrers erkennen konnte.

Der Wagen schlich am Grundstück vorbei. Schäfer richtete sich nun komplett auf und drehte sich zur Straße.

Sofort beschleunigte der BMW und fuhr davon.

Schäfer trat aus der Einfahrt auf den Bürgersteig und sah den roten Rücklichtern nach, bis der Wagen hinter einer Kurve verschwand.

Schäfer nahm die Zahnbürste aus dem Mund, als das Telefon auf dem Schminktischchen neben Connies Make-up-Pinseln und Parfümflakons zu vibrieren begann. Er warf einen Blick aufs Display und musste grinsen. Er nahm den Anruf entgegen und presste das Handy ans Ohr.

»Kind, das ist ja richtig Telefonterror heute! Was soll denn Connie denken?«

Er spuckte die Zahnpastareste ins Waschbecken und stellte die Zahnbürste zurück in den Becher.

»Connie denkt sich ganz bestimmt nichts dabei«, sagte Heloise trocken. »Sie weiß, dass du nicht mein Typ bist.«

»Nee, du stehst ja eher auf so metrosexuelle Waschlappen, die sich das Brusthaar epilieren.« Schäfer grunzte vergnügt. Er zog den Bauch ein und betrachtete seinen überwucherten Oberkörper im Badezimmerspiegel.

Als Heloise den Ball nicht mehr zurückspielte, ließ er seinen Bauch wieder in seine normale Fasson zurückplumpsen.

»Das war ein Scherz, Kaldan.«

»Ich weiß.«

»Was ist denn los? Alles okay?«

»Ja, alles in Ordnung«, sagte Heloise, aber Schäfer ahnte, dass sie mit den Gedanken ganz woanders war.

»Du klingst nicht so, als ob alles in Ordnung wäre«, sagte er und trocknete sich den Mund an einem Handtuch ab.

»Na, es ist nur … Ich hab mir selbst einen Floh ins Ohr gesetzt und brauche jetzt jemanden, der mir den wieder ausredet.«

»Was soll ich dir ausreden?«

»Den Gedanken, dass ich mich mutterseelenallein in einem alten, verlassenen Haus irgendwo draußen in der Pampa befinde. Hier ist meilenweit keine andere Menschenseele – oder ich glaube zumindest, dass hier meilenweit keine Menschenseele ist –, und das macht mich gerade total verrückt. Es ist viel zu still hier!«

»Das Einzige, was da drüben für dich eine echte Gefahr darstellt, sind Bettwanzen.«

»Ich dachte jetzt eher an Axtmörder und Derartiges«, erwiderte Heloise, und Schäfer konnte an ihrer Stimme hören, dass sie lächelte. »Du weißt schon, gesichtslose Männer mit Hut. Die Weiße Frau. Tote Zwillingsschwestern, die im Flur stehen. Vor Bettwanzen fürchte ich mich jetzt eher nicht.«

»*Solltest* du aber! Ich verbrenne immer unser Gepäck, nachdem wir bei den Schwiegereltern auf Saint Lucia gewesen sind. Badehosen, Handtücher, den ganzen Kram! Terpentin drüber, Streichholz – *zisch*! Damit macht man keine Späße.«

»Jaja, Mama. Aber ich lass es jetzt mal drauf ankommen.«

»Auf deine Verantwortung«, sagte Schäfer. »Ansonsten glaube ich nicht, dass dir ein Psychopath in Seemannskleidung einen Besuch abstatten wird, an deiner Stelle würde ich mich also nicht so verrückt machen.«

»Okay, wenn du meinst«, sagte Heloise, ohne recht überzeugt zu klingen.

Schäfer ging ins Schlafzimmer. Er öffnete das Fenster auf seiner Seite des Bettes und zog die Gardinen zu.

»Hast du dir da drüben sonst einen Überblick verschaffen können?«, fragte er. »Etwas über diesen Mázoreck in Erfahrung gebracht?«

»Ein bisschen, aber ehrlich gesagt, bin ich nur noch verwirrter als heute Vormittag, bevor ich überhaupt losgefahren bin. Bei jeder Frage, die ich stelle, tauchen drei neue Fragen auf.«

»Zum Beispiel?«

»Ich wollte eigentlich nur etwas über Tom Mázorecks Tod und sein Verhältnis zu Jan herausfinden, und plötzlich recherchiere ich zu alten Vermisstenfällen. Irgendwie scheint das alles zusammenzuhängen.«

»Was meinst du mit *Fällen*? Du hast bisher nur einen einzigen erwähnt.«

»Ich bin noch auf einen weiteren gestoßen. Die erste junge Frau, Mia Sark, verschwand am 31. Mai 1997, neunzehn Jahre alt. Die zweite, Nina Dalsfort, wurde seit dem 15. September 1996 nicht mehr gesehen. Sie war erst siebzehn, als sie verschwand, und Mázorecks Name taucht im Zusammenhang mit beiden Fällen auf.«

»Inwiefern?«

»Im Fall Mia Sark war er wie gesagt einer der Letzten, die das Mädchen lebend gesehen haben, in dieser Kneipe *Zinnsoldat*. Er ist bei dem Fall als Zeuge aufgetreten, und in den folgenden Monaten hatte er ein Verhältnis zur Mutter des Mädchens. Ich kann nicht genau sagen, ob rein platonisch, aber er hat sie in der Zeit häufig besucht.«

»Und in dem anderen Fall?«

»Da war er in einen Konflikt mit dem Mädchen verstrickt, kurz bevor sie verschwand.«

Heloise erzählte ihm die Geschichte von der Nerzfarm und wie Jan Fischhof und Mázoreck gemeinsam mit Hans Gallagher und Dres Carstensen den Aktivisten eine Falle gestellt, Nina Dalsfort gefesselt und alle zusammen der Polizei übergeben hatten.

»Diese Überschneidungen kann man nicht leichtfertig abtun«, sagte Heloise. »Geht es also möglicherweise darum? Dass Jan Fischhof weiß, was mit diesen Mädchen passiert ist?«

Schäfer ließ sich auf die Bettkante sinken und dehnte seinen Hals von rechts nach links, dass es nur so knackte.

»Was denkst du?«, hakte Heloise nach.

»Ich denke, dass es einen Unterschied macht, ob man in einem Fall in Kopenhagen ermittelt oder in so einem kleinen Provinznest wie dem, in dem du dich gerade befindest. Für das, was dir jetzt gerade wie ein verdächtiger Zufall vorkommt, gibt es dort drüben oft eine logische Erklärung.«

»Wie meinst du das?«

»Na, nehmen wir zum Beispiel mal Gråsten. Dort leben – was? Viertausend Menschen? Fünf? Maximal!«

»Keine Ahnung.«

»Soll heißen, die sind sich alle schon mal über den Weg gelaufen. Die Schwester vom Bäcker ist die Tante von der Tochter des Zahnarztes, die mit der Frau des Pastors in einer Klasse war, die wiederum mit dem Vetter des Fahrradmechanikers verheiratet ist. Die sind alle auf eine Art und Weise miteinander verbunden, die du nicht gewöhnt bist, und die Wahrscheinlichkeit, dass du gerade Gespenster siehst, ist relativ hoch.«

»Wie kann die Frau des Pastors mit dem Vetter des Fahrradmechanikers verheiratet sein?«, warf Heloise trocken ein.

»Der Pastor *ist* der Vetter vom Fahrradmechaniker. Jetzt musst du auch mal mitdenken, Kaldan, du bist da in der Provinz. Das ist unbekanntes Gewässer für so eine Hauptstadtgöre wie dich.«

»Ich bin keine Hauptstadtgöre«, protestierte Heloise, »und sag mal, bist du nicht selbst in Kopenhagen aufgewachsen?«

»Schon, aber ich war in Sønderborg auf der Militärakademie, als ich jung war, und hab mehr als nur ein Milchmädchen flachgelegt, bevor Little Miss Connie Diocesse des Weges kam und einen anständigen Mann aus mir gemacht hat. Ich weiß, was da unten abgeht. Außerdem bin ich damals mit der Spezialeinheit der Bundespolizei im ganzen Land rumgekommen, bis irgend so ein Politiker den Stecker gezogen hat, und ich kann mich nur wiederholen: Die Dynamiken in solchen kleinen Orten sind anders. Ich wette mit dir, du kannst dich auf den Gråstener Marktplatz stellen und irgendeiner Frau Hansen auf die Schulter tippen, und sie wird dir sagen, dass sie den Mázoreck gekannt hat oder dass sie jemanden kennt, der jemanden kennt, der mit ihm Handball gespielt hat.«

»Bei Ermittlungen in der Provinz hat man es also immer mit der Bacon-Zahl zu tun?«

»Bitte was?«

»Das ist die These, dass alle Menschen auf der Welt um ein paar Ecken herum miteinander in Verbindung stehen – so wie sämtliche Filmschauspieler der Welt mit Kevin Bacon. Das Kleine-Welt-Phänomen.«

»Aha«, Schäfer nickte. »Und du bist gerade dabei, die Mázoreck-Zahl aller Einwohner Gråstens zu ermitteln. Auf mehr als drei Ecken wirst du da nicht kommen.«

Heloise schwieg.

»Was ist mit Fischhofs Tochter?«, fragte Schäfer. »Konntest du sie erreichen?«

»Bisher noch nicht, ihr Telefon ist immerzu ausgeschaltet. Findest du das nicht auch komisch?«

»Der Akku ist bestimmt leer.«

»Zehn Stunden lang? In der heutigen Zeit? Während ihr Vater im Sterben liegt und sich jeden Augenblick vom Leben verabschieden kann?«

»Hm«, brummte Schäfer.

»Was mich an der Sache am meisten stört, ist, dass Jan die ganze Zeit von Menschen umgeben ist, die ihn kaum kennen. Ich verstehe schon, dass seine Tochter im Ausland wohnt und bestimmt sehr beschäftigt ist. Vielleicht hat sie kleine Kinder, vielleicht hat sie als Meeresbiologin auch einfach alle Hände voll zu tun – was weiß ich. Aber in den letzten Monaten, in denen ich Jan besucht habe, wurde sie nicht einmal dort gesehen. Jetzt hat bald sein letztes Stündlein geschlagen, also wo zur Hölle ist sie?«

»Worauf willst du hinaus?«

»Warum hält *sie* ihm nicht die Hand?«

Schäfer zuckte mit den Schultern. »Sie wird einen guten Grund haben.«

»Ja, und genau das macht mir Sorgen. Ich weiß wohl besser als jede andere, dass es gute Gründe gibt, sich fernzuhalten. Was ist ihrer?«

»Es besteht natürlich die Möglichkeit, dass sie einfach ein Arschloch ist.«

Heloise schwieg.

»Oder vielleicht ist *er* eins«, fuhr Schäfer fort.

»Nein, Jan ist ein Guter«, widersprach Heloise, aber Schäfer meinte, einen Zweifel in ihrer Stimme hören zu können.

Wenn sie sich ihrer Sache sicher wäre, dann wäre sie wohl nicht nach Jütland gefahren, dachte er.

Heloise öffnete die Tür zum Schlafzimmer und sah sich im schummrigen Licht um. Im Zimmer roch es feucht und süßlich nach altem Damenparfüm, Staub und Schimmel. Sie öffnete das Fenster zum Garten, setzte sich auf die Bettkante und ließ sich mit einem Seufzen nach hinten fallen. Die Eindrücke des heutigen Tages hatten sie erschöpft, und sie lag lange einfach nur da und starrte die Risse an der Decke an. Sie dachte an die Gründe, aus denen sie die Reise hierher angetreten hatte. Warum konnte sie die Sache nicht einfach vergessen und stattdessen Jan Fischhofs Hand nehmen und ihm eine gute Reise wünschen?

Allein der Gedanke saugte jegliche Energie aus ihr.

Seit sie von Hans Gallagher zurückgekehrt war, hatte sie bis zum Einbruch der Dunkelheit im Wohnzimmer gesessen und sich Notizen zu Mia Sarks und Nina Dalsforts Verschwinden gemacht. Sie hatte eine ehemalige Kollegin kontaktiert, die jetzt bei TV 2 arbeitete, und sie gebeten, die Archive nach Berichterstattungen über die Nerzfarm zu durchsuchen, die damals auf einem der regionalen Kanäle des Senders ausgestrahlt worden waren. Alle Notizen lagen jetzt wie lose Puzzleteile über den Boden des Wohnzimmers verteilt. Heloise hatte versucht, sie zusammenzusetzen und aus den scheinbaren Zufällen Zusammenhänge zu erstellen:

Zwei Mädchen waren spurlos verschwunden. Sie waren beinahe gleich alt, waren in der gleichen Stadt aufgewachsen und hatten Tom Mázorecks Weg gekreuzt, unmittelbar bevor sie zum letzten Mal gesehen worden waren. Ging es um Menschenhandel, wie die Polizei vermutete? Und was hatte Jan mit all dem zu tun? Wie passte er ins Bild, und warum hatte Ingeborg Sark sie aus dem Haus gejagt, nachdem sie ihn erwähnt hatte?

*Wenn du Staub aufwirbelst, werden sie uns finden. Uns beide!*

Heloise holte einmal tief Luft, und ihr fiel auf, dass sie nach Schweinestall roch. Ihre Haut und die Haare hatten den Gestank nach nur kurzer Zeit in Gallaghers Anlagen absorbiert.

Sie stand auf, ging auf den großen Mahagonikleiderschrank am anderen Ende des Schlafzimmers zu und öffnete ihn. Darin hingen ein mottenzerfressener Bademantel, ein Regenmantel und ein paar Pullover auf Kleiderbügeln, und auf einem der Regalbretter auf der rechten Seite des Schrankes lag ein Stapel

Handtücher in verschiedenen Pastellfarben. Verwaschen und steif wie Bretter.

Heloise schnappte sich eines der Handtücher und wollte die Schranktür gerade wieder schließen, als ihr Blick auf etwas fiel, was dort im Dunkeln schimmerte. Sie zog ihr Handy aus ihrer Hosentasche und schaltete die Taschenlampenfunktion ein, schob die Kleiderbügel mit einem metallischen Scharren zur Seite und leuchtete in den hinteren Teil des Schrankes.

Dort, an die Rückwand des Schrankes gelehnt, stand ein Gewehr.

Vorsichtig holte Heloise es hervor und betrachtete es.

Es war eine Schrotflinte – eine alte, doppelläufige Aya Sherwood Kaliber 12. Das wusste Heloise, weil ihr Vater genauso ein Modell besessen hatte. Sie hatte selbst keinen Jagdschein, hatte ihn aber das ein oder andere Mal auf einen Jagdausflug begleitet, als sie kleiner war. Er hatte ihr die Unterschiede zwischen verschiedenen Gewehren erklärt, ihr gezeigt, wie man die Waffen lud, und sie auf Konservendosen schießen lassen.

Sie legte das Gewehr an und zielte auf ihr Spiegelbild über dem Nachttisch. Dann ließ sie es sinken und öffnete den Lauf.

Es war nicht geladen.

Sie leuchtete ins Dunkel des Schrankes in der Hoffnung, ein Päckchen mit Patronen zu finden. Sie würde es vorziehen, mit einem geladenen Gewehr unter dem Bett zu schlafen, solange sie allein hier draußen in der Einöde war, doch sie konnte keine Patronen entdecken.

Heloise stellte die Flinte zurück in den Schrank und ging ins Badezimmer. Sie nahm eine lange Dusche unter einem stotternden Duschkopf, der ihr das vom Rost gefärbte Wasser in unregelmäßigen Sprenkeln entgegenspuckte, während die alten Wasserrohre in der Wand ächzten.

Als sie aus dem Badezimmer trat, hörte sie ihr Telefon klingeln und hoffte, dass es Fischhofs Tochter war, die sie nun endlich zurückrief.

Nackt lief sie zurück ins Schlafzimmer, um den Anruf entgegenzunehmen, doch ehe sie die Nummer auf dem Display erkennen konnte, verabschiedete sich ihr Akku. Sie durchwühlte ihren Koffer nach dem Ladekabel und legte das Handy zum Laden auf den Nachttisch. Dann zog sie die Bettdecke zur Seite und legte sich in das alte, knirschende, schmiedeeiserne Bett.

Das Zimmer wurde in schwarze Dunkelheit getaucht, nachdem sie das Licht über dem Bett gelöscht hatte.

Ihr Herz schlug sofort schneller, während sie lauschte und versuchte, die Geräusche in dem alten Haus zu identifizieren. Doch außer dem Ächzen des Gebälks war es unheimlich still.

Ihre Augen hatten sich inzwischen an die Dunkelheit gewöhnt. Sie drehte sich auf die Seite und sah aus dem Fenster. Es war eine mondlose Nacht, aber die Sterne leuchteten heller, als sie es jemals zuvor in Dänemark in einer Julinacht gesehen hatte.

Ihr Blick fiel auf einen Sternhaufen, ein nebliger weißer Fleck direkt neben dem Fensterrahmen. Das Gebilde sah aus wie eine Pusteblume mit ihren hellen, flauschigen Samen und bildete einen perfekten Kreis am Nachthimmel.

Heloise dachte an ihren Vater. Und an Thomas.

An alles, was sie verloren hatte.

Sie schloss die Augen und atmete.

# 22

Mit einem Ruck fuhr Schäfer aus dem Schlaf.

Im Haus herrschte Dunkelheit, Connie lag neben ihm im Doppelbett. Für einen Moment hielt er den Atem an, saß ganz still da und lauschte.

Irgendwo im Viertel bellte ein Hund … der Motor eines Autos jaulte in der Vigerslev Allé auf. Connies Atem.

Sonst nichts.

*Irgendwas stimmt nicht.*

Er schwang die Beine aus dem Bett und trat ans Fenster, von dem aus man hinunter auf den Weg sehen konnte, der am Haus vorbeiführte. Das Fenster stand offen, die Gardinen waren zugezogen.

Schäfer stand einen Augenblick lang still da und lauschte.

Die Sekunden verstrichen. Fünf. Zehn.

Gerade als er sich umdrehen und zurück ins Bett gehen wollte, hörte er es wieder. Die Stimme, die ihn geweckt hatte. Ein Flüstern, draußen in der Dunkelheit.

Schäfer schlich zum Sessel am anderen Ende des Schlafzimmers und zog seine Pistole aus dem Schulterholster, das er über die Rückenlehne gelegt hatte.

»Baby?«, wisperte Connie schlaftrunken und stützte sich auf die Ellenbogen. »Was ist denn los?«

Schäfer sah sie an und legte sich den Zeigefinger auf die Lippen.

Sie setzte sich auf, mit einem Mal hellwach.

Schäfer ging zu dem offenen Fenster und zog die Gardine ein paar Zentimeter zur Seite, gerade so viel, dass er hinaussehen konnte. Von dort aus hatte er zwar keine freie Sicht auf die komplette Einfahrt, aber er konnte lange Schatten sehen, die von den Straßenlaternen auf den Asphalt geworfen wurden. Das Flüstern war wieder zu hören.

Connie stieg aus dem Bett.

»Erik, was ist denn los?«

»Jemand ist vor dem Haus«, flüsterte er und reichte ihr das Handy vom Nachttisch. »Ruf die 110 an.«

Er schlich aus dem Schlafzimmer und die Treppe hinunter.

»Geh da nicht raus«, raunte Connie ihm hinterher. Ihr Blick war angsterfüllt.

Er hielt eine Hand hoch, um sie zum Schweigen zu bringen, und schlich weiter lautlos die Treppe hinab und durch die Küche auf die Hintertür zu.

Die Nachtluft war staubig und trocken, und er fror nicht, obwohl er nur mit einer Boxershorts und einem Unterhemd bekleidet war. Das Adrenalin pumpte ihm durch die Adern, und er spürte nichts weiter als das Metall seiner Pistole, die kühl in seinen geübten Händen lag. Er hielt sie auf Anschlag, während er langsam ums Haus herumging.

Im Schatten der Hauswand blieb er stehen und versuchte zu erkennen, woher die Stimmen kamen. Er lehnte sich ein Stück nach vorn, so dass er mit einem Auge die Einfahrt im Blick hatte.

Der dunkelblaue BMW stand vor dem Haus, und die Heckklappe seines eigenen Autos war aufgebrochen worden. Er sah zwei Männer, die sich über den Kofferraum beugten und seine Sachen durchwühlten. Sie trugen Sturmhauben und waren beide mindestens einen Kopf größer als Schäfer. Ihre Schultern waren breit, ihr Bizeps so prall, dass ihre Arme merkwürdig kurz aussahen.

Der Pappkarton, den Schäfer vor einigen Stunden ins Auto gestellt hatte, lag umgestoßen auf dem Asphalt neben dem rechten Hinterrad. Der Inhalt war ausgekippt worden und die Dokumente flatterten leicht im Nachtwind.

Die beiden Männer flüsterten sich in einer Sprache zu, die Schäfer nicht verstand. Er trat aus dem Schatten und richtete seine Waffe auf die Männer.

»POLIZEI!«, rief er.

Die Männer sahen erschrocken auf.

»POLICE! GET DOWN!«

Langsam hoben sie ihre muskulösen Arme nach oben.

»GET DOWN!« Schäfer nickte Richtung Asphalt, ohne den Blick von den Männern abzuwenden. »AUF DEN BODEN!«

Die beiden Männer blieben stehen. Sie wirkten weder erschrocken noch verängstigt, weil sie auf frischer Tat worden waren. Sie sahen eher so aus, als langweilten sie sich. Gleichgültig, kühl.

Schäfer richtete seine Waffe auf den größeren der beiden, einen Schrank von zwei Meter zehn, und funkelte ihn mit zusammengekniffenen Augen an.

»Runter mit dir, hab ich gesagt. Auf den Boden. NOW!«

Für eine Millisekunde flackerte der Blick des Riesen, und seine eisblauen Augen fixierten einen Punkt über Schäfers linker Schulter. Im selben Moment merkte Schäfer, dass sich hinter ihm jemand näherte. Abrupt drehte er sich um.

Etwas Stumpfes rammte ihn hart am Wangenknochen, und

Schäfer ging zu Boden. Instinktiv fasste er sich ins Gesicht und spürte, wie ihm das Blut über die Wange strömte.

Er sah nach oben und erblickte ein Gesicht, das sich im Dunkeln über ihn beugte. Es war in Nylon gehüllt, die Gesichtszüge verzerrt und hässlich.

»Where are documents?«, zischte die Person. Der fremde Akzent war stark, die Stimme tief und männlich.

Schäfer stützte sich mit den Händen auf dem Kies ab und versuchte aufzustehen. »Ich weiß nicht, wovon Sie –«

Der Unbekannte trat ihm in den Bauch.

Schäfer rollte zurück auf den Boden und schnappte nach Luft. Es fühlte sich an, als kollabierten seine Lungen. Sie brannten in seinem Brustkorb.

Er hörte das Geräusch einer Pistole, die entsichert wurde, kurz darauf erklang Connies Schrei aus dem Haus. Dann blickte er in die Mündung einer Pistole.

»Wo?«

Die Männer bauten sich um ihn herum auf.

»Ne pucaj! On je policajac!«, sagte einer der drei.

»Što on zna o Mázoreck?«, sagte ein anderer.

*Mázoreck*?

Die Tritte trafen ihn erneut, diesmal von allen Seiten, und ihm wurde schwarz vor Augen.

Er rollte sich zusammen, zog die Knie an die Brust und verbarg sein Gesicht hinter den Armen.

Dann hörte er Schritte, die sich entfernten.

Autotüren, die zugeschlagen wurden.

Und weg waren sie.

# 23

Folgen Sie bitte dem Licht mit den Augen.«

Der Notarzt stand in der Einfahrt vor Schäfer und leuchtete ihm mit einer kleinen Taschenlampe ins Gesicht.

»Ist Ihnen schlecht?«

»Nein.«

»Tut es hier weh?« Der Arzt tastete Schäfers Oberkörper ab.

»Nur, wenn ich lache«, sagte Schäfer und warf dem Arzt einen ausdruckslosen Blick zu. Er presste sich einen Eisbeutel an den Wangenknochen und schloss die Augen für einen Moment. Der Schmerz zuckte wie ein Blitz durch seine linke Gesichtshälfte, seine Schädelknochen fühlte sich an wie tektonische Platten, die aneinanderrieben.

»Ich würde Sie gern mit ins Krankenhaus nehmen, um ein paar Röntgenaufnahmen zu machen, damit wir Frakturen im Schädel und an den Rippen ausschließen können. Außerdem besteht ein Risiko innerer Blutungen oder Prellungen an den Organen. Ich denke, wir sollten auch ein CT machen.«

»Mir geht's gut.«

»Trotzdem.« Der Arzt nickte. »Wäre es nur gut, wenn wir –«

»Mir geht es gut!«, wiederholte Schäfer, stand auf und ging auf den Polizeifotografen zu, der gerade Fotos von den Dokumenten anfertigte, die überall in der Einfahrt verteilt lagen.

Die Kriminaltechnik war damit beschäftigt, sein Auto auf Spuren zu untersuchen, und auf der anderen Seite der polizeilichen Absperrung hatten sich mehrere Nachbarn zu einer kleinen Traube versammelt. In Bademänteln und mit verschränkten Armen standen sie da und machten lange Gesichter, die vom Blaulicht der Einsatzwagen erhellt wurden. Neugierig sahen sie zu Schäfer.

»Sie haben Handschuhe getragen«, erklärte er dem Daktyloskopietechniker des NKC. Er schob sich eine Zigarette zwischen die Lippen und zündete sie an. »Die einzigen Fingerabdrücke, die du da findest, sind meine.«

Seine ehemalige Partnerin, Lisa Augustin, saß in der Hocke in der Einfahrt und blätterte in den Dokumenten, die die Diebe zurückgelassen hatten. Sie trug eine schwarze Jeans und ein eng anliegendes weißes T-Shirt. Das Crossfit-Training hatte ihren Körper ordentlich in Form gebracht. Der lange, helle Zopf war verschwunden, das Gesicht ungeschminkt, die Nägel waren kurz. Je älter sie wurde, umso mehr fand sie zu sich selbst, dachte Schäfer.

Augustin stand auf und betrachtete ihn mit besorgter Miene.

»Alles okay bei dir?«, fragte sie.

Er nickte.

»Was sagt der Arzt?«

»Arztgerede. Ich werd's schon überleben.«

»Was glaubst du, wonach die gesucht haben?«

Schäfer sah sich um und schüttelte langsam den Kopf. »Ich habe nicht die geringste Ahnung, aber ich sehe, dass sie einige von meinen Dokumenten haben mitgehen lassen.«

»Und du hast keine Ahnung, wer die Typen waren?«

Er schüttelte wieder nur den Kopf. »Die haben eine Sprache gesprochen, die ich nicht verstanden habe.«

»Farsi vielleicht? Oder Arabisch? Klang es wie irgendwas aus der Gegend?«

»Nein, eher etwas Osteuropäisches. Russisch, Polnisch, keine Ahnung. Bei dem einen der drei konnte ich durch die Sturmhaube erkennen, dass er blaue Augen hatte …«

»Und die beiden anderen?«

Schäfer schüttelte den Kopf.

»Der eine stand im Schatten, und der andere hatte sich eine Nylonstrumpfhose übers Gesicht gezogen, da konnte ich kaum etwas erkennen, aber ich habe seine Stimme gehört. Er hat Englisch gesprochen, mit ziemlich starkem Akzent. Die ganze Nummer schien gut geplant gewesen zu sein. Die sind nicht einfach nur wahllos zu irgendeinem Haus gegangen, die wollten hier was ganz Bestimmtes.«

»Was könnte das sein?«

»Sie wollten irgendwelche Dokumente von mir haben, aber …« Schäfer zog die Mundwinkel nach unten und schüttelte langsam den Kopf, ohne noch ein weiteres Wort zu sagen.

*Mázoreck.*

»Wir wissen, dass die litauische Mafia in den letzten Jahren in Dänemark operiert hat. Es gibt zwei kriminelle Netzwerke, die Tamuoliniai und Aquarkiniai – die sich nur die Aquas nennen«, sagte Lisa Augustin. »Die stecken in allem möglichen Scheiß mit drin.«

»In welchem Scheiß?«

»Organisierte Einbrüche, Drogenschmuggel, Menschenhandel«, zählte Augustin an den Fingern ab. »Profit, Profit, Profit.«

Sie nahm ihr Telefon aus der Tasche und öffnete ihren Videospeicher.

»Wir suchen im Moment nach mehreren litauischen Staatsbürgern, die sich in der Gegend aufhalten, unter anderem nach ihm.« Sie zeigte Schäfer die Aufnahme, nach der sie gesucht hatte. »Vik Jankauskas heißt er. Sagt dir das was?«

Schäfer sah sich das Video an.

Es war eine Sequenz von einer Überwachungskamera aus einem Parkhaus. Es war ziemlich pixelig, dennoch bekam man einen relativ guten Eindruck von der Haltung und der Mimik der Person. Es handelte sich um einen glatzköpfigen, schlanken Mann, der wild gestikulierend telefonierte, während er auf einen schwarzen Mercedes zuging, der in einer dunklen Ecke geparkt war.

Schäfer presste die Lippen aufeinander.

»Ich weiß nicht ... zwei der Männer waren riesig, aber ich kann nicht recht etwas dazu sagen. Den dritten habe ich gar nicht richtig wahrgenommen, bevor er mich niedergeschlagen hat. Das ging alles ziemlich schnell.«

»Und die sind einfach so mitten in der Nacht aufgetaucht?«

»Na ja, den dunkelblauen BMW habe ich schon am Abend hier vorbeifahren sehen. Die wollten sicherlich das Haus auskundschaften und haben mich dabei beobachtet, wie ich gerade was in den Kofferraum gepackt habe.«

»Du hast dir nicht das Nummernschild notiert?«

Schäfer schüttelte den Kopf und nahm einen Zug von seiner Zigarette.

»Die Litauer, von denen ich spreche, interessieren sich nur für eins«, sagte Augustin, »Geld. Geld, das man aus Diebesgut oder Entführungen gewinnen kann – und bei aller Liebe, aber du fährst ja einfach nur einen Haufen Schrott durch die Gegend.«

Sie trat gegen den abgenutzten Reifen des Hondas.

»An dem hier werden sie also wohl nicht interessiert gewesen sein, und auch Connie ist zwar wunderschön und sexy, aber –

nichts für ungut – eben auch schon etwas älter und nicht gerade das klassische Opfer, das Gefahr läuft, in die Klauen eines Menschenhändlerrings zu geraten.«

Augustin warf einen Blick auf das kleine Backsteinhäuschen hinter Schäfer. »Habt ihr seit meinem letzten Besuch angefangen, Ming-Vasen oder Fabergé-Eier zu sammeln?«

Schäfer warf ihr einen resignierten Blick zu.

»Okay, also was wollten die?«, fragte Augustin. »Warum wühlt jemand in deinem Kofferraum herum und durchsucht mitten in der Nacht Akten von alten Kriminalfällen?«

Schäfer fuhr sich mit der Hand durchs Haar und richtete den Blick auf sein Auto, jedoch ohne den Blick richtig scharfzustellen.

»Was denkst du?«, fragte sie. »Was sagt dein Bauchgefühl?«

Schäfer erwiderte ihren Blick und schüttelte dann erneut den Kopf.

»Nichts«, log er.

Connie saß am Küchentisch, als Schäfer das Haus betrat, nachdem er Lisa Augustin und die Jungs und Mädels von der Spurensicherung nach Hause geschickt hatte. Sie hatte die Beine angezogen und beide Arme um die Knie gelegt. Ihre dunklen Augen schimmerten feucht im Licht der Esstischlampe. Sie sah auf, und ihre Blicke trafen sich.

»Hättest du nicht besser mit ins Krankenhaus fahren sollen?«, fragte sie besorgt. »Sie haben mir gesagt, dass sie dich röntgen wollen.«

»Das mache ich morgen.«

»Aber das kann doch gefährlich sein, Erik, wenn du nicht –«

»Schatz, ich fahre morgen hin. Mach dir keine Sorgen. Mir geht's gut.«

Schäfer stellte sich hinter einen der Küchenstühle. Er legte die Hände auf die Lehne und sah Connie mit ernsten Augen an.

»Was ist los?«, fragte sie.

»Der alte Herr, den Heloise besucht …«

Connie runzelte die Stirn, verwirrt über den Themenwechsel. Mit der flachen Hand wischte sie sich eine Träne von der Wange.

»Jan Fischhof?«, fragte sie.

Schäfer nickte.

»Was weißt du über ihn?«

Freitag, 12. Juli

# 24

Heloise schlug die Augen auf und lag einen Augenblick lang blinzelnd da, bis ihr einfiel, wo sie sich gerade befand. Das Zimmer war sonnendurchflutet, und die Gespenster der Nacht waren verschwunden. Sie hatte kein Gespür dafür, wie lange sie geschlafen hatte. In Kopenhagen stellte sie nie ihren Wecker, da sie stets aufwachte, wenn die Glocke der Marmorkirche acht Uhr schlug. Hier gab es keine anderen Geräusche außer dem Summen der Bienen in den Wildblumen unter dem offenen Fenster und dem Zwitschern der Vögel in den Bäumen.

Sie streckte sich nach ihrem Handy und sah, dass das Display immer noch schwarz war. Der Akku hatte nicht geladen. Sie steckte das Kabel in eine andere Steckdose, doch nichts passierte.

Sie wickelte die Bettdecke um ihren Körper, verließ das Schlafzimmer und ging vor die Tür, schloss den Mietwagen auf und steckte das Ladekabel dort in den USB-Anschluss.

Zurück in der Küche nahm sie die Tüte Gevalia-Kaffee aus dem Kühlschrank und füllte Wasser in die Kaffeemaschine. Sie öffnete die Packung mit den Kaffeefiltern, die neben der Maschine lag, musste jedoch feststellen, dass sie leer war. Die Türen und Schubladen der Küchenschränke knallten laut, als Heloise sie durchsuchte, und der Koffeinjunkie in ihr kam langsam ins

Schwitzen, als es ganz danach aussah, dass sie auf ihre morgendliche Dosis verzichten musste.

Sie stellte sich auf die Zehenspitzen, schob ein paar Konservendosen, Mehltüten und Semmelbrösel auf den obersten Regalbrettern zur Seite und tastete mit der Hand nach Filtern. Ihre Finger berührten eine Schachtel, die mit einem lauten Knall zu Boden fiel.

Eine Handvoll Patronen rollten über den Linoleumboden im Schachbrettmuster, wie eine Schar Mäuse, die in alle Richtungen davonstoben. Es war rote Schrotmunition mit Messingköpfen, die zu der Aya im Schlafzimmer passten. Heloise sammelte die Patronen auf, legte sie zurück in die Schachtel und stellte sie neben das Waschbecken auf die Küchenbank.

Sie holte eine Rolle Toilettenpapier aus dem Badezimmer, riss ein langes Stück ab und formte daraus einen Kaffeefilter, den sie in der Kaffeemaschine drapierte. Eine Viertelstunde später saß sie mit einer Tasse Kaffee, die nach Watte schmeckte, auf dem Wohnzimmerfußboden und studierte ihre Notizen vom Vortag.

Ihr Blick blieb an einem der Namen hängen, die sie aufgeschrieben hatte: Kurt Linnet. Der Augenzeuge, der beobachtet hatte, wie Mázorecks Boot in Flammen aufging. Sie wollte gerade nach ihrem Handy greifen, um nach seiner Adresse zu suchen, als ihr wieder einfiel, dass es noch draußen im Auto lag. Ihr Blick flog über die anderen Namen: Ole und Lisette Dalsfort … Jes Decker … Johan und Malou Yang.

Heloise nahm einen Schluck von ihrem Kaffee und dachte an Jans Worte.

*Das Blut. So viel Blut, Heloise. An meinen Händen … an meiner Kleidung … überall!*

Was hatte er getan?

Die Flügeltür, die hinaus in den Garten führte, stand offen, und Heloise hob den Blick, als sie hörte, dass sich vor dem Grundstück ein Auto näherte. Sie stellte die Kaffeetasse vor sich auf den Fußboden und stand auf. Sie öffnete die Haustür und sah einen schwarzen Sportwagen, der neben ihrem weißen Renault geparkt hatte.

Der Fahrer stieg aus dem Auto, und Heloises Herz blieb stehen.

Thomas Malling stand zehn Meter von ihr entfernt und starrte sie an, ohne zu blinzeln. Seine Stirn war gerunzelt, so dass die Falten ein Fragezeichen zwischen seinen Augenbrauen bildeten.

Langsam hob Heloise die Hand zum Gruß. Dann kräuselte sich ihr linker Mundwinkel zu einem vorsichtigen Lächeln nach oben.

Thomas ging auf sie zu und blieb erst stehen, als er direkt vor ihr stand. Sein Blick glitt über ihr Gesicht, als könnte er kaum fassen, dass sie vor ihm stand.

»Hej«, sagte Heloise und zog nervös die Schultern bis an die Ohren. Ihr Herz klopfte so laut, dass sie Angst hatte, er könnte es hören.

Thomas sagte kein Wort, und Heloise fiel es nicht leicht, seine Gesichtszüge zu entziffern.

»Es tut mir leid, dass ich einfach so gestern bei dir zu Hause aufgetaucht bin, aber –«

Noch bevor sie ein weiteres Wort sagen konnte, legte er die Arme um sie und zog sie an sich. Heloise erwiderte die Umarmung, während die Erinnerungen in ihr ein Feuerwerk auslösten.

Thomas drückte sie fest an sich. Sie spürte seinen warmen Atem in ihrem Haar, und er roch vertraut.

»Und ich habe schon gedacht, ich hätte gestern Gespenster gesehen«, sagte er und hielt sie an ausgestreckten Armen vor sich, um sie von Kopf bis Fuß zu betrachten. Sie sahen sich tief in die Augen. Dann breitete sich ein Lächeln auf seinem Gesicht aus.

»Bist du's wirklich?«

Heloise nickte und lächelte.

Er kniff die Augen zusammen und schüttelte ungläubig den Kopf.

»Aber was … was in aller Welt machst du hier?«

Heloise konnte sich für einen kurzen Moment nicht daran erinnern, warum sie überhaupt hier war.

Sie konnte nur an Thomas denken.

# 25

Wie hast du mich gefunden?«, fragte Heloise. In der gleißenden Morgensonne musste sie die Augen zusammenkneifen, um Thomas zu erkennen, der ihr gegenüber in einem Gartenstuhl Platz genommen hatte.

»Als du gestern das Gaspedal durchgedrückt hast und in einer Staubwolke verschwunden bist, habe ich bei der Zeitung angerufen, um deine Telefonnummer zu bekommen, aber dein Chef wollte sie nicht rausrücken. Also hab ich … gegen Mitternacht – und nach einer halben Flasche Rotwein – einfach bei Gerda angerufen.«

»Du hast Gerda angerufen?«, entfuhr es Heloise, und sie konnte sich ein Lächeln nicht verkneifen.

»Ich glaube, ich habe sie geweckt.« Er lachte leise. »Sie war ziemlich überrascht, von mir zu hören. Und dann auch wieder nicht.«

Heloise senkte den Blick und nickte. »Sie kennt mich einfach zu gut.«

»Sie hat mir jedenfalls deine Nummer gegeben und erzählt, dass du dieses Haus hier gemietet hast.« Er schaute am Haus empor.

»Und ich habe versucht, dich zu erreichen, aber dein Handy war aus.«

Einen Augenblick lang saßen sie da, ohne etwas zu sagen, sahen sich einfach nur an und lächelten.

»Warum bist du gestern einfach abgehauen?«, fragte er. »Du hättest doch hallo sagen und reinkommen können.«

Heloise senkte den Blick erneut und knibbelte an dem Gartentisch herum, von dem die weiße Farbe abblätterte.

»Deine Frau war da«, sagte sie, ohne aufzusehen. »Seid ihr verheiratet?«

»Geschieden.«

Heloise erwiderte seinen Blick, jedoch ohne den Kopf zu heben. »Du bist geschieden?«

»Mm-hmm.« Thomas nickte.

»Wie lange schon?«

»Seit zwei Jahren.«

Heloise spürte einen Stich im Herzen. Zwei Jahre, und trotzdem hatte er sich nicht bei ihr gemeldet?

»Heißt das, du wohnst ganz allein in diesem großen Haus?«, fragte sie.

»Nein, meine Kinder sind ja die Hälfte der Zeit bei mir.«

»Aber …« Heloise runzelte die Stirn. »Ich dachte, du bist bei der Lokalzeitung angestellt?«

»Bin ich auch.«

»Wie kannst du es dir dann leisten, dort zu wohnen?«

Er lächelte. »Wie ich mir das leisten kann? Was glaubst du denn, wie viel so ein Haus kostet?«

»Keine Ahnung, aber in Kopenhagen zahlst du ein Vermögen, jedenfalls in Frederiksberg. In Valby vielleicht weniger, Vedbæk ist noch teurer, also kann ich mir denken, dass es hier unten –«

»Zwei Komma vier Millionen, so dreihunderttausend Euro.«

Heloises sah ihn verblüfft an. »Für so einen Palast mit Seeblick?«

Er nickte. »Jedenfalls als ich es vor vier Jahren gekauft habe.«

»Ich wohne in einer mikroskopisch kleinen Wohnung in Kopenhagen, für die ich mehr als das Doppelte ausgegeben habe. Und als ich sie gekauft habe, hatte sie noch nicht einmal ein Badezimmer!«

Thomas grinste: »Tja, das kommt davon, wenn man direkt an der Marmorkirche wohnen will.«

»Aber …« Heloise schüttelte verständnislos den Kopf. »Wie bist du denn hier unten gelandet?«

Er lachte laut auf. »Du klingst ja so, als würde ich hinterm Mond leben.«

»Nein, nein, ich meine nur … Ich dachte, du hättest in den USA deinen Traumjob bekommen. Bist du nicht deswegen ausgewandert?«

»Doch, schon.«

»Was hat dich denn nach Sønderborg verschlagen?«

»Camilla kommt von hier.« Er nahm einen Schluck von dem Kaffee, den Heloise ihm eingeschenkt hatte.

»Camilla?«

»Meine Ex. Ich habe sie in New York auf einer Party kennengelernt. Sie war als Studentin dort, und ich war … Das war kurz, nachdem du den Job bei *Demokratisk Dagblad* angenommen hattest, und …« Er schüttelte den Kopf und sah Heloise mit verhaltenem Ausdruck in den Augen an. »Ich war so verdammt sauer auf dich.«

Heloise senkte den Blick.

»Ich hatte Lust, dich dafür zu bestrafen, dass du dich gegen mich entschieden hast.«

»Ich habe mich nicht gegen dich entschieden«, erwiderte sie und hob den Blick. »Ich hätte gerne beides gehabt.«

»So hat sich das damals nicht angefühlt.«

Einen langen Moment herrschte Stille zwischen ihnen.

»Wie auch immer.« Er zuckte die Achseln, als wollte er das Gefühl abschütteln. »Sie ist sofort schwanger geworden, und wie du dir vielleicht vorstellen kannst, hat mir das einen ziemlichen Strich durch die Rechnung gemacht.«

Ihre Blicke trafen sich.

»Aber als die Jungs erst mal auf der Welt waren ...« Er zögerte einen Moment, sein Blick ruhte auf Heloises Händen. Dann sah er wieder auf. »Du hast keine Kinder, oder?«

Heloise schüttelte den Kopf.

Thomas nickte auf eine Art, die ihr zeigte, dass er nicht überrascht war.

»Jedenfalls ... Das verändert einen.«

»Das kann ich mir vorstellen.«

»Nein, das verändert einen so sehr, wie du es dir in deinen kühnsten Phantasien nicht ausmalen könntest«, entgegnete er.

Heloise schwieg.

»Nach ein paar Jahren hatte Camilla keine Lust mehr auf New York. Sie wollte nicht, dass die Jungs dort drüben aufwachsen. Sie hat sich eine Kindheit in Dänemark für die beiden gewünscht, in einer sicheren Umgebung, wo sie draußen herumlaufen und spielen können, ohne dass wir uns Sorgen machen müssen, und ... tja, ich fand, das hörte sich ganz vernünftig an.« Er nickte vor sich hin. »Also habe ich den Job bei der *Huffington Post* gekündigt und bin jetzt also hier.«

»Vom bürgerlichen Viertel in Kopenhagen über Manhattan nach Dybbøl Banke in Sønderborg?«

Er lächelte und nickte. »So sieht's aus.«

»Wieso habt ihr euch scheiden lassen? Wenn ich so direkt fragen darf.«

Thomas sah Heloise einen langen Augenblick an. Er drehte

die Kaffeetasse in seiner Hand und zog die Mundwinkel nach unten.

»Aus demselben Grund, aus dem alle anderen sich scheiden lassen, nehme ich mal an. Wir waren nicht glücklich zusammen. Aber wir sind gut befreundet, und mit den Kindern läuft es auch gut – wir haben eine Fifty-fifty-Aufteilung. Das ist zwar nicht immer ideal, aber die Jungs wirken glücklich. Camilla hat einen neuen Freund, den die Jungs auch ganz toll finden, und sie werden bald einen kleinen Bruder bekommen, also … Alles bestens.«

»Und du?«, fragte Heloise. »Hast du auch eine neue Freundin?«

Thomas lächelte kurz, sein Blick glitt wieder über ihr Gesicht.

»Es ist so seltsam, dich zu sehen«, sagte er.

Heloise nickte.

»Vor allem, weil es sich *nicht* seltsam anfühlt. Weißt du, was ich meine? Es ist so viel Zeit vergangen – eine Ewigkeit, um ehrlich zu sein. Aber wie du hier so sitzt, fühlt es sich so an, als hätten wir uns –«

»Erst gestern gesehen. Ja.« Heloise nickte. »Ich weiß genau, was du meinst.«

»Wie geht es dir? Also …« Er schüttelte den Kopf und lächelte verwundert. »Geht's dir gut?«

Heloise holte tief Luft und nickte langsam. »Mir geht's ganz okay.«

»Aber was machst du hier? Warum standst du gestern bei mir vor der Tür?«

»Weil …« Heloise trommelte leicht mit den Fingerspitzen auf dem Gartentisch. »Weil ich deine Hilfe brauche.«

»Meine Hilfe?« Er runzelte die Stirn. »Wobei?«

»Ich recherchiere gerade für eine Story, die mit mehreren polizeilichen Ermittlungen aus der Gegend im Zusammenhang steht, aber die Beamten in Sønderborg sind nicht besonders auskunftsfreudig. Also dachte ich, dass du mit deinen Connections vielleicht ...« Sie zuckte mit den Schultern. »Du weißt doch bestimmt, an wen man sich wenden muss, wenn man ein paar Regeln umgehen will.«

Thomas' Lächeln verlor etwas an Intensität, und er lehnte sich in seinem Stuhl zurück.

»Was ist denn?«, fragte Heloise.

Er schüttelte den Kopf.

»Nichts. Ich ... ich habe vielleicht einen Augenblick lang geglaubt, dass du vorbeigekommen bist, weil du ...« Er bremste sich selbst.

Heloises Blick wanderte zu seinen Lippen.

»Ich dachte, du wärst verheiratet«, sagte sie.

»Das war ich auch, ja.«

»Aber das bist du nicht mehr.«

»Nein.« Er hob die Tasse an den Mund, jedoch ohne den Blick von ihr abzuwenden. »Das bin ich nicht mehr.«

»Die Dalsfort Werke«, sagte Thomas und verschränkte die Hände im Nacken. Heloise hatte ihm geschildert, woran sie recherchierte und nach den Dalsforts gefragt. »Eines der größten Unternehmen hier in der Region. Vor einiger Zeit habe ich den Gründer und Geschäftsführer interviewt – Ole Dalsfort. Tüchtiger Kerl, ein ziemlicher Nerd, aber das muss man in dieser Branche wohl auch sein.«

»Was ist mit seiner Frau, Lisette? Hast du sie auch getroffen?«, fragte Heloise.

»Nein, aber ich habe auch nicht den Eindruck, dass sie mit der

Firma irgendwas zu tun hat. Sie ist zwar Anteilseignerin, aber …« Er schüttelte den Kopf. »Ich glaube nicht, dass sie in dem Unternehmen eine aktive Rolle spielt – geschweige denn in der Ehe. Ole Dalsfort jettet jedenfalls die ganze Zeit mit seiner persönlichen Assistentin quer durch die Welt, während seine Frau, soweit ich weiß, ein ziemlich zurückgezogenes Leben führt. Sie ist wohl ziemlich reserviert, sehr privat. Soweit ich mich erinnere, ist sie Anästhesistin, aber ich glaube nicht, dass sie besonders lange in dem Beruf tätig war.«

»Weißt du, wie ich mit ihr in Kontakt treten kann?«

»Sie haben ein Anwesen in Egernsund, und ich glaube, dass sie die meiste Zeit dort allein verbringt.«

»Egernsund, ist das weit von hier?«

»Nein, drei, vier Kilometer vielleicht. Gleich auf der anderen Seite von der Brücke.« Er zeigte Richtung Osten. »Aber ich kann mir nicht vorstellen, dass du da einfach so klingeln gehen kannst und hereingebeten wirst. Sie redet nur ungern mit Journalistinnen.«

»Woher weißt du das?«

»Das hat mir ihr Mann gesagt, als ich ihn interviewt habe. Ich hatte zunächst vorgeschlagen, dass wir uns bei den Dalsforts zu Hause treffen, aber das hat er abgelehnt, mit der Begründung, seine Frau würde nicht viel von der Presse halten. Damals fand ich das irgendwie albern, aber jetzt, nachdem du mir erzählt hast, dass ihre Tochter verschwunden ist, ergibt das natürlich Sinn.«

»Das heißt, du bist während deiner Recherchen damals nicht über den Fall der verschwundenen Tochter gestolpert?«

»Nein, aber ich habe ja auch nicht über die Familie recherchiert. In meinem Artikel ging es darum, dass die Dalsfort Werke einen polnischen Konkurrenten aufgekauft haben, ein

Unternehmen namens Vicon. Dalsfort hat einige Milliarden in das Projekt gesteckt, damit sie weiterhin einer der ganz großen Spieler auf dem Ventilmarkt bleiben. Das war eine Wirtschaftsreportage, wir haben also nicht über Ole Dalsfort als Mensch oder über seine Familie gesprochen, das spielte gar keine Rolle.«

Thomas warf einen Blick auf seine Armbanduhr und kniff verärgert die Lippen zusammen.

»Was ist los?«, fragte Heloise.

»Ich habe um halb zwölf einen Interviewtermin mit dem Finanzchef von Danfoss, den kann ich leider nicht verschieben. Ich musste ganze Kriege ausfechten, um an diesen Termin zu kommen, also muss ich wohl –«

»Ja, natürlich. Los, mach dich auf den Weg«, sagte Heloise, obwohl es das Letzte war, was sie wollte.

Sie standen auf, traten durch die Flügeltüren ins Haus, durchquerten den Flur und gingen zum Vordereingang.

An der Tür hielt Thomas inne und sah sie an.

»Kommst du heute Abend vorbei?«

Heloise lächelte. »Bei dir?«

»Ja! Bring doch deine ganzen Unterlagen mit, dann sehen wir uns die zusammen an.« Er deutete mit der Hand auf die Notizen, die auf dem Wohnzimmerfußboden ausgebreitet lagen. »Wir können was essen, erzählen, was die letzten Jahre so los war …«

»Okay.«

»Neunzehn Uhr?«

Heloise nickte.

»Die Adresse kennst du ja«, sagte Thomas und grinste.

Er küsste sie auf die Wange und ging hinaus in den Vorgarten und auf seinen Wagen zu. Auf halbem Wege drehte er sich um, ging ein paar Schritte rückwärts, streckte die Arme in die Luft und rief: »Wie verrückt ist das hier bitte?!«

Heloise lachte und fühlte sich zum ersten Mal seit Jahren glücklich. Richtig glücklich.

»Um sieben!«, rief Thomas und stieg in sein Auto. Heloise sah ihm nach, wie er aus der Einfahrt hinausfuhr.

Dann ging sie zu ihrem Mietwagen und zog das Handy aus dem USB-Anschluss. Sie schaltete es an, gab ihre Pin ein, und sofort tickerten die Benachrichtigungen aufs Display.

Nachrichten von Gerda, Ruth und Schäfer.

Der Wortlaut war derselbe: *RUF AN!*

# 26

Schäfer verzog das Gesicht und unterdrückte ein Stöhnen, als er sich sein Hemd überzog. Die Blutergüsse an seinem Bauch und Rücken hatten sich im Laufe der letzten sieben Stunden von roten Dellen zu riesigen blaubeerfarbenen Flecken verfärbt, und die frischen Nähte über dem linken Auge ziepten. Er fühlte sich, als hätte ihn jemand durch einen Fleischwolf gedreht, und die halbe Stunde Schönheitsschlaf im CT-Scanner hatte nicht gerade dazu beigetragen, dass er sich besser fühlte.

»Sie haben Glück gehabt«, sagte der Arzt und reichte ihm einen wiederverschließbaren Plastikbeutel mit vierundzwanzig Tabletten. »Nehmen Sie alle sechs Stunden zwei davon. Sollten sie trotzdem noch Schmerzen haben, können Sie pro Dosis noch eine Zweihunderter Ibuprofen dazunehmen.«

Schäfer nahm die Tüte entgegen und stopfte sie sich in die hintere Hosentasche. »Sonst noch was?«

»Ja – lassen Sie es den Rest der Woche ruhig angehen, in Ordnung?« Der Arzt betrachtete ihn über den Rand seiner Brille.

»Haben Sie nicht gerade gesagt, auf dem Scan sei nichts Auffälliges zu sehen?«, entgegnete Schäfer.

»War es auch nicht, aber in Ihrem Alter sollte man nach so einer Nummer nicht einfach so tun, als wäre nichts gewesen. Sie müssen jetzt auf Ihren Körper hören.«

*In Ihrem Alter.*

Genau diese Worte hatte auch der Polizeipräsident benutzt, als er Schäfer heute Morgen angerufen hatte.

*Füße hoch, Schäfer. Lassen Sie es ruhig angehen. Das ist ein Dienstbefehl! In Ihrem Alter dauert es eine Weile, bevor man sich nach so einer Sache wieder erholt hat. Ich will Sie vor Ende nächster Woche nicht sehen.*

Schäfer erwiderte den Blick des Arztes, hob das Kinn und setzte eine trotzige Miene auf.

Der Arzt verließ mit einem einzelnen Kopfnicken das Untersuchungszimmer. Im selben Augenblick begann Schäfers Handy zu vibrieren.

»Hallo?«

»Hej, wie geht's? Bist du fertig im Krankenhaus?« Es war Nils Petter Bertelsen.

»Ja, gerade eben.«

»Wie lautet das Urteil?«

Schäfer betrachtete sich im Spiegel, der im Untersuchungszimmer hing, als würde er in seinem Spiegelbild nach der Antwort suchen.

»Außen ziemlich lädiert, innen alles top«, sagte er.

»Na, das klingt doch gut. Fahr mal nach Hause und lass dich von Connie verwöhnen. Mach ein langes Wochenende, ich halte solange die Stellung.«

Schäfer fummelte eine Schachtel Zigaretten aus seiner Tasche und schüttelte eine filterlose King's heraus. Er schob sich die Zigarette zwischen die Lippen, ohne sie anzuzünden.

»Bist du in der Rechtsmedizin gewesen?«, fragte er. Er hatte Bertelsen gebeten, am Vormittag Lester Wilkins' Obduktion beizuwohnen.

»Ja, ich komme gerade raus.«

»Und?«

»Du hattest recht.«

Schäfer stand kerzengerade da. »Mord?«

»Jupp.«

»Aber Sandahl war sich doch so sicher, dass ihm irgendwelche Venen geplatzt sind und Wilkins' Tod auf seine Alkoholsucht zurückzuführen ist!«

»Ja, aber nachdem er ihn aufgemacht hat, konnte er feststellen, dass Wilkins eine Schädelfraktur hat, die von der oberen Schädeldecke bis zum Stirnbein verläuft. Das konnte man von außen nicht sehen, weil die Haut keine äußeren Auffälligkeiten gezeigt hat, aber er scheint mit einem stumpfen Gegenstand niedergeschlagen worden zu sein. Und zwar kräftig!«

Schäfers Mundwinkel kräuselte sich nach oben, und er ballte eine Siegesfaust.

*In deinem Alter ... Braten nicht gerochen. Ich darf doch bitten!*

»Die Nachbarin«, sagte er und ging auf die Tür des Untersuchungszimmers zu. »Unterhalte dich noch mal mit der Nachbarin!«

»Das wollte ich gerade erzählen – sie ist schon den ganzen Vormittag vernommen worden, und die sind immer noch mit ihr zugange. Es hat sich nämlich herausgestellt, dass sie und Wilkins zerstritten waren. Irgendwas war mit ihrem Hund, worüber sie sich letztes Wochenende in die Haare bekommen haben.«

Schäfer nickte eifrig. Sein Schritt war mit einem Mal federnd, seine Laune heiter und ausgelassen.

»Schicken wir doch die Jungs und Mädels vom NKC noch mal an den Tatort, die sollen sich das Blut noch einmal genauer ansehen.«

»Ich habe schon mit Rud abgesprochen, dass er später noch

mal dort anrückt und die Wohnung mit der Lupe inspiziert«, sagte Bertelsen. Rud Johansen war Spezialist der Spurenanalyse und arbeitete neben seiner Anstellung beim Institut für Genetische Forensik an der Fakultät für Gesundheitswissenschaften der Universität Kopenhagen auch für das NKC. »Und dann sehen wir mal, ob er noch etwas hervorzaubern kann.«

»Gut, sag mir Bescheid, wenn du was findest, ja?«

»Wolltest du dich nicht ein bisschen entspannen?«

»Entspannen kann ich mich, wenn ich alt bin«, sagte Schäfer und grinste.

Sein Telefon piepte, und er nahm es vom Ohr, um auf das Display zu sehen. Dann sprach er erneut zu Bertelsen: »Du, ich bekomme hier gerade einen anderen Anruf rein, aber du hältst mich auf dem Laufenden, ja? Ich meine es ernst!«

Er beendete das Gespräch mit Bertelsen und nahm den anderen Anruf an.

»Wo zur Hölle hast du gesteckt?«, fragte er. »Ich habe hundertmal versucht, dich zu erreichen!«

»Mein Akku war tot«, antwortete Heloise in defensivem Ton. »Warum? Was ist los?«

»Was *los* ist? Ich bin in Hvidovre im Krankenhaus, um mich zu vergewissern, dass nicht eine meiner gebrochenen Rippen meine Lunge punktiert hat. *Das* ist los!«

»Wovon redest du? Was ist passiert?«

»Bei uns wurde heute Nacht eingebrochen, bei Connie und mir. Ich hab einen vor'n Latz gekriegt.«

»Scheiße, Schäfer! Geht's dir gut? Was ist mit Connie?«

»Connie geht es gut. Und ich bräuchte mal eine Kopfschmerztablette, lass es mich so sagen.«

Schäfer trat durch die Schiebetüren des Krankenhauses ins Freie und setzte sich auf eine Bank rechts vorm Eingangsbereich. Er beäugte das Rauchen-verboten-Schild, das vor ihm in den Boden gestampft worden war, und angelte sein Feuerzeug aus der Tasche.

»Das ist ja schrecklich«, sagte Heloise. »Was ist denn genau passiert? Wurde in euer Haus eingebrochen?«

»In mein Auto.« Schäfer zündete die Zigarette an und nahm einen tiefen Zug. »Diese Tom-Mázoreck-Sache, in die du da deine Nase gesteckt hast – mit wem hast du darüber gesprochen?«

»Mit einer Handvoll Leute, warum?«

»Mit wem genau?«

Heloise zählte auf, wen sie zu Mázoreck befragt hatte. »Warum fragst du?«

»Weil diese Gorillas, die mein Auto aufgebrochen haben, irgendeine Sprache gesprochen haben, von der ich kein Wort verstanden hab – bis auf eines: Mázoreck.«

Es war still in der Leitung.

»Du spinnst doch«, sagte Heloise schließlich.

»Nee.«

»Aber das … ich …« Sie klang total baff. »Ich verstehe nicht … Irgendwas an dieser Mázoreck-Sache ist total faul, Schäfer.«

»Was du nicht sagst.«

»Wonach haben die denn gesucht?«

»Ich habe keine Ahnung, aber die haben in meinen Akten herumgewühlt.«

»Jan hat mich davor gewarnt«, sagte sie. Ihre Stimme klang auf einmal, als wäre sie meilenweit entfernt. »Er hat gesagt, dass sie uns finden würden, wenn ich zu viele Fragen stellte. Irgendwas mit Fackeln und Speeren … Aber ich hätte nie gedacht, dass …«

»Du sprichst jetzt erst mal nicht mit Fischhof, bevor wir wissen, womit wir es hier zu tun haben.«

»Was? Aber Jan ist doch nicht … Du verstehst das nicht, Schäfer. Er ist nicht –«

»Du hast doch keine Ahnung, in welches Wespennest du da gestochen hast. Du betrachtest einen Mann, den du überhaupt nicht kennst, durch eine rosarote Brille. Der Typ könnte ein Serienmörder sein – was wissen wir denn schon?«

»Doch, ich kenne ihn! Du hingegen nicht!«

»Und wie lange kennst du ihn schon? Zwei Monate? Drei? Du glaubst immer an das Gute im Menschen, und dann kriegst du einen Schock, wenn sich rausstellt, was für Arschlöcher sie sind. Das ist nicht das, was ich als gute Menschenkenntnis bezeichnen würde.«

Am anderen Ende der Leitung verfiel Heloise in tiefes Schweigen.

Schäfer schloss die Augen und fuhr sich mit der flachen Hand übers Gesicht.

»O Mann, tut mir leid! Das war …« Er atmete tief ein. »Entschuldige. Ich hatte 'ne lange Nacht, okay?«

Heloise sagte nichts.

»Ich will nur nicht, dass dir was zustößt, okay?«

»Okay.«

»Willst du mir nicht …« Schäfer schmiss die Zigarette auf den Boden und trat sie aus. »Ich war die letzten Tage ziemlich geistesabwesend. Willst du mir nicht noch mal erzählen, was du bisher weißt?«

»Worüber?«

»Über Fischhof und Mázoreck. Über die verschwundenen Mädchen. Fang einfach am Anfang an.«

Die nächste halbe Stunde sprach Heloise, und Schäfer hörte ihr zu, ohne sie zu unterbrechen. Als sie fertig war, sagte sie: »Bist du immer noch in Hvidovre?«

»Ja, warum?«

»Dort arbeitet eine Frau, die am Abend ihres Verschwindens mit Mia Sark zusammen war. Malou haben sie sie genannt, und ihr richtiger Name lautet … Augenblick.« Schäfer konnte hören, wie Heloise in ihren Aufzeichnungen blätterte. »Marie Louise Yang. Sie arbeitet in der Pädiatrie.«

»Und was ist mir ihr?«

»Sie hat damals bei der Polizei zu Protokoll gegeben, dass Mia sich in den Wochen vor ihrem Verschwinden mit einem Mann getroffen haben soll. Es hat wohl so gewirkt, als habe Mia daraus ein Geheimnis gemacht, sie wollte ihr partout nicht erzählen, wer der Typ war. Yang meinte, sie hätten sich wahrscheinlich heimlich getroffen.«

»Und was soll ich jetzt tun?«

»Frag sie, was sie gesehen hat, wie der Kerl aussah und was an diesem letzten Abend passiert ist. Mias Mutter hat mir erzählt, dass Mia kurz vor ihrem Verschwinden mit einer Menge Geld nach Hause gekommen ist, und sie war sich sicher, dass es gestohlen war. Vielleicht weiß diese Malou, woher das ganze Geld kam.«

»Von wie viel Geld ist hier die Rede? Eine Sporttasche voll, oder was?«

»Zehntausend Kronen. Die Mutter vermutete, dass sie das Geld aus dem Café gestohlen haben könnte, in dem sie gearbeitet hat.«

»Zehntausend Kronen sind Peanuts. Für so eine Summe würde man doch nicht zwanzig Jahre später in ein Auto einbrechen und Leute niederschlagen. Wonach auch immer diese Leute suchen, es sind nicht zehntausend Kronen.«

»Aber frag sie nach diesem Typen, mit dem Mia Sark sich damals getroffen hat. Frag, ob es Mázoreck gewesen sein könnte.«

»Haben wir eine Beschreibung von dem Mann?«

»Ich habe ein Foto. Schick ich dir rüber«, sagte Heloise.

»Also gut«, sagte Schäfer. »Und du? Was hast du vor?«

»Ich bin auf dem Weg zu Peter Zøllner.«

# 27

Es ploppte leise, gefolgt von einem Zischen. Kommissar Peter Zøllner beobachtete, wie sich die Tabletten langsam in dem Wasserglas auflösten. Er schwenkte die Mixtur im Glas und leerte es mit zwei großen Schlucken, griff nach der Whiskyflasche, die neben dem Waschbecken stand, füllte das Glas bis zum Rand und trank es aus.

Er drehte den Hahn auf, ließ kaltes Wasser in seine hohlen Hände laufen und spritzte es sich ins Gesicht. Dann hielt er sich mit dem Finger ein Nasenloch zu und schnäuzte ins Waschbecken, trocknete sich das Gesicht mit einem Handtuch ab, stützte die Hände auf die Kante des Waschbeckens und betrachtete sein müdes Gesicht im Spiegel. Die Furchen unter seinen Augen waren tief und dunkel, die Bartstoppeln lang und an einigen Stellen bereits silbergrau.

Er öffnete den Spiegelschrank und warf einen Blick auf den Rasierhobel, der zusammen mit der Zahnbürste in einem Becher stand. Er nahm den Hobel heraus und schloss den Schrank wieder. Dann blickte er abwechselnd in sein Spiegelbild und auf die Klinge in seiner Hand.

Heute war Nickys Geburtstag. Er wäre einundzwanzig geworden.

Naomi wäre jetzt achtzehn.

Und Lis …

Er starrte auf den Hahn, aus dem immer noch das Wasser sprudelte, drehte ihn noch weiter auf und sah dabei zu, wie sich das Waschbecken schneller füllte, als der Überlauf mithalten konnte. Er verzog keine Miene, als das Wasser über den Beckenrand lief und an den Seiten des Beckens herunterrann, hinunter auf den gefliesten Boden, wo es sich in den Fugen in quadratischen Flussläufen ausbreitete, bis das ganze Bad unter Wasser stand.

Ein paar Spritzer Blut tropften ins Wasser und barsten wie spiegelverkehrte Atompilze, als Peter Zøllner die Rasierklinge an die Spitze seines Daumens setzte und zudrückte.

Er starrte ins Leere, während sein Atem sich beschleunigte.

In seiner Erinnerung hörte er das grummelnde Donnern von Häusern, die unter Wassermassen nachgaben und wie trockene Äste einknickten. Autos und Boote und Möbel und Menschen, die zermalmt wurden. An Straßenlaternen, Brücken und Gebäuden.

Laute unter Wasser, über dem Wasser.

Schreie. Panik.

Und dann …

*Stille.*

Er zuckte zusammen, als es an der Tür klingelte, und wandte sich in die Richtung, aus der das Geräusch kam.

Er drehte den Wasserhahn ab, ging hinaus in den Flur und erkannte die Silhouette einer Person auf der anderen Seite der milchigen Glastür.

Einen Augenblick lang zögerte er und warf einen Blick über seine Schulter. Dann legte er die Hand auf den Türgriff und drehte den Schlüssel im Schloss.

Der herbe Gestank von Schweiß und Bratenfett schlug ihr entgegen. Der Mann im Türrahmen blinzelte in die gleißende Vormittagssonne und sah Heloise fragend an. Er war glatzköpfig und schlank, seine Haut sonnengegerbt. Er hatte sich einen Morgenmantel übergeworfen, auf seiner Brust kräuselten sich graue Härchen. Er trug weiße Unterhosen und ein Paar Sportsocken, die dunkle, nasse Abdrücke auf den rotbraunen Fliesen im Eingangsbereich hinterließen.

»Peter Zøllner?«, erkundigte sie sich.

»Wer will das wissen?«

»Mein Name ist Heloise Kaldan«, sagte sie und streckte ihm ihre rechte Hand entgegen, mit der linken hielt sie ihren Presseausweis hoch. »Ich bin mit Erik Schäfer von der Kopenhagener Polizei befreundet. Er hat mir erzählt, dass Sie beide sich von der Polizeiakademie kennen.«

Zøllner schüttelte ihre Hand und nickte zögernd. »Erik Schäfer? Ja, klar.«

»Tut mir leid, falls ich störe, aber hätten Sie einen Moment Zeit, sich mit mir zu unterhalten?«

»Unterhalten?«, fragte er. »Worüber?«

»Darf ich reinkommen, dann kann ich Ihnen alles erklären?«

»Ja, doch.« Er nickte desorientiert und bat Heloise mit einer Handbewegung ins Haus.

Er schloss die Tür hinter ihr, führte sie durch den Flur in die offene Wohnküche und zeigte auf den Esstisch.

»Bitte schön. Setzen Sie sich«, sagte er.

Heloise sah sich diskret um.

Zøllner wohnte in einem gewöhnlichen Einfamilienbungalow aus gelbem Klinker und mit weißen Dannebrog-Fenstern. Von außen glich es all den anderen Häusern im Viertel. Doch im Inneren des Hauses herrschte Weltuntergangsstimmung: blankes Chaos, als hätte jemand die gesamte Einrichtung auf den Kopf gestellt.

Heloise warf Zøllner einen verstohlenen Blick zu. Sie sah Blutflecken auf der Tasche seines Bademantels und an seiner rechten Hand, und er machte keine Anstalten, den Bademantel zu schließen oder die Teller mit Essensresten wegzuräumen, die sich auf dem Tisch vor ihr stapelten.

Er wirkte völlig durch den Wind. Und er stank zehn Meter gegen den Wind nach Schnaps. Peter Zøllner nahm ihr gegenüber am Esstisch Platz.

»Sie, ähm … Sie kennen also Erik Schäfer?«, fragte er. Sein Blick flimmerte.

»Ja. Ich war in einen Mordfall verwickelt, in dem er vor einigen Jahren ermittelt hat, und danach sind wir gute Freunde geworden.«

Peter Zøllner schloss für einen kurzen Moment die Augen. »In meiner Erinnerung ist er ein guter Mann.«

»Das ist er auch.« Heloise nickte. »Sie haben gestern früh mit ihm telefoniert, nicht wahr?«

Zögernd öffnete er den Mund. Dann nickte er.

»Ja, er hat auf dem Revier angerufen. Ich war überrascht, von ihm zu hören, muss ich sagen. Immerhin ist es viele Jahre her. Hat er Sie hierhergeschickt?«

»Nein, ich bin tatsächlich wegen eines anderen sehr guten Freundes von mir hier. Jan Fischhof, erinnern sie sich an ihn?«

Zøllner runzelte die Stirn und dachte nach. »Fischhof? Ja, vage.«

»Und Schäfer hat gestern bei Ihnen angerufen und sich nach einem Mann namens Mázoreck erkundigt. Er ist damals bei einem Bootunfall ums Leben gekommen, nicht wahr?«

»Ja, das ist korrekt.«

»Ich habe mir einige Infos zu dem Unglück angelesen und habe erfahren, dass Sie an jenem Abend zum Unfallort ausgerückt sind, stimmt's?« Heloise nahm ihr Notizbuch aus ihrer Tasche und klickte mit ihrem Kugelschreiber.

Zøllner nickte, warf jedoch einen skeptischen Blick auf das Notizbuch.

»Woran können Sie sich sonst noch erinnern?«

»Warum?«

»Ich will gerne wissen, wie dieser Abend abgelaufen ist. Haben Sie einen Notruf von der Zentrale erhalten? Oder wie haben Sie von dem Unfall erfahren?«

»Ja, ich …« Er seufzte tief. »Die Notrufzentrale hat am frühen Abend einen Anruf von einem Augenzeugen erhalten, der berichtete, dass Tom Mázorecks Boot draußen auf der Förde in Flammen aufgegangen sei, also sind wir losgefahren –«

»Sagen Sie das noch mal«, unterbrach ihn Heloise. »Der Augenzeuge gab bereits beim Notruf an, dass es sich um Mázorecks Boot handelte?«

»Ja.«

»Wie konnte er das wissen?«

»Kurt wohnt unten am Wasser und segelt selbst. Er kennt die Boote aus der Gegend, die auf der Förde unterwegs sind, und hat Mázorecks Motorboot sofort erkannt.«

»Ist das der Zeuge Linnet?« Heloise blätterte in ihren Aufzeichnungen. »Kurt Linnet?«

Zøllner nickte.

»Als ich an der Förde ankam, sah ich das Boot ein Stück weit draußen auf dem Wasser. Rauch stand über dem Achterdeck, der Motor brannte, und das Feuer hatte bereits das halbe Boot verschlungen.«

»Und Mázoreck?«

»Er trieb ein paar hundert Meter weiter im Wasser.«

»Wie haben Sie ihn an Land geholt?«

»Kurt ist mit seiner Jolle, die am Badesteg vor seinem Haus vertäut lag, rausgerudert und hat ihn aus dem Wasser gefischt.« Er zuckte mit den Schultern. »Aber da kam schon jede Hilfe zu spät.«

»Er war bereits tot?«

Peter Zøllner nickte.

»Wieso waren Sie sich so sicher, dass er ertrunken war?«

»Er hat nicht mehr geatmet, er hatte keinen Puls, es bestand also kein Zweifel.«

»Aber woher kam die Annahme, dass er *ertrunken* war?«

»Was denn sonst?«

»Er könnte zum Beispiel ermordet worden sein.«

Peter Zøllner setzte ein verdutztes Lächeln auf. Als Heloise jedoch keine Miene verzog, erlosch sein Lächeln, und er rutschte auf seinem Stuhl hin und her.

»Meinen Sie die Frage ernst?«

»Ja, die meine ich ernst. Er hatte also keine äußeren Anzeichen von Fremdeinwirkung?«, hakte sie nach. »Spuren von Gewalt oder Hinweise darauf, dass er sich zur Wehr gesetzt hat?«

»Gewalt? Nein. Nein ...« Zøllner schüttelte den Kopf und betrachtete Heloise, ohne zu blinzeln.

»Wurde der Leichnam obduziert?«

»Ähm, nein. Ich glaube nicht.«

»Warum nicht?«

»Das weiß ich nicht mehr, das ist ja auch schon einige Jahre her. Entweder hat sich die Familie dagegen ausgesprochen, oder der Arzt, der die gerichtliche Leichenschau vorgenommen hat, hielt es nicht für nötig.«

Heloise klickte mit ihrem Kugelschreiber. »Ich weiß, dass

Tom Mázoreck als Zeuge im Fall Mia Sark ausgesagt hat, in dem Sie 1997 die Ermittlungen geleitet haben. Erinnern Sie sich an den Fall?«

»An den Fall Mia Sark?«

»Ja. In allen Artikeln, die zu ihrem Verschwinden zu finden sind, taucht Mázorecks Name auf und dass er am besagten Abend in derselben Kneipe zu Gast gewesen ist wie das Mädchen.«

Zøllner fuhr sich mit der Hand über den Kopf und stand auf. »Wollen Sie Kaffee oder etwas anderes?«

»Nein, danke«, sagte Heloise. »War er in dem Fall jemals verdächtig?«

»Wer?«

»Tom Mázoreck.«

Zøllner lachte verunsichert und sah aus, als hätte er vergessen, warum er aufgestanden war. »Warum fragen Sie das?«

Heloise sah ihm unbeirrt in die Augen und saß die Stille aus, bis er schließlich antwortete.

»Nein, wir haben Tom Mázoreck in dem Fall niemals verdächtigt«, sagte er mit Nachdruck. »Warum fragen Sie?«

Heloise blätterte in ihrem Notizbuch und ignorierte seine Nachfrage. »Einer Ihrer Kollegen in Sønderborg war so nett, mir die Akte zu dem Fall herauszusuchen und mir einige Infos zu dem Fall zu geben. Haben Sie irgendeine Theorie, was mit dem Mädchen passiert sein könnte?«

Er zuckte mit den Schultern. »Wenn Sie die Akte gesehen haben, wissen Sie doch, was darin steht?«

»Ja, aber was in der Akte steht, ist die eine Sache. Die andere Sache ist, was Sie heute denken. So viele Jahre danach.«

Zøllner senkte den Blick. Plötzlich schien ihm das Blut aufzufallen. Er nahm eine zusammengeknüllte Serviette von einem der Teller.

»Der Fall, von dem Sie sprechen, liegt über zwanzig Jahre zurück. Ich habe seitdem in einem ganzen Haufen Fälle ermittelt.« Er wickelte sich die Serviette um den Daumen und setzte sich wieder. »Ich würde nur ungern sagen, dass wir den Fall zu den Akten gelegt haben, denn das wäre dem Mädchen und ihrer Familie gegenüber respektlos, aber … alle unsere Spuren sind ins Leere gelaufen.« Er sah auf. »Wir haben sie nicht gefunden.«

»Sie halten also an der Menschenhandeltheorie fest?«

»Ja, denn genau das ist passiert. Das kann ich mit bestem Gewissen sagen.«

»Das Motiv war also – was? Geld?«

Er nickte.

»Menschenhandel ist eines der lukrativsten illegalen Geschäfte der Welt, nur Drogen- und Waffenschmuggel ziehen in den Statistiken daran vorbei. Global gesehen werden mit Menschenhandel jährlich mehr als zweihundert Milliarden Kronen gemacht. Jährlich!« Er hob die Augenbrauen und nickte eindringlich. »Das ganze Geschäft ist auf eine Art und Weise organisiert, die Sie sich im Traum nicht vorstellen können. Auf der anderen Seite steht dann so jemand wie ich …« Er schüttelte den Kopf. »Solche Leute sind mir einfach eine Nummer zu groß.«

»Ich habe der Mutter gestern einen Besuch abgestattet, und sie ist der festen Überzeugung, dass ihre Tochter eines Tages nach Hause kommen wird.«

Peter Zøllner senkte den Blick. Einen langen Moment starrte er auf seinen Daumen, drückte auf ihm herum, so dass das Blut durch die Serviette sickerte.

»Jeder Mensch geht anders mit seiner Trauer um«, sagte er. »Ingeborg Sark kommt nur mit dieser Hoffnung durch den Tag.«

»Was ist mit Nina Dalsfort?«, fragte Heloise. »Was können Sie mir über sie erzählen?«

Peter Zøllner lehnte sich in seinem Stuhl zurück und betrachtete sie, sein Blick war plötzlich hellwach.

»Was halten Sie davon, wenn Sie mir erst einmal erzählen, warum Sie all das so brennend interessiert?«, sagte er und deutete mit dem Zeigefinger auf Heloise.

»Das interessiert mich, weil ich den Eindruck habe, dass all diese Geschehnisse in einem Zusammenhang stehen, und weil ich es ehrlich gesagt *etwas* merkwürdig finde, dass das niemandem außer mir aufgefallen ist. Zwei unschuldige Mädchen verschwinden und –«

»Nina Dalsfort war kriminell«, entgegnete Zøllner.

»Sie war siebzehn Jahre alt.«

»Und ab fünfzehn ist man strafmündig. Sie war alt genug, um zu wissen, was sie tat.«

»Sie war auch alt genug, um zu wissen, dass ihr Strafmaß eventuell milde ausfallen würde. Was hatte sie denn zu befürchten? Ein Bußgeld? Eine Bewährungsstrafe? Höchstens!«

Peter Zøllner betrachtete Heloise schweigend.

»Glauben Sie wirklich, dass sie einfach nur abgehauen ist? Wegen der Aktion auf dem Benniksgaard?« Heloise kniff die Augen zusammen und schüttelte den Kopf. »Das ergibt doch gar keinen Sinn.«

»Niemand weiß, was mit Nina Dalsfort passiert ist. Ihre Eltern haben den Betreibern der Nerzfarm Vorwürfe gemacht, ihre Mutter hat die Mitarbeiter jahrelang schikaniert. Hans Gallagher konnte eine polizeiliche Auflage gegen sie bewirken, nachdem sie mehrmals vor seiner Tür aufgetaucht ist und ihm mit Feuer und Mistgabeln gedroht hat.«

»Warum hat sie das gemacht?«

Er zuckte mit den Schultern. »Sie brauchte wohl jemanden, dem sie die Schuld in die Schuhe schieben konnte. Es ist immer leichter, jemand anderen als sich selbst verantwortlich zu machen.«

»Meinen Sie damit, dass die Eltern selbst für Ninas Verschwinden verantwortlich sind?«

»Ich meine, dass die ganze Nummer aussah, wie das Gebaren eines rebellischen Teenagers. Eine Rebellion gegen die kapitalistischen Eltern, die viele Jahre gute Kunden bei Prada & Co waren. Es ging nur vordergründig um Tierschutz, vor allem wollte sie den Eltern den Mittelfinger zeigen.«

»Warum wurden Ihnen diese Fälle zugeteilt?«

»Ich verstehe die Frage nicht.«

»Ich recherchiere in einem Todesfall, der mich auf die Spur von einem Vermisstenfall bringt, der mich wiederum auf die Spur eines *weiteren* Vermisstenfalls bringt. Diese drei Fälle haben mehrere gemeinsame Nenner, einer von ihnen sind Sie.«

»Ich bin die letzten achtundzwanzig Jahre in sämtliche Kriminalfälle in Gråsten und Umgebung involviert gewesen.«

»Aha, Sie sind also ein erfahrener Ermittler?«

»Das will ich wohl meinen.« Zøllner nickte.

»Finden Sie auch, dass Sie Ihre Arbeit gut machen?«

Gleichgültig zuckte er mit den Schultern.

»Und dennoch haben Sie keine Spur gefunden, der Sie im Fall von Mia Sarks Verschwinden nachgehen konnten«, stellte Heloise fest. »Nicht eine einzige Spur, die einen Hinweis darauf gibt, was mit Nina Dalsfort passiert ist.«

Peter Zøllner schwieg.

»Warum wurden die Ermittlungen im Fall Mia Sark schon nach vierzehn Monaten eingestellt?«

»Wie bitte?«

»Ich habe mich erkundigt, wie lange solche Ermittlungen normalerweise laufen, und die meisten werden bis auf unbestimmte Zeit weitergeführt, also was hat Sie zu dem Entschluss gebracht, den Fall so früh zu den Akten zu legen?«

Peter Zøllner betrachtete Heloise einen langen Augenblick schweigend.

»Und was ist mit Nina Dalsfort?«, fragte Heloise. »Wann haben Sie diesen Fall abgeschlossen?«

»Ich habe keine Ahnung, was Sie eigentlich wollen«, sagte Zøllner und stand langsam auf. »Aber ich glaube, die Besuchszeit ist vorbei.«

# 28

Schäfer beobachtete die Frau von der Tür zum Wartezimmer aus. Ihr Haar war kurz und pechschwarz, die Körperhaltung eher maskulin. Sie beugte sich gerade über einen kleinen Jungen, der mucksmäuschenstill auf einem Schaukelpferd saß, und tastete seinen Hals in ruhigen, routinierten Bewegungen ab.

»Wie lange hat er schon Fieber?«, fragte sie die Mutter des Kindes, die neben ihm stand und seine Hand drückte.

»Seit zwölf Tagen.«

»Hat er über Halsschmerzen geklagt? Oder Bauchschmerzen?«

Die Mutter nickte. Sämtliche Farbe war aus ihrem Gesicht gewichen, ihre Augen groß und angsterfüllt.

»Es könnte auf das Pfeiffer'sche Drüsenfieber hindeuten. Das nennt man auch Kusskrankheit.« Die Ärztin lächelte dem Jungen zu. »Hast du etwa jemanden geküsst?«

Verlegen schüttelte der Junge den Kopf.

»Ich schicke eine Krankenpflegerin, die dir den Arm mit Betäubungscreme einreibt, damit du nachher nichts spürst, wenn wir dir ein bisschen Blut abnehmen.« Sie schenkte dem Jungen ein beruhigendes Lächeln. Dann wandte sie sich wieder an die Mutter. »Nehmen Sie ruhig Platz, es kommt gleich jemand.«

Sie drehte sich um und ging auf die Tür zu, die von Schäfer blockiert wurde.

»Entschuldigung«, sagte sie und gab ihm zu verstehen, dass sie vorbeiwollte.

»Marie Louise Yang?«, fragte er.

Sie zog die Augenbrauen in ihrem freundlichen Gesicht nach oben, hielt jedoch schon eine Hand ausgestreckt vor sich, bereit, ihn abzuweisen.

»Ich bin sehr beschäftigt, wenn Sie also –«

Schäfer zeigte ihr seinen Dienstausweis.

»Es dauert nicht lange.«

Marie Louise Yangs Augen verengten sich.

»Können wir uns irgendwo ungestört unterhalten?«, fragte Schäfer.

Sie schob das Kinn vor. »Worum geht es denn?«

»Mia Sark.«

Ihre Züge glätteten sich, das Gesicht war erstarrt und ausdruckslos. Dann schaute sie auf ihre Armbanduhr und seufzte.

»Sie haben fünf Minuten.«

»Dürften wir mal eben?« Marie Louise Yangs Frage war an die mit einer Schürze bekleidete Frau gerichtet, die gerade dabei war, den Boden in einem der anliegenden Zimmer zu wischen. Die Frau lehnte den Wischmopp an den Putzeimer und verließ den Raum ohne ein Wort. Yang schloss hinter ihr die Tür und lehnte sich dagegen. Sie steckte die Hände in ihre Kitteltaschen und sah Schäfer abwartend an.

»Ja, es tut mir leid, dass ich etwas baff bin, aber es sind viele Jahre vergangen, seit ich Mia das letzte Mal gesehen habe.«

»Sie können also bestätigen, dass Sie Mia Sark, die am 31. Mai 1997 verschwand, kannten?«, fragte Schäfer.

»Gibt es etwas Neues?«

»Das kann ich Ihnen leider nicht sagen.«

Yang stieß ein leises, schnaubendes Lachen aus und schüttelte den Kopf.

»In welcher Beziehung standen Sie zueinander?«

»Wie meinen Sie das?«

»Wie ich es gesagt habe: Welche Beziehung hatten Sie zueinander?«

Marie Louise Yang sah Schäfer einen langen Augenblick an, und eine tiefe, senkrechte Falte bildete sich zwischen ihren Augenbrauen. Dann blinzelte sie ein paarmal und zuckte mit den Schultern.

»Wir waren wohl das, was man Busenfreundinnen nennt, wenn einen nichts weiter miteinander verbindet, als dass man gleich alt ist und aus demselben Kaff kommt.«

»Das klingt, als wäre diese Freundschaft nur eine Phase gewesen.«

»Man verändert sich schließlich über die Jahre. Die Unterschiede werden deutlicher, man hat andere Ziele, andere Werte …«

»Und das haben Sie irgendwann festgestellt?«, fragte Schäfer. »Dass Sie unterschiedliche Werte hatten?«

Yang nickte. »Während der Oberstufe.«

»Wie äußerten sich diese Unterschiede?«

»Ich hatte ein Ziel, das ich verfolgt habe. Das hier!« Sie breitete die Arme aus. »Mia hatte das nicht.«

»Was hatte sie stattdessen?«

»Das weiß ich nicht. Sie hat das Gymnasium irgendwann geschmissen, Mitte der zwölften Klasse, und wir haben nie darüber gesprochen, welche Pläne sie für die Zukunft hatte. Sie war ohnehin nie der Typ, der viel über seine Gedanken oder Gefühle geredet hat. Zu dem Zeitpunkt war die Chemie zwischen uns schon nicht mehr so gut, aber ich kannte ihre Familie und sie meine. Wir haben unsere Kindheit zusammen verbracht, und das hat schon was zu bedeuten. Aber sie … sie trug so eine Dunkelheit in sich, zu der ich keinen Zugang hatte.«

»Eine Dunkelheit?«

»Ja, sie hatte eine dunkle Seite – eine Härte, mit der ich nichts anfangen konnte. Mit den Jahren wurde diese Seite bei ihr immer ausgeprägter, und wir haben uns immer seltener getroffen.«

»Aber den Abend, an dem sie verschwunden ist, haben Sie gemeinsam verbracht?«

Marie Louise Yang nickte.

»Können Sie sich an Details von jenem Abend erinnern?«, fragte Schäfer.

»Ist das wirklich nötig?« Sie blickte auf ihre Armbanduhr. »Das habe ich doch vor zwanzig Jahren alles schon einmal zu Protokoll gegeben.«

»Und jetzt noch mal von vorn«, sagte Schäfer und ließ den Zeigefinger in der Luft rotieren. »Woran können Sie sich noch erinnern?«

Sie senkte den Blick. »Ich weiß noch, dass Mia an dem Abend schlecht drauf war.«

»Warum?«

Demonstrativ zuckte sie mit den Schultern.

»Sie haben sie nicht gefragt, was los war?«

»Nein, Sie müssen wissen …« Marie Louise Yang schüttelte den Kopf. »Sie war oft schlecht drauf. Sie brauchte keinen Grund. Das war schon fast ihr normaler Gemütszustand. Man hat dem Ganzen keine Bedeutung beigemessen und auch nicht nachgefragt, was los war.«

»Warum nicht?«

»Keine Ahnung. Mein Punkt ist, dass an ihrem Verhalten an

jenem Abend nichts Auffälliges war. War sie in solchen Momenten schlechte Gesellschaft? Ja. Haben wir uns was daraus gemacht? Nein.«

»Wir?«

»Johan und ich. Ein gemeinsamer Freund, mit dem wir an diesem Abend unterwegs waren.«

»Was ist an dem Abend passiert? Könnten Sie versuchen, den für mich zu rekonstruieren? Und um wie viel Uhr haben Sie die Kneipe betreten?«

»Wir sind gegen elf angekommen, haben ein paar Bier getrunken, ein paar Zigaretten geraucht, ein paar Shots getrunken.« Sie leierte die Erinnerungen herunter, als handele es sich um das kleine Einmaleins, und Schäfer vermutete, dass sie sich die Bilder nicht allzu deutlich ins Gedächtnis rufen wollte.

»Gegen eins wollte Mia vor die Tür und frische Luft schnappen. Johan und ich sind sitzen geblieben, und das war's. Danach haben wir sie nie wiedergesehen.«

»Haben Sie vielleicht beobachtet, ob sie von einem der anderen Kneipengäste angesprochen wurde? Hat sie sich mit jemandem unterhalten?«

»Der *Zinnsoldat* ist eine Dorfkneipe«, sagte Yang tonlos. »Eine klassische Spelunke. An dem Abend waren Johan, Mia und ich die Einzigen unter vierzig. Ich hab überhaupt nicht drauf geachtet, wer sonst so da war.«

»Wann ist Ihnen aufgefallen, dass Mia verschwunden war?«

»Als sie nicht wieder reinkam, haben Johan und ich angenommen, dass sie nach Hause gegangen ist. Wie gesagt: Wir haben uns damals nichts dabei gedacht. Wir sind davon ausgegangen, dass sie einfach schlecht drauf war. Aber am nächsten Tag hat ihre Mutter bei mir angerufen. Sie konnte sich keinen Reim darauf machen, warum Mia nicht nach Hause gekommen war, und fragte mich, ob ich wüsste, wo sie sei. Sie hat sich natürlich Sorgen gemacht und hat die Polizei eingeschaltet.« Sie beendete den Satz mit einem Kopfnicken, als würde sie einen Punkt setzen. »Und wenn Sie mich jetzt entschuldigen würden? Ich habe Patienten, die –«

»Einen Augenblick noch«, bat Schäfer. »Ich habe in den Akten gelesen, Sie hätten bei der Gråstener Polizei ausgesagt, Mia kurz vor ihrem Verschwinden mit einem Mann gesehen zu haben.«

»Ist das wirklich nötig, das alles noch einmal durchzukauen?«, fragte Yang erneut, und Schäfer sah, dass ihr Kinn leicht bebte. »Es hat viele Jahre gedauert zu vergessen, was passiert ist. Mia zu vergessen. Ich –«

»Es tut mir leid, alte Wunden aufreißen zu müssen, aber ich würde nicht fragen, wenn es nicht wichtig wäre.« Schäfer legte eine Hand auf ihre Schulter und schenkte ihr einen warmen Blick. »Haben Sie Mia mit jemandem gesehen?«

Marie Louise Yang befeuchtete ihre Lippen und nickte.

»Wann war das?«

»Ein paar Wochen vor ihrem Verschwinden. Zwei, vielleicht drei Wochen vorher.«

»Versuchen Sie, mir zu schildern, was Sie beobachtet haben.« Schäfer nickte auffordernd.

Marie Louise Yang starrte ins Leere, ohne zu blinzeln. Nach einem langen Augenblick sagte sie:

»Das war irgendwann früh am Morgen, ich weiß nicht mehr, ob an einem Samstag oder einem Sonntag, aber auf jeden Fall hatten wir frei. Ich war joggen im Wald und habe sie unten am Schlosssee gesehen.«

»Am Schlosssee?«

»Gråsten Slot«, sagte sie und sah zu Schäfer auf. »Schloss Gravenstein. Das liegt an einem See am Waldrand, und da stand

Mia mit einem Typen, den ich nicht kannte. Erst habe ich nur gestutzt, dass sie überhaupt so früh wach war, denn es war erst sieben oder acht Uhr morgens, und sie war schon eher eine Langschläferin …«

»Was haben die beiden gemacht?«

»Anfangs standen sie nur da und haben miteinander gesprochen, aber irgendwas an der Situation kam mir merkwürdig vor, deswegen bin ich überhaupt erst stehen geblieben und habe sie einen Moment lang aus der Ferne beobachtet, statt zu ihr zu laufen und hallo zu sagen.«

Sie verstummte, also hakte Schäfer nach: »Was war es denn? Was hat sie davon abgehalten?«

»Erst mal war der Typ viel älter als sie. Ich weiß noch, dass ich einen kurzen Moment glaubte, es könne sich um einen Freund von Mias Vater handeln, denn er war bestimmt doppelt so alt wie wir. Ich hatte das Gefühl, da würde etwas nicht stimmen.«

»Und die beiden standen einfach nur da und unterhielten sich miteinander?«

»Anfangs schon, ja. Aber es hat so ausgesehen, als würden sie sich streiten, denn Mia stand so da.« Marie Louise Yang verschränkte die Arme und schob das Kinn vor. »Und dann hat der Typ sich plötzlich zu ihr rübergelehnt und sie geküsst. Mia hat sich weggedreht und ist losgegangen, aber er hat sie eingeholt, sie gepackt und wieder geküsst. Ziemlich grob! Und dann hat sie ihn geschlagen. Hat ihm eine Ohrfeige verpasst.«

»Sie hat ihn *geschlagen*?«

»Ja.« Marie Louise Yang starrte wieder ins Leere. »Ich wollte gerade rübergehen und fragen, was los ist, als Mia sich plötzlich an ihn geschmiegt und zu lachen begonnen hat – so ein merkwürdiges … *frohes* Lachen –, und dann hat *sie* ihn geküsst. So richtig innig. Und plötzlich schien das ganze Theater vorher nur so eine Art Vorspiel gewesen zu sein.« Marie Louise Yang breitete resigniert die Arme aus und schüttelte den Kopf. »So habe ich sie noch nie zuvor gesehen, und ich habe überhaupt nicht verstanden, was da vor sich ging. Ich war total erschrocken. Nicht nur, weil der Typ viel älter war als sie – sondern … zwischen den beiden herrschte eine ganz merkwürdige Energie. Ich kann es nicht erklären, aber das hat mir Angst gemacht.«

»Haben Sie danach mit ihr darüber gesprochen? Haben Sie sie gefragt, wer der Mann war?«

»Ja, einige Tage später habe ich sie gefragt, ob sie einen Freund hat, aber das hat sie abgestritten. Als ich ihr dann erzählt habe, dass ich sie unten am See gesehen habe, hat sie mich ausgelacht und gemeint, ich würde mir das alles nur einbilden.« Marie Louise Yang schüttelte den Kopf und sah Schäfer an. »Ich hab mir das nicht eingebildet.«

»Was war Ihre Vermutung, als Mia verschwand? Was ist Ihre Theorie?«

»Anfangs habe ich gedacht, dass sie einfach abgehauen ist – vielleicht zusammen mit dem Typen. Aber nachdem immer mehr Zeit vergangen ist?« Sie schüttelte erneut den Kopf. »Wer macht denn so was? Wer haut denn einfach so ab, ohne auch nur ein Lebenszeichen von sich zu geben?«

»Was denken Sie heute?«, fragte Schäfer.

»Ich glaube, dass sie tot ist. Ich glaube, er hat sie umgebracht.« Sie nickte zögernd. »Oder jemand anders.«

»Könnten Sie den Mann identifizieren, wenn Sie ihm begegnen würden?«

Sie presste die Lippen aufeinander und schüttelte unsicher den Kopf. »Das ist zwanzig Jahre her, ich weiß nicht …«

Schäfer holte sein Handy aus der Tasche, öffnete Heloises

letzte Nachricht mit dem Bild von der Nerzfarm und reichte Marie Louise Yang das Telefon.

»Könnte es dieser Mann gewesen sein?« Er zeigte auf Mázoreck.

Sie nahm das Handy und zoomte das Bild größer. Die Falte zwischen ihren Augenbrauen verschwand.

Langsam schüttelte sie den Kopf und zeigte auf einen ganz anderen.

»Nein«, sagte sie. »Der hier war's.«

# 29

»Verdammt!«

Heloise stöhnte auf, als die automatische Stimme sie bat, eine Nachricht zu hinterlassen. Sie beendete den Anruf, öffnete ein Browserfenster auf ihrem Handy und googelte die Telefonnummer von EnviroMax, dem Unternehmen in Stockholm, für das Elisabeth Ulvaeus arbeitete.

Der Anruf wurde von einer Rezeptionistin entgegengenommen, die Heloise zunächst für mehrere Minuten in der Warteschleife hängen ließ, um ihr dann mitzuteilen, dass sich Fischhofs Tochter gemeinsam mit Kollegen aus Nova Scotia derzeit auf einer Expedition im Bottnischen Meerbusen befand. Die Frau am anderen Ende der Leitung konnte Heloise keine Auskunft darüber erteilen, wann Elisabeth Ulvaeus wieder vor Ort sein würde oder unter welcher Telefonnummer sie momentan erreichbar war.

Heloise hinterließ ihren Namen und ihre Telefonnummer mit der Bitte, Ulvaeus möge so schnell wie möglich zurückrufen. Dann legte sie auf.

Sie setzte sich ins Auto, bog auf die Hauptstraße und fuhr an der Broager Kirche vorbei, deren Türme wie siamesische Zwillinge zusammengewachsen waren. Heloise folgte den Anweisungen ihres Navis. Sie hatte vermutet, ins Zentrum von

Broager dirigiert zu werden, doch als das Navi ihr mitteilte, dass sie ihr Ziel in hundert Metern erreicht haben würde, befand sie sich mitten in einem Industriegebiet, in dem die Schilder an den Lagerhallen für Bogenschießen, günstigen PKW-Service und maßgefertigte Jalousien warben.

Heloise parkte den Wagen und stieg aus.

Sie betrachtete das Gebäude, vor dem sie angehalten hatte – ein langer, flacher Bau mit großen Fensterfronten, die allesamt mit schwarzer Folie abgeklebt waren. Der Name des Lokals stand in blau-weißen Neonbuchstaben an der Fassade. Entweder hatte Ingeborg Sark recht gehabt, als sie meinte, der Club Celeste habe sich sehr verändert, seit Mia hier gearbeitet hatte, oder sie hatte sich versprochen, als sie das Etablissement als »Café« bezeichnet hatte.

Heloise schritt auf den Eingang zu und drückte die Türklinke herunter. An dem verdunkelten Fenster hing ein »Geöffnet«-Schild, doch die Tür war verschlossen. Sie klopfte an und wartete.

*Nichts.*

Kies knirschte unter abgenutzten Reifen, als ein mattroter Toyota Corolla mit getönten Scheinwerfern hinter Heloise auf den Parkplatz fuhr und neben ihrem Mietwagen zum Stehen kam. Sie drehte sich um und spähte hinüber zu dem Wagen. Niemand stieg aus. Der Motor lief einfach weiter.

Sie wollte gerade auf den Wagen zugehen, als sie hinter sich das Klappern eines Schlüssels im Schloss hören konnte.

Der Mann, der ihr aufmachte, schien Mitte vierzig zu sein. Er hatte blondes Haar und sonnengebräunte Haut, seine Muskeln zeichneten sich unter dem weißen Unterhemd ab. Seinen rechten Arm hielt er hinter dem Rücken, als wolle er dahinter etwas verbergen.

»Ja, bitte?«, fragte er.

Heloise musterte ihn von oben bis unten und hatte für einen Moment vergessen, wieso sie überhaupt hier war. Irgendetwas an ihm ließ sämtliche Alarmglocken bei ihr schrillen, und gleichzeitig sah er so gut aus, dass sie ihren Blick nicht von ihm abwenden konnte.

Die symmetrischen Gesichtszüge, der durchtrainierte Körper …

Der Mann musterte Heloise ebenfalls von Kopf bis Fuß. »Bist du das Mädel, das heute bei uns anfängt?«

»Nein, ich bin auf der Suche nach dem Betreiber«, sagte sie. »Sind Sie das?«

»Worum geht's?«

Heloise sah ihn mit festem Blick an. »Das geht nur mich und den Betreiber etwas an.«

Er verzog den Mund zu einem Lächeln und nickte friedfertig. Dann schob er die Tür ganz auf und gab ihr das Zeichen hereinzukommen.

Heloise trat in die Dunkelheit, in der es nach Rauch und altem Bier roch, das über den dunkelroten Sofas verschüttet worden war. Aus der Anlage dudelte eine alte Prince-Nummer. Selbst mit verbundenen Augen hätte sie ganz genau gewusst, an was für einem Ort sie sich befand.

Sie sah sich um.

Die Folien vor den Fenstern hielten das Tageslicht fern. In der Mitte des Raumes prangte eine Bühne, auf der eine Poledance-Stange installiert war. Ein paar junge Frauen lagen auf den Sofas und starrten auf ihre Handydisplays. Sie trugen alle nicht viel mehr als kniehohe Lackstiefel und Spitzenhöschen.

Heloise richtete ihre Aufmerksamkeit wieder auf den Mann mit dem blonden Haar und hob fragend die Hände. »Und? Wo ist er?«

»Mein Vater?« Er richtete den Blick auf das andere Ende des Lokals, wo sich vier Türen befanden. Über den Türen war jeweils eine Glühbirne angebracht. Drei von ihnen leuchteten grün, die vierte rot. »Ihm sind im Moment die Hände gebunden«, sagte er, und sein Grinsen verriet Heloise, dass er es wörtlich meinte.

Ihr Blick fiel auf den Käfig in einer Ecke des Raums. Auf die Ketten. Auf die Peitsche.

»Wie war Ihr Name noch gleich?«, fragte sie.

Er reichte ihr die Hand.

»René«, sagte er. »Und wer bist du?«

»Hej, Decker!«

Die Stimme, die quer durch das Lokal hallte, gehörte einem Mann, der hinter Heloise an der Bar saß – ein Berg von einem Kerl. Er war glatzköpfig und verschwitzt und trug eine Brille. Eines der kreisrunden Brillengläser war dunkel und matt, das andere transparent, aus dem er ihnen mit seinem unverdeckten Auge zublinzelte.

»Lazlo hat angerufen«, sagte er. »Ich soll dir ausrichten, dass er unterwegs ist.«

Heloise betrachtete den blonden Mann ihr gegenüber und ließ seine Hand wieder los.

»Decker?«, fragte sie und erinnerte sich an den Namen, den Hans Gallagher und seine Frau erwähnt hatten. »Sie sind René Decker?«

»Ja.«

»Jes Deckers Sohn?«

Sein Blick verengte sich. »Kennen wir uns?«

»Nein«, sagte Heloise und steckte die Hand in ihre Tasche, um ihr Notizbuch hervorzuholen. »Aber ich würde gern –«

»Woah!« René Decker packte sie am Arm. Sein Gesichtsausdruck war mit einem Mal wachsam, der Blick kalt. »Lass die Hände dort, wo ich sie sehen kann!«

Er riss ihr die Tasche von der Schulter und trat sie mit dem Fuß weg.

Erschrocken starrte Heloise ihn an. Sie versuchte, sich aus seinem Griff zu befreien. »Ich wollte doch nur wissen, ob Sie –«

Der Einäugige von der Bar tauchte hinter ihr auf, packte sie an beiden Armen und drehte sie ihr auf den Rücken.

»Hey, was soll das, verdammte Scheiße?«, rief sie und wand sich in seinem Griff. »LASSEN SIE MICH LOS!«

René Decker langte hinter sich und zog eine Waffe aus dem Hosenbund. Er richtete sie auf Heloise und sprach mit ihr, als wäre sie ein Kleinkind, das beruhigt werden musste.

»Sssch–sschh-schhhhh…«

Heloise blickte in den Lauf der Pistole. Sie schluckte.

Der Mann hinter ihr packte fester zu, und es fühlte sich so an, als wolle er ihr die Arme aus den Schultergelenken auskugeln.

René Decker hob Heloises Tasche auf und leerte den Inhalt auf den Tresen. Er schob ihr Notizbuch und ihr Handy beiseite und öffnete ihr Portemonnaie. Er warf einen Blick auf ihren Presseausweis. Dann sah er Heloise an.

Ein metallisches Klicken erklang, als er die Waffe entsicherte. Er ging auf Heloise zu.

Der Einäugige zog an Heloises Armen, so dass ihr Oberkörper automatisch nach vorn gedreht wurde. Decker stieß ihr den Lauf der Pistole aufs Brustbein.

»Es ist ziemlich unhöflich, sich nicht vorzustellen, bevor man fremder Leuts Heim betritt«, sagte er und schüttelte den Kopf. »Tss, tss, tss. Journalistin?«

Heloise schob das Kinn vor und hielt die Luft an. Sie hatte das

Gefühl, ihr Herz würde ihr jeden Moment aus der Brust springen.

René Decker grinste.

»Worüber willst du mit meinem Vater sprechen?«, fragte er und ließ den Lauf der Pistole an ihr heruntergleiten, bis sie im Ausschnitt ihres T-Shirts hängen blieb. Langsam zog er den Stoff mit dem Pistolenlauf herunter. Für einige lange Sekunden betrachtete er Heloises Brüste, zog die Mundwinkel nach unten und nickte anerkennend. Dann sah er Heloise wieder in die Augen und hob fragend die Brauen. »Also?«

»Ich will mit ihm über Pitbull sprechen«, sagte sie und wand sich im Griff des Riesen. »So haben Sie ihn doch genannt, oder? Tom Mázoreck? Pitbull?«

René Deckers Augen verengten sich, und er ließ die Waffe sinken. Heloise konnte seinen Gesichtsausdruck nur schwer deuten.

»Ich habe gehört, dass Sie derjenige waren, der den Hund im Tiefkühler gefunden hat«, sagte sie. »Stimmt das?«

Deckers Nasenflügel bebten, sein Blick verfinsterte sich.

»Wissen Sie etwas über die Mädchen, die ungefähr zur selben Zeit verschwunden sind? Mia Sark – sie hat damals hier gearbeitet. Erinnern Sie sich an sie?«

Er starrte sie lange mit leerem Blick an.

»Schließ sie ein, bis mein Vater fertig ist«, sagte er zu dem Riesen, ohne den Blickkontakt zu unterbrechen.

»Nein, warten Sie!«, rief Heloise. »Sie können doch nicht –«

Der Riese schleppte sie davon. Sie verlor den Boden unter den Füßen, fiel und wurde von ihm wieder auf die Beine gerissen. Während sie davongeschleppt wurde, sah sie sich zu René Decker um, der an der Bar Platz nahm. Vor Angst zitterte sie am ganzen Körper.

Plötzlich begann ihr Handy auf dem Tresen zu vibrieren. René Decker blickte auf den Bildschirm.

»Stopp!«, sagte er.

Er stand auf, ging auf sie zu und hielt ihr das Handy vors Gesicht, so dass sie sehen konnte, welcher Name auf dem Display aufblinkte.

Erik Schäfer.

»Geh ran«, befahl Decker.

Heloise runzelte die Stirn und sah ihn verständnislos an.

Er nahm den Anruf entgegen und stellte den Lautsprecher an. Dann hielt er ihr das Handy wieder vors Gesicht, richtete die Waffe auf sie und nickte.

»Hallo?«, sagte Heloise.

»Kaldan?«

»Ja.« Sie erwiderte Deckers Blick.

»Ich habe gerade mit Malou Yang gesprochen, und jetzt rate mal, wen sie als Mia Sarks Lover identifizieren konnte? Deinen neuen besten Freund!«

Heloise schwieg.

»Der Typ, den sie mit Mia Sark gesehen hat – das war Jan Fischhof!«

René Decker sah Heloise verdutzt an. Langsam ließ er die Waffe sinken.

»Hast du gehört, was ich sage? Es war Fischhof!«, wiederholte Schäfer. »Hallo, bist du noch dran?«

René Decker beendete den Anruf und sah Heloise mit forschem Blick an. »Du kennst Jan Fischhof?«

Heloise öffnete den Mund, brachte jedoch keinen Laut heraus. Ihr Blick ruhte immer noch auf der Waffe.

Der Mann, der sie festhielt, schüttelte sie. »Er hat dich was gefragt!«

»Ja«, presste sie hervor und versuchte, sich aus seinem Griff zu befreien. »Ja, wir sind befreundet.«

René Decker kniff die Augen zusammen.

»Aber er muss doch schon ein alter Mann sein.«

»Er liegt im Sterben, und ich versuche, ihm zu helfen.«

»Bist du deshalb hier? Um Jan zu helfen?«

Heloise nickte.

René Decker sah Heloise lange an, ohne einen Ton zu sagen. Dann richtete er seinen Blick auf den Einäugigen und nickte. »Lass sie los.«

Der Einäugige sah ihn fragend an.

»Lass sie los, hab ich gesagt.«

Der Mann tat, wie ihm geheißen, und Heloise entfernte sich hastig einige Schritte von ihnen. Sie strich ihr T-Shirt glatt und sah angespannt vom einen zum anderen.

René Decker senkte den Blick und nickte. »Mach, dass du wegkommst.«

Heloise holte tief Luft und sah ihn zögernd an. »Ich möchte trotzdem gern mit Ihrem Vater sprechen.«

René Decker sah sie verblüfft an. Sein Mundwinkel kräuselte sich zu einem schiefen Grinsen. Er war sichtlich beeindruckt.

»Du hast echt Eier, das muss ich dir lassen«, sagte er. Dann verschwand das Grinsen wieder, und er zeigte mit dem Daumen Richtung Ausgang. »Verpiss dich.«

Der Einäugige nahm Heloises Tasche, stopfte ihr Hab und Gut hinein und klatschte ihr die Tasche hart vor die Brust.

»Du hast gehört, was er gesagt hat. Nimm deinen Scheiß und verschwinde.«

Heloise nahm ihre Tasche, ging auf die Tür zu und trat ins Freie.

»Hey!« René Decker tauchte hinter ihr in der Tür auf.

Heloise drehte sich zu ihm um und erwiderte seinen Blick.

»Ich lass dich nur gehen, um Jan einen Gefallen zu tun«, sagte er. »Nur dieses eine Mal.«

Er unterstrich die Ansage mit erhobenem Zeigefinger und fixierte sie mit finsterem Blick.

Ein Schauer lief Heloise über den Rücken.

»Lass dich hier nicht mehr blicken.«

Heloise fuhr rechts ran und trat hart auf die Bremse. Sie umklammerte das Lenkrad mit beiden Händen und holte in beherrschten Atemzügen Luft, während sie ins Leere starrte.

Das war knapp gewesen. Viel zu knapp.

Wenn Schäfer nicht angerufen hätte, wenn René Decker sie nicht hätte gehen lassen …

Heloise kniff die Augen zu bei dem Gedanken, was als Nächstes passiert wäre. Ihr gesamter Körper zitterte vor Anspannung, und einen kurzen Moment überlegte sie, auf das Polizeirevier in Sønderborg zu fahren und den Vorfall anzuzeigen. Doch dann fiel ihr wieder ein, was Hans Gallagher über Jes Decker gesagt hatte.

*Man erzählt sich, er habe die Polizei um den kleinen Finger gewickelt, angeblich auch so manchen Lokalpolitiker – niemand kommt an ihn ran.*

Und die Gerüchte über den Drogenhandel, die Gallagher erwähnt hatte. Porno, Prostitution.

War die Familie Decker etwa auch in Menschenhandel involviert? Hatten sie Mia Sark und Nina Dalsfort entführt und verkauft?

Und Jan? In welchem Verhältnis stand er zu den Deckers? Heloise hatte in René Deckers Blick Respekt sehen können, als Jans Name gefallen war.

Warum hatte er sie gehen lassen?

Sie blieb in ihrem Wagen sitzen, bis das Adrenalin nicht mehr so stark in ihrem Körper pulsierte. Dann richtete sie sich auf, betrachtete sich im Rückspiegel, rieb sich mit den Händen über die Wangen und nickte.

Sie lenkte den Wagen zurück auf die Fahrbahn und trat aufs Gas.

# 30

Der Kies knirschte unter den Reifen, als Zøllner in die Einfahrt einbog. Er betrachtete das Gebäude vor sich: eine einstöckige Villa im Bungalowstil in dunkelbraunem Klinker mit Fensterläden. Er kannte das Haus seit dem Richtfest 1986, damals hatten er und Steffen noch Haare auf dem Kopf gehabt und ausgeprägte Bauchmuskeln, die man als Sixpack hätte bezeichnen können. Das fühlte sich an wie eine Erinnerung aus einem anderen Leben, dachte er und schaltete den Motor aus.

Er stieg aus dem Wagen, klopfte an die Tür und betrat das Haus, ohne auf Antwort zu warten.

»Hallo?«, rief er. »Jemand zu Hause?«

Miriam tauchte in der Tür zum Wohnzimmer auf. Sie hielt ihr Handy am Ohr, lächelte Zøllner zu und umarmte ihn mit ihrem freien Arm.

»Er ist draußen«, flüsterte sie und zeigte auf die Fensterfront, die das Wohnzimmer vom Garten abtrennte. Dann widmete sie sich wieder ihrem Telefonat und verschwand in der Küche.

Zøllner trat durch die offenen Schiebetüren hinaus in den Garten. Steffen stand mit dem Rücken zum Haus und war gerade dabei, die Buchenhecke zu trimmen, die das Anwesen umgab. Jenseits der Hecke begann der Wald, der sich über mehrere Kilometer gen Süden erstreckte.

Zøllner blieb einen Augenblick stehen und beobachtete Steffen bei der Arbeit, während er überlegte, wie er die Sache angehen sollte.

Er räusperte sich, und Steffen drehte sich zu ihm um.

»Ach, hej, Peter!« Ein überraschtes Lächeln breitete sich auf seinem Gesicht aus, und er legte die Heckenschere zur Seite.

»Hej«, sagte Zøllner. »Ich war gerade in der Gegend, und da dachte ich ...« Er zuckte mit den Schultern.

Steffen kam auf ihm zu und gab ihm die Hand. Ihre Blicke trafen sich, und sofort bildete sich eine Sorgenfalte zwischen Steffens Brauen.

»Alles in Ordnung?«, erkundigte er sich. »Du siehst schlecht aus.«

»Tu ich das?« Zøllner sah an sich herunter.

»Ja, du hast diesen fanatischen Blick. Hast du getrunken? Oder macht dir dein Kopf schon wieder Ärger?«

»Nein, nein ... Deshalb bin ich nicht –«

»Du denkst doch daran, deine Medikamente zu nehmen, oder?«

Peter Zøllner nickte.

»Gut, denn es ist wichtig, dass du nicht vom einen Tag auf den anderen aufhörst. So ein Entzug kann schwerwiegende Konsequenzen haben.«

»Ich nehme meine Tabletten so, wie sie mir verschrieben wurden, und außerdem ist mein letzter Anfall schon eine Weile her«, log Zøllner. Der Gedanke allein ließ seinen Puls steigen und die Angst in seiner Brust zittern. »Und was den Alkohol betrifft, hab ich seit mehr als sechs Monaten keinen Tropfen angerührt. Bald sind es sieben.«

Eine weitere Lüge.

»Also, was ist dann los?«, fragte Steffen und verschränkte die Arme vor der Brust.

»Gestern hat mich ein Kollege aus Kopenhagen angerufen. Einer von der Mordkommission.«

»Und?«

»Ich glaube, er untersucht gerade die Umstände zu Tom Mázorecks Tod.«

Jegliche Farbe verschwand aus Steffens Gesicht, seine Augen weiteten sich.

»Und heute Vormittag ist plötzlich eine Journalistin bei mir zu Hause aufgetaucht und hat Fragen gestellt«, fuhr Zøllner fort.

»Was für Fragen?«

»Über Mázoreck. Warum wir uns bei der Todesursache so sicher waren, ob ich irgendwas über die Mädchen weiß und warum der Fall so schnell zu den Akten gelegt wurde.«

Steffens Blick durchbohrte Zøllner.

»Du hast mir versprochen, dass das nicht geschehen würde, Peter.«

»Das weiß ich, aber –«

»Du hast es *versprochen*!«

Zøllner nickte.

Steffen schüttelte ungläubig den Kopf. »Aber … wie? Ich verstehe nicht?«

»Die Journalistin kennt Fischhof. Ich habe mal nachgeforscht, er hat offenbar all die Jahre drüben auf Seeland gelebt … und er hat angefangen zu reden.«

Steffen packe Zøllner am Kragen.

»Das darf nicht rauskommen, ist das klar? Ich kann alles verlieren: Miriam, mein Haus, meine Praxis … Alles!«

Peter Zøllner nickte.

»Du musst Jan Fischhof dazu bringen dichtzuhalten, Peter. Ist mir egal, wie du das anstellst. Bring ihn zum Schweigen.«

# 31

Vor dem Anwesen stand kein Zu-Verkaufen-Schild, aber der hiesige Immobilienmakler hatte Heloise berichtet, dass das Haus schon seit anderthalb Jahren auf dem Markt war, und hatte besonders betont, dass er für *jedes* Angebot offen war. Der geschätzte Wert lag bei einigen hunderttausend Kronen, aber es würde Heloise schwer wundern, wenn jemand mehr als die Hälfte für die Immobilie bieten würde, die nach Renata Mázorecks Tod nur vor sich hin rottete.

Der Makler hatte Heloise verraten, dass sie keinen Schlüssel bräuchte, um das Gebäude zu betreten, und er hatte recht. Die Eingangstür des alten Hauses hing schief in den Angeln und war nur angelehnt. Sie knirschte, als Heloise sie aufzog, und ein süßlicher Gestank kam ihr entgegen.

Heloise blickte hinunter auf den Fußboden, wo Fliegen um totes Fleisch schwärmten. Maden krabbelten zwischen den Rippen eines zerfetzten Körpers hervor. Heloise konnte nicht erkennen, ob es sich um einen Hund oder einen Fuchs handelte.

Sie zog sich das T-Shirt über die Nase, machte einen großen Schritt über den Kadaver und betrat das erste Zimmer. Sie sah sich um. Wasserschäden hatten sich durch die Decke und die Wände gefressen und das ganze Haus braun gefärbt. Ansonsten schien alles noch dort zu stehen, wo es zurückgelassen worden war: Bücher in den Regalen, Übertöpfe mit toten Pflanzen auf den Fensterbrettern, kitschige Deko – alles von einer dicken Staubschicht überzogen. Eine verblichene Zeitschrift lag auf dem Wohnzimmertisch neben einem vollen Aschenbecher, und auf dem Fußboden stand ein Paar Hausschuhe.

Heloises Blick fiel auf das Sofa. Die großen, dunkelbraunen Flecken auf den Polstern riefen ihr die Worte des Maklers wieder ins Gedächtnis: Renata Mázorecks Leiche hatte mehrere Monate dort gelegen, bevor man sie gefunden hatte. Ein weiterer Mensch hat diese Welt in totaler Einsamkeit verlassen, dachte Heloise, und hatte kurz das Bedürfnis, Jan Fischhof anzurufen. Aber irgendetwas hielt sie davon ab, sich bei ihm zu melden. Ein nagender Zweifel, der in ihr heranwuchs.

Warum hatte Ingeborg Sark so heftig reagiert, als Heloise seinen Namen erwähnt hatte? Warum hatte René Decker sie wegen Jan gehen lassen?

Heloises Blick fiel auf die eingerahmte Stickerei an der Wand über dem Sofa und konnte sich ein Schnauben nicht verkneifen. DIE FAMILIE IST DER GRÖSSTE SEGEN stand dort in verschnörkelten, rot gestickten Buchstaben. Sie ging auf die Terrassentür zu und öffnete sie, um frische Luft ins Haus zu lassen. Dabei fiel ihr Blick auf das Gästehaus am anderen Ende des Gartens.

Sie trat aus dem Haupthaus und bahnte sich ihren Weg durch das kniehohe Gras. Sie drückte die Türklinke des Gästehäuschens herunter. Es war abgeschlossen, also presste sie die Hände gegen den Türrahmen und drückte zu. Das Holz war morsch und trocken, und nach nur wenigen Versuchen gab die Tür nach.

Heloise betrat das Häuschen und sah sich um. Laut Hans Gallagher hatte Tom Mázoreck hier gewohnt.

Ein erwachsener Mann, der nie richtig von zu Hause ausgezogen war. Was sagte das über Mázoreck aus, der mit über vierzig noch bei seiner Mutter gewohnt hatte?

Abgesehen von einem Feldbett, das zusammengeklappt in einer Ecke stand, war das Gästehaus komplett leer. Es gab zwei Zimmer: ein Schlafzimmer und einen Waschraum. Die Fenster des Schlafzimmers gingen zum Garten hinaus, der Waschraum lag auf der Rückseite des Hauses. Er hatte keine Fenster, und von der Decke hing lediglich eine nackte Glühbirne.

Heloise nahm ihr Handy hervor. Sie schaltete die Taschenlampenfunktion an und ließ den Lichtkegel durch den leeren Raum wandern.

Der Boden war mit porösem Linoleum ausgelegt, die Wände waren weiß gefliest, auf Augenhöhe war eine Borte eingefügt worden: geriffelte, schmale Fliesen mit dunkelblauem Blumenmuster, das an Royal-Copenhagen-Porzellan erinnerte. Es war kein richtiges Bad, denn es gab weder eine Toilette noch eine Badewanne, nur einen Abfluss im Boden und ein Waschbecken, das an der Wand hing. Der Spiegel über dem Waschbecken war zersplittert. Es sah ganz danach aus, als hätte jemand mit der Faust hineingeschlagen. Die Glassplitter lagen in und um das Waschbecken verteilt, spitz wie Nadeln und rostrot. Hunderte kleine, silberfarbene Risse zogen sich im Zickzack über die Spiegelfläche.

Heloise starrte ihr verzerrtes Spiegelbild an und fuhr vorsichtig mit dem Finger über die scharfen Risse, während sie sich vorstellte, wie Tom Mázoreck an genau derselben Stelle gestanden und in diesen Spiegel gestarrt hatte.

Was hatte er darin gesehen?

Als ihr Telefon klingelte, fuhr sie vor Schreck zusammen und blickte auf das Handy, das sie noch in der Hand hielt. Sie nahm den Anruf entgegen und hob das Handy ans Ohr.

»Hej!«

»Hej, was ist los?«, fragte Schäfer. »Du hast aufgelegt, als ich vorhin angerufen habe.«

»Die Verbindung hier draußen ist ziemlich schlecht«, log Heloise und verließ das Bad. Sie schob die Tür des Gästehäuschens auf und ging hinaus in den Garten.

»Ich bin hier irgendwo im Nirgendwo, und das Netz spinnt manchmal.«

»Was machst du gerade?«

»Als du vorhin angerufen hast, war ich im Club Celeste, dort hat Mia damals gearbeitet. Du weißt schon, das Lokal, von dem die Mutter vermutete, dass sie dort das Geld gestohlen hatte?«

»Okay. Und?«

»In Ingeborg Sarks Worten klang es so, als handele es sich bei dem Lokal um ein Café – als hätte Mia dort Mokka Latte serviert. Aber wie sich herausgestellt hat, ist das Celeste eine Art Sexclub. Striptease, BDSM.«

»Und dort hat sie gearbeitet? Das Mädchen?«

»Ja. Keine Ahnung, ob sie Stripperin war oder einen anderen Job gemacht hat, aber das erklärt auf jeden Fall, wie sie in kurzer Zeit an so viel Geld gekommen ist.«

»Konnten die sich an sie erinnern?«

»Ja, ich glaube schon, und es kam mir so vor, als würden sie sich auch an Tom und Jan erinnern, aber sie wollten nicht mit mir sprechen.«

Heloise brachte es nicht übers Herz, Schäfer zu erzählen, was wirklich vorgefallen war. Es war ihr unangenehm, dass sie René Decker so ausgeliefert gewesen war – dass sie Angst gehabt hatte. Außerdem wusste sie, dass Schäfer nur mit ihr schimpfen würde, weil sie sich selbst in Gefahr gebracht hatte.

»Und du?«, fragte Heloise. »Wo bist du gerade?«

»Ich bin wieder auf dem Weg ins Zentrum. Ich bin nach dem Krankenhaus nach Dragør gefahren, weil ich mich mit Fischhof unterhalten wollte, aber das war leichter gesagt als getan.«

»Wie meinst du das?«

»Also, zum Ersten muss man an der weiblichen Version von Bud Spencer vorbeikommen.«

Ruth, dachte Heloise und nickte.

»Und zum Zweiten: Versuch mal, mit jemandem ein Gespräch zu führen, der so wirkt, als würde er im Schlaf reden. Wir haben total aneinander vorbeigeredet, und als ich Mia Sark erwähnt hab, war sein Blick plötzlich völlig leer, und er hat keinen Mucks mehr gemacht. Ich kann mir ehrlich gesagt nicht vorstellen, worüber ihr zwei euch so lustig unterhaltet, wenn du bei ihm bist. Der Mann ist ja auf einem komplett anderen Planeten!«

»Aber so ist er nicht immer. Er ist wirklich cool, wenn man ihn an einem guten Tag erwischt«, erwiderte Heloise. »Was wolltest du ihn denn bezüglich Mia Sark fragen?«

»Ich wollte, dass er mir erklärte, in welchem Verhältnis sie zu ihm stand. Die Arztfreundin meinte ja, sie hätte die beiden zusammen gesehen, aber war er nicht auch verheiratet?«

»Ja, mit Alice. Sie ist offenbar an Brustkrebs gestorben, als sie noch in Rinkenæs gewohnt haben. Ich habe mit Jans ehemaligem Arbeitgeber gesprochen, der mir erzählt hat, dass das damals eine schwere Zeit für Jan gewesen ist.«

»Okay, und da kann man sich ja denken, dass er nach dem Tod seiner Frau Trost gesucht hat. Vielleicht hat er den Club besucht, von dem du eben gesprochen hast, und Mia Sark dort getroffen.«

»Im Club Celeste?« Heloise schüttelte den Kopf. »Nein, das kann ich mir nicht vorstellen. Jan ist nicht der Typ für so was.«

»Trauernde Menschen tun so manche Dinge, die sie normalerweise nie tun würden – die gar nicht zu ihrem Charakter passen. Wenn Fischhof einsam war, war er vielleicht auf der Suche nach Gesellschaft. Vielleicht hat er auf seine Prinzipien gepfiffen, oder er hat eine Seite an sich entdeckt, an die er sich vorher nicht rangetraut hat. Hattest du nicht eben etwas von BDSM gesagt?«

»Ja, der Ort hat mir den Eindruck vermittelt. Es gab einen Käfig und Peitschen. Ketten, Lack, Leder – das volle Programm. Warum?«

»Marie Louise Yang hat beobachtet, dass Mia Sark Jan Fischhof geschlagen hat.«

Heloises Blick verengte sich. »Ihn *geschlagen*?«

»Ja, laut Yangs Beobachtungen hat sie ihm ordentlich eine geballert und ihn danach geküsst.«

»Wie bitte?«

»Jepp.«

»Ich dachte, sie hat die beiden nur zusammen *gesehen*? Ich habe das jetzt nicht so verstanden, dass sie auch zusammen *waren*!«

»Anscheinend schon.«

»Aber ...« Heloise war baff. »Mia Sark war doch noch so jung!«

»Ja. Neunzehn.«

»Und Jan war so ... so ...«

»Ja. Alt.«

»Jetzt mal im Ernst, er muss ja mindestens fünfundzwanzig Jahre älter gewesen sein.«

»Allerdings. Und ich weiß auch, was du jetzt befürchtest, aber das Mädchen war trotz allem schon neunzehn«, sagte Schäfer. »Er hat also kein Gesetz gebrochen. Und wenn sie als Stripperin gearbeitet hat oder als wer weiß was noch, dann war sie auch nicht das zarte Mauerblümchen, das ihre Mutter uns beschrieben hat.«

»Nein, aber trotzdem«, Heloise biss sich auf die Unterlippe und ließ den Blick über die Felder schweifen, die sich hinter dem Anwesen erstreckten. Der Boden war schwarz und golden, so weit das Auge reichte.

»Hast du mit Zøllner gesprochen?«

»Ja, aber er war nicht sehr gesprächig.«

»Er kennt dich ja auch nicht. Du bist Journalistin, und er ist Polizist.«

»Das schien nicht das Problem zu sein. Ich hatte eher den Eindruck, dass er irgendwas vertuschen wollte.«

»Zøllner?«

»Ja, genauso wie dieser andere Ermittler, Carl Roebel, von dem ich dir erzählt habe. Irgendwas geht hier unten nicht mit rechten Dingen zu, Schäfer. Ich hab das im Gespür.«

»Ach, im *Gespür*? Warum hast du das nicht gleich gesagt? Das sind genau die Art von handfesten Beweisen, die die Dienstaufsichtsbehörde so liebt.«

»Ach hör auf, du weißt doch, was ich meine. Er wirkte irgendwie ... umnebelt. Und er hat zehn Meter gegen den Wind nach Alk gestunken.«

»Wirklich?« Schäfer stöhnte genervt. »Ich dachte, er hätte sein Leben wieder in den Griff gekriegt.«

»Inwiefern?«

»Zøllner war während der Tsunamikatastrophe in Thailand. Er hat Frau und Kinder verloren, und das hat ihn komplett aus der Bahn geworfen.«

»Ach du Scheiße, sag, dass das nicht wahr ist.« Heloise legte den Kopf in den Nacken und schloss die Augen.

»Das war eine große Tragödie. Er war danach eine ganze Weile krankgeschrieben, ist in eine Depression gerutscht und hat sich komplett aufgegeben. Er schien fest entschlossen zu sein, sich totzusaufen, aber irgendwann hat er die Kurve gekriegt. Jedenfalls hatte ich das geglaubt, denn er hat im Jahr darauf wieder angefangen zu arbeiten.«

»Jetzt habe ich echt ein schlechtes Gewissen.«

»Weshalb?«

»Wie ich mich benommen habe. Ich habe ihm mehr oder weniger unterstellt, entweder inkompetent oder korrupt zu sein.«

»Gute Arbeit«, sagte Schäfer.

»Wie soll ich denn ahnen, dass er …«, seufzte Heloise. »Die Story hättest du mir vielleicht erzählen können, *bevor* ich ihn aufsuche.«

Das Knirschen von sich nähernden Reifen durchbrach die Stille. Heloise sah sich nach dem Wagen um, der sich dem Haus näherte. Er verlangsamte seine Geschwindigkeit, fuhr jedoch an dem Grundstück vorbei. Heloise wandte sich wieder ihrem Telefonat zu.

»Ich bin übrigens gerade beim Haus der Mázorecks. Beziehungsweise: beim Haus von Tom Mázorecks Mutter, wo auch Tom die meiste Zeit noch gewohnt hat.«

»Und was sagt die Mutter?«

»Nicht viel. Sie ist letztes Jahr verstorben, das Haus steht seitdem leer – ein verwahrlostes kleines Landhaus. Alle ihre Dinge sind noch hier und am Verrotten. Es ist ziemlich unappetitlich hier.«

Heloise umrundete das Gästehäuschen und betrachtete es von außen.

»Was hast du denn da draußen verloren?«, fragte Schäfer.

Heloise zögerte. Ihr Blick wanderte vom Gästehaus zum Haupthaus, in dem Renata Mázoreck gelebt hatte, und wieder zurück.

»Er war wohl ein ziemlicher Aufreißer«, sagte sie schließlich.

»Wer war ein Aufreißer?«

»Mázoreck. Man erzählt sich, dass die Frauen ihm scharenweise hinterherliefen.«

»Glückspilz«, sagte Schäfer. »Was erzählt man sich noch?«

Heloise schwieg einen Augenblick, während die Gedanken ratterten.

»Der Mann hat bei seiner Mutter gewohnt«, murmelte sie, als würde sie es mehr zu sich selbst sagen.

»Wie bitte?«

»Das ergibt keinen Sinn, Schäfer. Welche Frau fühlt sich denn zu einem Mann hingezogen, der noch bei seiner Mutter wohnt? Das ist doch nicht attraktiv.«

»Wir haben ja auch keinen blassen Schimmer, ob er die Damen mit nach Hause gebracht hat.«

Heloise starrte das Gästehaus an.

»Irgendetwas an diesem Ort …«

Sie sah wieder hinüber zum Haupthaus, und ihr wurde ganz mulmig zumute. Das Bild von René Decker, der seine Pistole zog und auf sie zielte, tauchte vor ihrem inneren Auge auf.

Sie drehte sich einmal um die eigene Achse, ließ den Blick über die weiten Felder und den Wald, der an die andere Seite des Grundstücks grenzte, schweifen. Plötzlich wurde ihr bewusst, wie schutzlos sie hier draußen war. Ganz allein, weit und breit keine Menschenseele.

Wieder hörte sie, wie sich ein Auto näherte, diesmal aus der entgegengesetzten Richtung. Langsam rumpelte es an dem Grundstück vorbei, und die Unruhe pulsierte Heloise in den Schläfen.

»Schäfer, ich ruf dich später zurück«, sagte sie. Sie beendete das Gespräch und ging mit raschen Schritten zu ihrem Leihwagen.

Heloise fuhr zurück nach Gerdasminde, nahm ein Bad, sammelte ihre Notizen zusammen und legte sie in ihre Tasche. Zurück im Auto auf dem Weg nach Sønderborg rief sie bei Jan an. Ruth nahm den Anruf entgegen und kam ohne Umschweife auf Schäfers Besuch zu sprechen.

»Was für ein Tyrann! Eins sag ich dir, diesen Mann lass ich hier erst wieder rein, wenn er mir einen richterlichen Beschluss vorlegen kann.«

Der Besuch hatte Jan offenbar erschöpft und ihn in einen desolaten Zustand versetzt. Als Ruth ihm den Hörer reichte und ihn fragte, ob er mit Heloise sprechen wolle, lehnte er nachdrücklich ab. Er klang gekränkt, doch Heloise konnte auch noch etwas anderes in seiner Stimme hören. Ein Misstrauen, das er bisher nur allen anderen gegenüber an den Tag gelegt hatte, und Heloise wurde das Herz ganz schwer, als ihr bewusst wurde, dass sie ihren Sonderstatus als Auserwählte bei Jan verloren hatte.

Aber war nicht auch ihr Vertrauen in Jan im Laufe der letzten vierundzwanzig Stunden angeknackst worden?

Heloise legte auf und drückte aufs Gaspedal. Die bedrückende Erkenntnis, dass sie wohl zum letzten Mal mit Jan Fischhof gesprochen hatte, machte sich in ihr breit. Dabei gab es noch so viel, was sie nicht über ihn wusste, aber sie kannte ihn inzwischen gut genug, um zu wissen, dass er sie höchstwahrscheinlich nicht noch einmal an sich heranlassen würde.

Die digitale Uhr auf dem Armaturenbrett zeigte 18.40 h an, und Heloise hatte bereits die halbe Strecke nach Sønderborg zurückgelegt, als sie den roten Toyota Corolla im Rückspiegel bemerkte. Es waren die getönten Scheinwerfer, die ihre Aufmerksamkeit auf sich gezogen hatten, und sie konnte die Umrisse des Fahrers hinter dem Steuer erahnen. Heloise sah abwechselnd auf die Fahrbahn und in den Rückspiegel.

War es derselbe Wagen, der vor dem Club Celeste gehalten hatte?

Der Toyota fuhr mit einigem Abstand hinter ihr her, und als Heloise die Mühle von Dybbøl erreichte, bog sie nicht in Thomas' Straße ein, sondern fuhr geradeaus weiter. Sie beschleunigte, und die Reifen donnerten über die Pflastersteine, während die ersten Häuser von Sønderborg in Sicht kamen.

Heloise ließ die Scheinwerfer in ihrem Rückspiegel nicht aus den Augen und bog ganz willkürlich in beliebige Seitenstraßen ein, um zu sehen, ob der Toyota ihr weiterhin folgte. Zwanzig Minuten lang lenkte sie den Wagen kreuz und quer durch Sønderborg, ohne ihn abschütteln zu können. Schließlich steuerte sie das Polizeirevier an.

Heloise hielt vor dem Gebäude, ließ den Motor laufen und sprang aus dem Wagen. Als sie die automatischen Schiebetüren erreichte, drehte sie sich noch einmal um und sah, wie der Toyota vorbeifuhr. Die Person hinter dem Steuer drehte sich im Vorbeifahren nach ihr um, doch alles ging so schnell, dass Heloise nicht erkennen konnte, ob es sich um einen Mann oder eine Frau handelte.

Kurz darauf war der Wagen verschwunden.

Heloise drehte sich um und betrat das Revier.

»Sie schon wieder«, wurde sie von einem genervten Carl Roebel begrüßt, der hinter dem Empfangsschalter saß.

»Hej«, sagte sie und zeigte Richtung Tür. »Das klingt sicherlich komisch, aber ich wurde den ganzen Weg von Broager bis hierher von einem Wagen verfolgt, und ich –«

»Sie werden *verfolgt*?« Carl Roebel legte sein Gesicht in spöttische Falten, kurz darauf blickte er wieder unbeeindruckt drein. »Wahrscheinlich jemand, der von Ihrem ganzen Ausgefrage genervt ist.«

Heloise starrte ihn ungläubig an.

»Sagen Sie, Roebel, wovor haben Sie eigentlich Angst? Dass ich aufdecken könnte, was hier vor sich geht? Was haben Sie denn zu verbergen?«

»Gar nichts habe ich zu verbergen«, sagte er schnaubend. »Ich habe nur nichts für neunmalkluge Leute übrig, die hier reingerauscht kommen und sich mit ihrem Presseausweis und ihrer Kopenhagen-Attitüde aufplustern und erwarten, dass man für sie alles stehen und liegen lässt.«

Heloise musterte ihn schweigend. Nach einigen Sekunden schüttelte sie den Kopf, machte auf dem Absatz kehrt und ging.

Sie stieg in den Wagen und behielt ihre Umgebung besonders aufmerksam im Blick, während sie zurück Richtung Stadtzentrum fuhr, über die Brücke und an der Mühle abbog.

Kurz darauf entspannte sie sich. Vielleicht hatte sie sich das alles nur eingebildet.

In ihrem Rückspiegel waren keine roten Corollas.

Niemand verfolgte sie.

# 32

Das Absperrband war quer über die Tür gespannt worden, die jetzt offen stand, und Schäfer sah, wie Rud Johannsen und ein jüngerer Kollege von der Kriminaltechnik dabei waren, Blutflecken, Tropfen und Spritzer im Eingangsbereich bis in den hinteren Teil des Flures zu kartieren, in dem Lester Wilkins tot aufgefunden worden war.

Schäfer klopfte an den Türrahmen. Die beiden KTUler sahen auf.

»Störe ich?«

»Nein, nein, komm rein!« Rud winkte ihn herein und zog den Mundschutz unters Kinn. »Wir wollten gerade zusammenpacken.«

Schäfer duckte sich unter dem Absperrband hindurch.

»Was ist denn mit dir passiert?«, fragte Rud und deutete mit einem Kopfnicken auf Schäfers blaues Auge.

»Connie«, sagte Schäfer. »Sie meinte, ich wäre frech gewesen.«

Rud grinste.

»Also?«, fragte Schäfer. »Habt ihr was Verwertbares gefunden?«

»Ja und nein«, antwortete Rud. Er schob sich seine Brille auf die Stirn. Sein halblanges graues Haar hatte er unter eine Schutzhaube gestopft, sein Blick war wie immer fokussiert und konzentriert. »Da die Haut durch den Schlag nicht perforiert wurde und es sich laut Sandahl um einen einzigen gezielten Schlag über dem Haaransatz handelte und nicht um mehrere aufeinanderfolgende Schläge, gibt es keine Spritzer oder sonstige Spuren hier oben«, sagte er und deutete an die Decke. »Allerdings haben wir Unmengen langgezogener Blutspritzer, die hier fast horizontal an den Wänden den gesamten Flur entlang verlaufen.« Rud zeigte auf die Spuren, während er sprach. »Das Blut ist aus dem Mund des Opfers hervorgequollen, er kann das Blut also ausgespuckt oder ausgehustet haben, so dass die Spritzer in diesem Winkel an die Wände gelangt sind. Es kann allerdings auch bedeuten, dass er gestoßen, geschoben oder geschlagen wurde, während er blutete.«

»Können auch einige der Blutspuren vom Täter oder der Täterin selbst stammen?«, fragte Schäfer. »Wenn er oder sie sich während der Tat verletzt hat?«

»Das kann sein.« Rud nickte. »Wir haben Proben genommen und werden sie schnellstmöglich durch unser System jagen, um zu sehen, ob es sich um die DNA von einer oder mehreren Personen handelt und ob wir in dem Fall einen Abgleich machen können. Aber du weißt ja, wie es ist. Das dauert seine Zeit.«

Der junge Kriminaltechniker nahm die Proben, von denen Rud gesprochen hatte, und wandte sich an seinen Kollegen.

»Ich fahre mit denen hier schon mal ins Labor«, sagte er und nickte ihm zum Abschied zu. »Schönes Wochenende!«

»Ähm, aber ich …« Rud wollte ihn noch aufhalten, doch der junge Mann hatte ihm bereits den Rücken zugekehrt und ging geradewegs durch die Eingangstür auf den weißen Wagen der Spurensicherung zu, der vor dem Gebäude auf der Esplanade parkte.

Resigniert ließ Rud die Arme sinken.

»Was ist denn los?«, fragte Schäfer.

»Ach, ich wollte ihm nur meine Hilfe anbieten.« Rud sah auf seine Uhr. »Aber es geht ja auch langsam auf Feierabend zu, also vielleicht könnte man …« Er schaute den Korridor auf und ab, als hielte er nach etwas Ausschau. »Ja, Mensch, vielleicht könnte man sich ja ein Feierabendbierchen gönnen?«

Er warf Schäfer einen zaghaften Blick zu.

»Raus mit der Sprache, Rud, was ist los?«

Rud ließ die Schultern sinken. Er holte tief Luft und seufzte.

»Die Wochenenden sind nicht mehr das, was sie mal waren«, sagte er.

Schäfer presste die Lippen aufeinander und nickte.

Rud Johannsen hatte ihm vor kurzem anvertraut, dass ihn seine Frau, mit der er seit dreißig Jahren verheiratet war, verlassen hatte. An seinem sechzigsten Geburtstag hatte sie verkündet, dass sie jemand anderen getroffen hatte: sich selbst! Ihre Begründung lautete, dass sie sich nicht mehr wie der Mensch fühlte, den er geheiratet hatte, und dass sie diese neue Version ihrer selbst gern in Ruhe kennenlernen wolle – und zwar allein. Schäfer nahm ihr das Allein-Gerede nicht ab, aber Rud schien das nicht in Frage zu stellen, weshalb Schäfer einen Teufel tun würde, ihn mit der Nase darauf zu stoßen, dass seine Frau vermutlich im Kopenhagener Nachtleben zu sich selbst finden wollte, bevor ihre Zeit abgelaufen war.

»Ich weiß nicht, womit ich die Zeit rumkriegen soll, jetzt, wo ich nur noch mich selbst habe«, sagte Rud und blickte ganz verloren drein.

»Was ist mit deinen Kindern? Die haben dich doch nicht verlassen.«

»Ja, aber die sind mit ihrem Studium beschäftigt. Die haben

Besseres zu tun, als sich das Gejammer ihres alten Vaters anzuhören.«

»Okay, aber deinen Job, den liebst du doch«, sagte Schäfer, »und in den kannst du dich doch total vertiefen.«

»Ja, das würde ich ja gern, aber mein Chef beschwert sich schon, dass ich zu viele Stunden mache«, sagte Rud. »Er sagt, dass wir auch den jungen Leuten die Möglichkeit geben sollen zu zeigen, was sie draufhaben – und dass ich sie mit meinen strengen Steinzeitregeln nur tyrannisieren würde. So hat er es formuliert. Aber mir ist es halt wichtig, dass die Dinge ihre Ordnung haben, was soll denn daran bitte falsch sein?«

Schäfer grinste. »Nichts, Rud. Rein gar nichts. Die jungen Leute sollten lieber dankbar sein, eine Koryphäe wie dich im Team zu haben.«

»Na ja, ich weiß ja nicht«, sagte Rud und setzte eine bescheidene Miene auf. »Jedenfalls wurde ich angewiesen, schön zu Hause zu bleiben, wenn ich nicht im Schichtplan stehe. Ist dir so etwas schon mal untergekommen?«

»Willkommen im Club«, sagte Schäfer.

»Was?« Ruds Miene erhellte sich etwas bei dem Gedanken, dass er und Schäfer in einem Boot saßen.

Schäfer zeigte auf den blauschwarzen Schatten unter seinem Auge und die Nähte, die seine Augenbraue zusammenhielten.

»Mir wurde gesagt, ich soll mich erholen.«

Rud sah ihn ungläubig an.

»Wegen der kleinen Schürfwunde? Meine Herren!«

Schäfer gluckste vergnügt.

»Na los«, sagte er und schlug Rud freundschaftlich auf die Schulter. »Gehn wir ein Bier trinken?«

# 33

»Worauf hast du Lust? Ich hätte Lust auf Pale Ale. Oder willst du lieber ein normales Pils?«

Thomas stand vor dem offenen amerikanischen Kühlschrank und sah zu Heloise.

»Nein, danke, aber vielleicht hast du ja …«

Triumphierend nahm er eine Flasche chilenischen Novas Chardonnay aus dem Casablanca Valley aus der Kühlschranktür – Heloises Lieblingsdrink, der zu ihrem Markenzeichen geworden war.

»Was hast du denn gedacht?«, fragte er. »Das ich das vergessen hätte?«

Heloise betrachtete ihn von oben bis unten. »Du Charmeur!«

»Aber ich habe recht, oder?«

»Ja, du hast recht.« Heloise lächelte und nahm das Glas entgegen, das er ihr eingeschenkt hatte.

Sie hatte sich umgezogen und sich einen Spritzer Jour d'Hermès auf die Handgelenke getupft, ehe sie das Haus verlassen hatte, aber sie hatte weder Make-up aufgetragen, noch etwas mit ihren Haaren gemacht. Nicht etwa, weil sie Thomas nicht gefallen wollte, sondern eher, weil sie wusste, dass sie sich nicht besonders anstrengen musste.

Thomas machte sich ein Bier auf. Er stellte sich auf die andere

Seite der Kücheninsel und begann, eine Avocado zu schneiden und Erbsen aus ihren Hülsen zu pulen.

»Darf ich mich umsehen?«, fragte Heloise und zeigte auf die offenen Flügeltüren, die ins Wohnzimmer führten.

»Ja, natürlich.« Er nickte und breitete einladend die Arme aus. »Fühl dich ganz wie zu Hause.«

Heloise betrat das Wohnzimmer und ließ den Blick über das Interieur schweifen. Sie erkannte einige der Malereien und Kunstdrucke aus der Galerie Maeght wieder, die sie schon damals an Thomas' Wänden gesehen hatte. Die blau glasierten Lehmkrüge, die seine Mutter in ihrer kreativen Phase Anfang der Nullerjahre fabriziert hatte, und die Designerlampe von Poul Henningsen, die schon in seiner Wohnung in Christianshavn gehangen hatte.

Dinge, die Heloise längst vergessen hatte und die nun ganz deutlich in ihrer Erinnerung wachgerufen wurden.

Ihr Blick glitt über die Buchrücken im Regal und blieb bei einer Ausgabe von Christopher Hitchens' *Der Herr ist kein Hirte* hängen. Es war eine signierte Erstausgabe, die Heloise Thomas vor fast zehn Jahren zum dreißigsten Geburtstag geschenkt hatte. Er vergötterte den bereits verstorbenen Hitchens mit einer Intensität, die für einen Mann, der sich selbst als gottlos erachtete, an Ironie grenzte, und Heloise hatte viel Geld ausgegeben, um dieses Buch für ihn auf Ebay zu erstehen.

Sie stellte ihr Weinglas auf einem der Regalbretter ab und nahm das Buch heraus. Sie schlug es auf und lächelte, als sie das Foto fand, das sich zwischen den Seiten versteckt hatte. Eine alte Aufnahme von ihr und Thomas auf dem Weg zum Halloweenfest der Journalistenschule, verkleidet als eine Natural-Born-Killers-Variante und der Duchesse aus dem Disneyfilm Aristocats.

Heloise drehte das Bild um und las, was sie auf die Rückseite geschrieben hatte.

*Abraham Delacey Giuseppe Casey Thomas O'Malley*
*Ich liebe dich – für immer und ewig.*
*Heloise*

Sie legte das Bild zurück ins Buch und schob es wieder auf seinen Platz ins Regal. Dann ging sie zu Thomas in die Küche, setzte sich auf einen der Barhocker an der Kücheninsel aus Marmor, auf der ihre Notizen ausgebreitet lagen.

»Hast du die Dalsfort-Familie erreicht?«, fragte Thomas. Er hatte sich die Ärmel hochgekrempelt und war dabei, ein fettes Label-Rouge-Hühnchen mit Zitrone, Thymian und Rosmarin zu füllen.

»Nein, ich habe es heute nicht mehr geschafft«, sagte Heloise. Sie schob die Notizen zu einem Stapel zusammen und legte sie beiseite. »Das mache ich morgen.«

»Jetzt erklär mir doch noch einmal, wobei genau du meine Hilfe brauchst.«

Heloise antwortete nicht. Sie sah zu, wie Thomas den Vogel mit Olivenöl und Salz einrieb.

Er sah auf. Ihre Blicke trafen sich.

»Wollen wir nicht erst essen?«, fragte sie mit milder Stimme. »Danach können wir über die Arbeit sprechen.«

Thomas nickte lächelnd. Er wusch sich die Hände und trocknete sie an einem Geschirrtuch ab. Dann hob er sein Bier und prostete Heloise zu.

»Schön, dich zu sehen«, sagte er.

»Finde ich auch.« Sie stieß mit ihrem Glas an seine Bierflasche und trank einen Schluck von ihrem Wein.

Thomas blieb mit dem Bier in der erhobenen Hand stehen und konnte den Blick nicht von ihr abwenden.

»Du starrst«, sagte Heloise lächelnd.

»Es fällt mir schwer, das sein zu lassen.«

»Wundert mich auch eigentlich nicht. Immerhin hast du mich sieben Jahre lang nicht gesehen.«

»Doch, ich …« Er zögerte. »Ehrlich gesagt, *habe* ich dich gesehen.«

Heloise runzelte die Stirn und sah ihn fragend an. »Wie meinst du das?«

»Letztes Jahr«, sagte Thomas. »Ich war in Kopenhagen und hatte ein Meeting in diesem Restaurant, das am Kongens Nytorv liegt …«

»Bistro Royal?«

Thomas nickte.

»Du hast mit diesem Regierungspressesprecher an der Bar gesessen. Wie hieß er noch gleich? Duvall?«

Thomas gab sich Mühe, so zu klingen, als sei er sich nicht ganz sicher, aber Heloise kannte ihn gut genug, um zu wissen, dass bei ihm nicht der geringste Zweifel bestand. Sie wusste auch sofort, von welchem Tag er sprach. Sie und Martin Duvall hatten den ganzen Abend im Bistro Royal an der Bar gesessen und Moules Frites gegessen, einen Weißwein nach dem anderen vernichtet und so heftig geknutscht, dass ihre Lippen noch Tage danach ganz wund waren. Bei dem Gedanken, dass Thomas sie so gesehen hatte, drehte sich ihr der Magen um.

»Du hast glücklich ausgesehen«, sagte er.

»Das muss eine optische Täuschung gewesen sein«, erwiderte Heloise und meinte es vollkommen ernst.

»Dich dort zu sehen … das erste Mal nach so langer Zeit … mit einem anderen.«

Thomas schüttelte den Kopf und legte sich die Hand aufs Herz. »Ich wäre fast gestorben«, sagte er grinsend.

Heloise sah ihm lange in die Augen.

»Dann weißt du jetzt auch, warum ich gestern wieder gefahren bin.«

Sie sahen sich lange schweigend an. Dann holte Heloise tief Luft und sah sich die Kinderbilder an, die an der Kühlschranktür festgepinnt waren. Mit einem Kopfnicken deutete sie in deren Richtung.

»Wie alt sind deine Jungs? Sechs?«

Thomas nickte.

»Wie heißen sie?«

»Anders und Christian.«

Heloise sah ihn an und grinste. »Ach, wie herrlich normal.«

Thomas lachte. »Äh, danke. Glaub ich.«

»Nein, das meine ich wirklich positiv. In Kopenhagen haben die Kinder heutzutage die verrücktesten prätentiösen Namen. In der Klasse meiner Patentochter heißen die Kinder Platon, Saxo, Pollux ... Morpheus! Eins der Mädchen heißt sogar Oasis. Benannt nach der Band.«

»Gut, dass die Eltern keine Fans von Blur waren.«

»Viel schlimmer wäre das auch nicht!«

Thomas lächelte. »Und deine Patentochter, wie heißt die?«

»Lulu.«

»Lulu ...« Er ließ den Namen auf sich wirken. »Klingt aber auch irgendwie nach Stripperin, oder?«

»Boah, ey!« Heloise hob empört die Augenbrauen und brachte ihn mit erhobenen Händen zum Schweigen. »Das ist Gerdas Tochter, über die du da sprichst!«

Thomas lachte und verschränkte die Arme vor der Brust. Er lehnte sich an die Küchenzeile.

»Gerda«, sagte er. »Schon verrückt, ihre Stimme zu hören! Wie geht es ihr?«

»Gut«, sagte Heloise. »Sie ist in einer ähnlichen Situation wie du: frisch geschieden und superheiß.«

»Superheiß?« Thomas sah sie erstaunt an. »Findest du mich superheiß?«

Heloise musterte ihn von oben bis unten.

»Also, du sahst schon mal schlimmer aus.«

Sie stand auf, schnappte sich die Teller, die auf der Kücheninsel standen, und begann, den Tisch zu decken.

Sie spürte Thomas' Blick.

»Was ist mit dir und Kindern?«, fragte er. »Dein Vater nervt dich doch bestimmt schon mit Fragen, wann denn die Enkelkinder kommen, oder?«

Ein unangenehmes Gefühl breitete sich in Heloises Brust aus. Das war das einzige Thema, über das sie mit Thomas nicht reden wollte, und sie hatte gehofft, dass es erst einmal nicht zur Sprache kommen würde.

»Mein Vater ist gestorben«, sagte sie, mit dem Rücken zu Thomas. Sie drehte sich um und sah ihn an.

Mit weit aufgerissen Augen starrte er sie an. »Was sagst du da?«

Sie nickte stumm.

Ein Schleier legte sich über Thomas' Blick. Er ging ein paar Schritte auf sie zu. Verständnislos schüttelte er den Kopf und schluckte den Kloß im Hals herunter.

»Aber … wann?«

»Letztes Jahr.«

»Oh Gott, Heloise, das tut mir so leid.« Er legte seine Hände auf ihre Schultern.

Heloise nickte. Sie hatte gewusst, dass es ihn mitnehmen würde.

»Er war ein guter Mann, dein Vater. Ich hab wirklich große Stücke auf ihn gehalten«, sagte Thomas.

Heloise senkte den Blick. Sie brachte es nicht übers Herz, ihm zu erzählen, was in ihr vorging.

»Wie alt ist er geworden?«

»Vierundsechzig.«

Thomas schüttelte den Kopf und seufzte. »War er krank?«

*Ich bin krank. Das ist eine Krankheit, ich … O Gott, hilf mir!*

»Ja.« Sie nickte. »Ja, das war er.«

»Und Karin?«, erkundigte Thomas sich nach Heloises Mutter. Er wusste, dass sie und Heloise sich nie besonders nah gewesen waren. In besseren Zeiten waren sie höflich und verkrampft miteinander umgegangen. In schlechteren hatten sie gar keinen Kontakt.

Heloise schüttelte den Kopf.

»Sie ist, ein paar Jahre nachdem du nach New York gegangen bist, gestorben. Also, um deine Frage zu beantworten: Nein! Niemand nervt mich mit Fragen zu Enkelkindern.« Heloise lächelte kurz. »Außerdem glaube ich, der Zug ist abgefahren.«

»Du bist erst siebenunddreißig«, warf Thomas ein. »Du hast doch noch Zeit.«

»Der Zug ist abgefahren«, wiederholte Heloise.

Sie wandte sich ab und griff nach ihrem Glas. Sie hatte keine Lust, über ihre Familie zu sprechen.

Für einen langen Moment schwiegen sie. Dann schaute Heloise aus dem Fenster in den Garten und lächelte.

»Du hast echt eine Fahnenstange, ich fass es nicht«, sagte sie und betrachtete den Wimpel, der schlaff von der Spitze der Stange am anderen Ende des Gartens hing.

Thomas konnte sich ein Grinsen nicht verkneifen. Er drehte sich um und schaltete den Ofen an.

Heloise sah sich um und fuhr fort. »Du lebst in einer herrschaftlichen Villa mit Doppelgarage, hast eine Wohnküche mit italienischen Fliesen, Zwillinge und eine *Fahnenstange*. Und du wohnst in Jütland.« Sie breitete die Arme aus und lachte. »Wie zur Hölle konnte das passieren?«

»Tja«, sagte Thomas und erhob seine Bierflasche zum Prosten. »Das Leben ist passiert!«

»Und ich muss zugeben, dass es nach einem ziemlich erträglichen Dasein aussieht«, sagte sie. »Bist du glücklich?«

»Jetzt im Moment schon«, sagte er und sah ihr in die Augen.

»Schön«, erwiderte sie und lächelte.

Thomas stellte die Flasche wieder ab und stützte die Hände auf die Arbeitsfläche. »Denkst du manchmal daran, wo wir heute wären, wenn ich damals nicht in die USA gegangen wäre? Oder wenn du, wie geplant, mitgekommen wärst?«

»Ja.« Heloise nickte. Sie holte tief Luft und zuckte mit den Schultern. »Dann wären sicher wir diejenigen, die jetzt geschieden wären, zwei Kinder hätten, die eine Woche bei mir, eine Woche bei dir leben, und die diesen Rhythmus mit ihren jeweiligen Reiseplänen abstimmen.«

Er schüttelte lächelnd den Kopf. »Das glaubst du doch selbst nicht.«

Sein Handy, das auf der Kücheninsel lag, leuchtete auf. Thomas warf einen Blick auf das Display. Seine Augenbrauen verengten sich über der Nase, während er die Nachricht überflog, die er soeben erhalten hatte.

Er nahm das Telefon in die Hand und ging zum Wohnzimmerfenster, von dem aus man bis zur Bucht sehen konnte.

»Was ist denn?«, fragte Heloise.

Wieder sah er auf das Display.

»Ich habe eine Nachricht aus der Redaktion bekommen. Der

Nachrichtenchef schreibt, dass unten am Strand eine Leiche an Land gespült worden ist.«

»Eine *Leiche*?« Heloise stellte sich neben ihn ans Fenster. »Wo?«

Thomas zeigte aus dem Fenster. »Dort unten. Einen knappen Kilometer von hier.«

Heloise spähte über die Wiese, die sanft zur Bucht hin abfiel, und sah schwaches blaues Licht aufleuchten.

»Weiß man schon, was passiert ist?«, fragte sie.

»Bisher nicht. Wir haben gerade erst einen Tipp von einem unserer Informanten in der Notrufzentrale erhalten. Der Anrufer meinte, es sehe ganz nach Mord aus.«

Thomas begann, auf seinem Handy herumzutippen.

»Willst du niemanden dorthin schicken, um vor Ort Bericht zu erstatten?«, fragte Heloise.

»Doch«, sagte er und nahm ihre Hand. »Komm!«

# 34

Die Sonne leuchtete glutrot wie Feuer am Horizont und spiegelte sich in einem langen roten Streifen in dem bläulich-schwarzen, spiegelglatten Wasser der Bucht. Sanfte, meditative Wellen schwappten leise an die Küste. Heloise und Thomas folgten dem Pfad, der über die Wiese an die Bucht hinunterführte. Als sie das Ufer erreichten, konnten sie ein paar hundert Meter weiter am einsamen Strand das Blaulicht der Rettungsfahrzeuge lautlos aufblitzen sehen.

Sie gingen über den steinigen Strand auf das Blaulicht zu. Gelbe und rote Sockel ragten aus dem Sand, ihre Kanten waren abgerundet, wahrscheinlich vom Wasser verformt.

»Das sind alte Mauerreste«, erklärte Thomas, als Heloise sich danach erkundigte. »Die Gegend ist bekannt für ihre Ziegeleien, und besonders an den Stränden findet man noch die Überreste der Industrie, die hier über viele Jahre floriert hat.«

Sie näherten sich den Einsatzwagen der Polizei und des Rettungsdienstes und erhaschten einen Blick auf den Leichnam, der auf dem Rücken am Ufer lag.

Heloise sperrte erschrocken den Mund auf und packte Thomas am Arm.

»Ach du Scheiße«, murmelte er.

Die Leiche am Ufer war nackt. Die Konturen am Brustkorb

und die Muskulatur an den Beinen verrieten, dass es sich um einen Mann zwischen dreißig und fünfzig handeln musste. Sein Brusthaar war dunkel, sein Bauch und die Geschlechtsorgane waren vom Wasser aufgedunsen. Kopf und Hände waren abgetrennt und nicht mit an Land gespült worden.

Ein Kriminaltechniker fotografierte den Leichnam, zwei uniformierte Beamte standen zehn, zwölf Meter von ihm entfernt mit dem Rücken zur Bucht. Sie vernahmen gerade einen älteren Herren, der, so Heloises Vermutung, die Leiche gefunden haben musste.

Sie sah sich den kopflosen Leichnam genauer an. Eine Krabbe so groß wie eine Faust bahnte sich ihren Weg an seinem linken Schienbein empor, und Heloise konnte nur mit Mühe einen Würgereflex unterdrücken.

»Hey! Sie beide!«, rief eine Stimme hinter ihnen. Die Polizei hatte bemerkt, dass ungebetene Gäste gekommen waren. »Verlassen Sie augenblicklich den Einsatzort!«

Thomas ließ Heloises Hand los und ging auf die Beamten zu. Heloise blieb wie angewurzelt stehen und starrte die Leiche an – die Arme, die wie bleiche Stöcke vom Oberkörper abstanden, die Krabbe, die sich ihren Weg bahnte, den Hals, der nicht länger als zwei bis drei Zentimeter war. Zwei bis drei Zentimeter *kurz.*

»Wissen Sie schon, was passiert ist?«, hörte sie Thomas fragen.

»Tut mir leid, Malling, aber wir können Sie hier nicht gebrauchen.«

»Aber haben Sie eine Idee, um wen es sich handeln könnte?«

»Ich habe zum derzeitigen Zeitpunkt keinen Kommentar. Ich muss Sie bitten, den Einsatzort zu verlassen.«

»Wir stehen hier vor einer verstümmelten Leiche, Roebel, irgendeine Info müssen Sie mir schon geben! Die Bürger

Sønderborgs haben ein Recht darauf zu erfahren, ob ein Mörder in ihrer Gegend sein Unwesen treibt und …«

»Jetzt hören Sie schon auf, den Leuten irgendwelche Flöhe ins Ohr zu setzen. Wir wollen hier in Ruhe arbeiten, also nehmen Sie ihre Freundin und gehen Sie bitte …«

Heloise drehte sich um. Ihre Blicke trafen sich.

»Hallo, Herr Roebel«, sagte sie und nickte ihm zu.

Verblüfft starrte er sie an, als er sie erkannte. Dann wandte er sich wieder an Thomas.

»Verlassen Sie jetzt bitte den Einsatzort.«

»Hast du noch Appetit?«

Mit heruntergezogenen Mundwinkeln sah Thomas sie an.

Sie setzte sich auf einen der Barhocker an der Kücheninsel und betrachtete das Hühnchen, das neben dem Herd in der Ofenform lag, rosa und kopflos. Sie schüttelte den Kopf.

»Ich auch nicht«, sagte er und schaltete den Ofen aus. Er schmiss den Vogel in den Abfall, knotete die Mülltüte zu und brachte sie nach draußen.

Heloise nahm die Weinflasche und füllte ihr Glas bis zum Rand. Sie trank in großen Schlucken und schloss die Augen, als sie spürte, wie der Alkohol in ihren Adern prickelte.

Thomas kam zurück in die Küche und zog sein Handy aus der Hosentasche. Er wählte eine Nummer und hielt sich das Telefon ans Ohr.

»Wen rufst du an?«, fragte Heloise.

»Einen Informanten bei der Polizei«, sagte er.

Er ging ins Wohnzimmer, und Heloise konnte hören, wie er abwechselnd Fragen stellte und zuhörte. Als er zurück in die Küche kam, sagte er: »Ich glaube, sie haben schon eine Vermutung, um wen es sich bei der Leiche handeln könnte.«

»Um wen?«

»Eventuell könnte es sich um einen holländischen Touristen handeln, der vor einem Monat als vermisst gemeldet und zuletzt in Aabenraa gesehen wurde, aber aller Wahrscheinlichkeit nach ist es ein Mann hier aus der Gegend namens Glenn Nielsen. Es kann natürlich auch jemand ganz anderes sein, aber Glenns Frau hat ihn vor einigen Stunden als vermisst gemeldet, weil sie seit gestern früh nichts mehr von ihm gehört hat. Jetzt müssen wir abwarten, was die Polizei herausfindet. Solange weder Hände noch Kopf irgendwo gefunden werden, können sie ja keine Hand- oder Zahnabdrücke abgleichen.« Er zuckte mit den Schultern.

»Glenn«, wiederholte Heloise. »Du klingst, als hättest du ihn gekannt.«

»Nur vom Hörensagen. Er ist ein Loser. Gibt sich mit den falschen Leuten ab, würde mich also nicht wundern, wenn sich herausstellt, dass er es ist.«

»Die falschen Leute?«

»Ja, sein Name fällt oft in Zusammenhang mit Jes Decker, der hier unten eine Art lokaler Don Corleone ist. Er hat eine ganze Entourage von Psychopathen unter seinen Gefolgsleuten, und Glenn Nielsen ist, soweit ich weiß, einer von ihnen.«

Verblüfft öffnete Heloise den Mund, schloss ihn aber sogleich wieder.

Thomas sah sie fragend an. »Ist was?«

»Ich war heute in Broager, um mit ihm zu sprechen«, sagte sie.

»Mit wem?«

»Jes Decker. Aber ich habe nur seinen Sohn angetroffen, und der …«

»Du warst bei Decker?« Thomas starrte sie ungläubig an.

Heloise nickte.

»Im Club Celeste?«

»Ja.«

»Verdammt nochmal, Heloise, du kannst doch da nicht einfach so hinfahren!« Thomas sah sie fassungslos an. »Diese Jungs machen keine Scherze! Was in aller Welt wolltest du von denen?«

Heloise hob die Schultern bis an die Ohren.

»Ich hatte ja keine Ahnung, wer diese Leute waren, aber ich glaube, dass sie der Schlüssel sind zu allem, was hier vor sich geht. Ich vermute, die wissen, was Jan Fischhof getan hat. Und was mit den verschwundenen Mädchen passiert ist.«

»Ganz im Ernst, Heloise, du musst dich von diesen Typen fernhalten.« Thomas nahm ihre Hände. »Wenn die Decker-Familie da irgendwie mit drinsteckt, dann solltest du dich da auf keinen Fall einmischen.«

»Das kann ich nicht versprechen«, sagte Heloise und schüttelte den Kopf. »Ich *muss* einfach herausfinden, was da passiert ist.«

Thomas seufzte und schenkte ihr einen Blick, den sie schon unzählige Mal zuvor gesehen hatte.

»Ich merke, dass du immer noch nicht den Unterschied zwischen *kann nicht* und *will nicht* gelernt hast«, sagte er.

Heloise zog ihre Hände aus seinem warmen Griff und lehnte sich auf ihrem Stuhl zurück.

»Ist schon okay, wenn du mir nicht helfen willst«, sagte sie. »Aber ich könnte wirklich die Hilfe von jemandem gebrauchen, der die Spielregeln hier unten kennt.«

Thomas Blick wanderte über ihr Gesicht, sein Ausdruck war ernst und nachdenklich.

Er stand auf und verließ die Küche.

Als er zurückkam, rollte er ein großes Whiteboard vor sich her und nahm die Dokumente ab, die daran befestigt waren. Er reichte ihr ein Etui mit Whiteboardmarkern und deutete mit einem Kopfnicken auf ihre Notizen, die neben ihr lagen.

»Okay«, sagte er. »Lass mal sehen, was du hast.«

# 35

Der Hunger kehrte gegen 23.00 Uhr zurück. Thomas wärmte ein Brot im Ofen auf, holte Käse, Tomaten, Wurst und Oliven aus dem Kühlschrank und stellte alles neben den Salat, den er zuvor als Beilage zum Hühnchen zubereitet hatte. Dann öffnete er eine neue Flasche Chardonnay.

»Okay, Mia Sark hat also für Jes Decker gearbeitet?«, sagte er und schenkte Heloise Wein nach.

»Ja.« Sie griff nach dem Brot und brach einige Stücken vom Laib ab, legte einen Brocken auf Thomas' Teller und nahm sich den anderen. »Ihre Mutter hat mir erzählt, dass das Celeste ein Café sei, aber solange sich das Lokal seit Ende der Neunziger nicht ein komplett neues Image zugelegt hat, würde ich eher behaupten, es ist ein …«

»Ein Puff«, sagte Thomas und verschränkte die Hände im Nacken. »Offiziell ist es ein Stripclub, aber alle in der Gegend wissen, dass es ein Bordell ist und schon immer war – auch in den Neunzigern.«

»Wenn es alle wissen, warum unternimmt die Polizei nichts dagegen? Warum sind Jes und René Decker noch nicht wegen Zuhälterei angezeigt worden?«

»Warum tun die Kopenhagener nichts gegen den Drogenverkauf in Christiania?« Thomas zuckte mit den Schultern. »So sind die Prostituierten alle an einem Ort versammelt, statt an irgendwelchen Straßenecken rumzuhängen und Passanten zu belästigen. Sønderborg ist schick und sauber, alles Schmutzige wird hier schön unter den Teppich gekehrt. Und zwar in Form eines Clubs, der vor den Toren der Stadt eröffnet wurde.«

Heloise nahm sich eine Olive und schob sie sich in den Mund. »Also ist das Celeste Stripclub *und* Bordell?«

Thomas nickte. »Ja. Jes Decker ist der Betreiber des Celeste, und ihm gehört noch ein weiteres Unternehmen namens *Kingdom*. Das ist eine Produktionsgesellschaft.«

»Was produziert die?«

»Pornos. Die drehen die Filme und laden sie auf unterschiedlichen Plattformen im Netz hoch, und später können die Leute sich einen Abend mit dem Mädchen kaufen, in das sie sich vorher auf dem Bildschirm verguckt haben.«

Heloise schnitt eine Grimasse. »Fuck, wie widerlich! Woher weißt du das alles?«

»Wir hatten überlegt, eine Reportage über die Decker-Geschäfte zu machen, aber unser Vorstand hat das untersagt. Ausdrücklich.«

»Warum?«

Thomas zuckte die Achseln. »Ich kann mir vorstellen, dass sie Angst hatten, eines Tages so wie Glenn Nielsen an Land gespült zu werden. Falls es überhaupt Glenn ist, den sie unten an der Bucht gefunden haben. Ich hatte allerdings auch das Gefühl, dass ein oder zwei der Kollegen aus der Chefetage ziemlich nervös waren, als hätten sie Angst davor, was wir alles herausfinden würden, wenn wir uns erst einmal an die Arbeit machten.«

»Du meinst Informationen über *sie*?«

Thomas nickte. »Wenn es um das Sexleben der Leute geht –

besonders wenn sie irgendwelche Fetische auf der dunklen Seite des Spektrums haben –, würden viele doch eher töten, als dass irgendetwas von ihren Vorlieben an die Öffentlichkeit gerät. Club Celeste ist dafür bekannt, dass es dort ziemlich hart zugeht. Sado-Maso, Bondage … ziemlicher Hardcore.« Er zuckte mit den Schultern. »Ich glaube, es gibt hier so einige in der Gegend, die nicht wollen, dass ihre sexuellen Vorlieben ans Tageslicht kommen.«

»Und Mia Sark hat dort gearbeitet.« Heloise biss sich auf die Unterlippe und grübelte. »Damit wäre ja ihre gesamte Kundschaft verdächtig, oder?«

Thomas nickte.

»Diese Pornoseiten im Internet …«

»Ja?«

»Wie heißen die?«, fragte Heloise.

»Welche genau? Es gibt Tausende.«

»Die bekanntesten.«

»YouPorn, Redtube, XVideos, Pornhub.«

Heloise hob die Augenbrauen. »Und das weißt du so auf Abruf?«

Thomas warf ihr einen Blick zu, der so viel bedeutete wie: *Was hast du denn vermutet?*

»Aber diese Seiten wird es doch 1997 noch nicht gegeben haben«, sagte Heloise. »Da war ja Google noch nicht einmal erfunden.«

»Doch, damals gab es auch schon Pornos im Internet.« Thomas biss von seinem Brot ab und kaute, während er weitersprach. »Eigentlich glaube ich, dass das Internet deshalb überhaupt erst erfunden wurde: als Kanal für die Sexindustrie. Damals gab's natürlich bei weitem nicht so viele Seiten wie heute.«

Er klappte seinen Laptop auf und gab etwas bei Google ein, öffnete verschiedene Links und überflog die Inhalte.

»Laut diesem Artikel hier im *Guardian* waren The Hun, Hush-Hush und World Sex die ersten Plattformen, die –«

»Warte, was hast du da gerade vorgelesen?« Heloise setzte sich kerzengerade in ihrem Stuhl auf.

»Hier steht, dass Internetpornographie ihren großen Durchbruch –«

»Nein, eine dieser Seiten, die du aufgezählt hast!« Sie stellte ihr Weinglas ab, ging um den Tisch herum und sah Thomas über die Schulter.

Sie zeigte auf den Bildschirm.

»Diese! Hush-Hush!«

»Was ist damit?« Thomas sah zu ihr auf.

»In dem Karton auf dem Polizeirevier, der zu Mia Sarks Akte gehört, lag eine Videokassette, auf deren Etikett Mias Name und Hush-Hush stand.«

»Bist du dir sicher?«

»Ja! Hush-Hush, 8. Dezember.«

»Stand da auch eine Jahreszahl?«

»Nein, ich glaube nicht. Ich habe mir nur den Tag gemerkt, weil John Lennon am 8. Dezember erschossen wurde.«

»Ja, stimmt.« Thomas nickte. »Und der Tag, an dem Pearl Harbor bombardiert wurde.«

»Nein, das war der 7. Dezember.«

»Bist du dir sicher? Ich bin fest davon überzeugt, dass es der –«

»Pearl Harbour wurde am 7. bombardiert, und die USA haben Japan am 8. den Krieg erklärt.«

Thomas lächelte, und Heloise wusste, dass sie dasselbe dachten: Sie waren in ihre alten Rollen zurückgefallen und warfen sich nun wieder die Bälle zu. Heloise hatte, was Kultur und Geschichte betraf, so einiges auf dem Kasten, während Thomas ihr in den Bereichen Politik und Wirtschaft überlegen war. Seit ihrer ersten Begegnung an der Journalistenschule hatten sie sich gegenseitig aufgezogen wie ein altes Ehepaar.

»Glaubst du etwa, die Polizei hat einen Film mit Mia Sark in ihren Archiven?«, fragte er. »Einen Porno?«

»Na ja, sie hat ja zumindest in dem Club gearbeitet, also …« Heloise zuckte mit den Schultern und dachte daran, was Schäfer ihr erzählt hatte: Mia Sark hatte Jan geschlagen. Und dann geküsst!

War etwas an Schäfers Theorie dran?

Hatte Jan nach Alice' Tod Trost im Club Celeste gesucht? War er im Internet auf Mia aufmerksam geworden? Auf Hush-Hush?

»Gibt es diese Plattform noch?«, fragte Heloise.

Thomas gab die Suchanfrage bei Google ein.

»Ja«, sagte er und nickte.

»Dann liegt der Film da vielleicht noch? Wenn es einen Film mit Mia gibt?«

»Vielleicht, aber die Wahrscheinlichkeit, dass wir den hier finden, ist nicht besonders hoch. Dann müssten wir uns durch Tausende von Aufnahmen arbeiten, ohne eigentlich zu wissen, wonach wir suchen, und wir –«

»Nicht wenn wir ein Datum als Anhaltspunkt haben«, warf Heloise ein und zückte ihr Handy. »Ingeborg Sark hat mir erzählt, dass Mia ein halbes Jahr lang im Club Celeste gearbeitet hat, bevor sie am 31. Mai 1997 verschwunden ist. Dann muss es sich also um den 8. Dezember 1996 handeln, nicht wahr?«

»Oder 1997. Wenn sie ins Ausland verkauft wurde, wovon die Polizei ausgeht, kann es sein, dass ihnen ein Film in die Hände gekommen ist, der das beweist.«

»Okay, also wir nehmen an, dass es der 8. Dezember 1996 oder 1997 sein muss.«

»1998 kann es nicht mehr sein, oder? Da waren die Ermittlungen ja längst eingestellt.«

Heloise nickte und sah auf ihre Uhr.

»Ich weiß, wer uns vielleicht weiterhelfen könnte.«

Es war Freitagabend, kurz vor Mitternacht, und der Gedanke, dass Morten Munk wahrscheinlich allein zu Hause saß, statt auf einer Party zu sein und vielleicht sogar eine Frau kennenzulernen, die sich in sein gigantisches Herz verlieben würde, stimmte sie traurig. Heloise suchte seine Nummer in ihrer Kontaktliste und rief ihn an.

Munk nahm den Anruf in der gleichen Sekunde entgegen, in der das Freizeichen ertönte, und Heloise wusste, dass er mit dem Telefon in der Hand parat gesessen hatte.

»You may speak!«

»Hej, hier ist Heloise«, sagte sie. »Stör ich gerade?«

»Nicht im Geringsten.« Er klang wie immer ganz aus der Puste. »Zufällig sitze ich gerade über ein paar neuen Infos, die ich über Mázoreck herausgefunden habe. Eine alte Krankenhausakte, die dich interessieren dürfte.«

»Ach was?«

»Aus der wird ersichtlich, dass er einen längeren Krankenhausaufenthalt hinter sich hatte, der vielleicht in Zusammenhang zu dem Fall steht, den du gerade untersuchst.« Heloise hörte, wie Munk einige Seiten umblätterte. Er räusperte sich. »Vom 14. Februar bis zum 8. März 1994 war er Patient im Krankenhaus Sønderborg. Er wurde wegen einer schweren Bissverletzung stationär behandelt. Sein linker Arm war von der Schulter so gut wie abgetrennt, und er musste unzählige Operationen über sich ergehen lassen, danach dann Reha. Hier steht jedoch nicht, ob es sich dabei um einen Arbeitsunfall oder …«

»Es war ein Pitbull«, sagte Heloise. »Mázoreck hat sich mit dem Hundehalter geprügelt, dann hat das Tier ihn angegriffen.«

»Krass! Diese Hunde können echt Psychopathen sein!«

»Der hat danach auch nicht mehr lange gelebt.«

»Brauchst du die Krankenakte?«, fragte Munk.

»Nein, aber ich wollte fragen, ob du mir bei einer anderen Sache behilflich sein kannst.«

»Was brauchst du?«

»Ich suche nach einer alten Aufnahme auf einer Pornoplattform. Kommst du an so etwas ran?«

»Nnjaaa …« Er zögerte, und Heloise konnte hören, dass er auf etwas herumkaute. »Kommt drauf an. Geht es dabei immer noch um die Recherche, von der Bøttger nichts wissen darf?«

»Ja.«

»Dann wird das eher schwierig.«

»Warum?«

»Ganz normale Backgroundchecks sind die eine Sache. Das kann ich irgendwie vertuschen, aber wenn ich während der Arbeitszeit auf irgendwelchen Pornoseiten herumsurfe, komme ich doch in Erklärungsnot. Das kann ich nicht auf den Servern der Redaktion machen.«

»Aber hast du jetzt nicht auch Wochenende?«

»Ja, schon.«

»Kannst du das nicht an deinem eigenen Computer machen?«

»Du meinst jetzt sofort?« Munks Stimme überschlug sich, als wäre er im Stimmbruch. »Du brauchst es jetzt sofort?«

»Ja, wenn es dir keine Umstände macht?« Heloise warf Thomas einen Blick zu, der an der Kücheninsel saß und durch ihre Notizen blätterte.

Am anderen Ende der Leitung raschelte Munk mit Papier.

»Okay, erzähl mir, wonach wir suchen.«

Heloise berichtete ihm von dem Datum auf dem Videoband, nach welchen Jahrgängen er suchen sollte und auf welcher Plattform.

»Das Mädchen, nach dem wir suchen, heißt Mia Sark. Ich kann mir allerdings nicht vorstellen, dass diese Filme mit ihrem richtigen Namen hochgeladen worden sind, aber du findest Fotos von ihr im Netz, die du zum Vergleich zu Rate ziehen kannst. Der Film ist möglicherweise von einem Studio produziert worden, das Kingdom heißt. Die haben sich auf BDSM und Derartiges spezialisiert.«

»Okay«, murmelte Munk. »Ich guck mir das an.«

Heloise bedankte sich bei ihm und legte auf. Dann sah sie Thomas an. »Er guckt es sich an«, sagte sie.

»Was ist das hier?« Thomas hielt ihr eines ihrer Notizbücher hin.

Heloise kniff die Augen zusammen und überflog den Text.

»Das sind ein paar Notizen, die ich mir bei meinem Besuch auf dem Revier in Sønderborg gemacht habe. Findest du nicht auch, dass sie die Ermittlungen viel zu früh eingestellt haben? Nach nur vierzehn Monaten?«

»Schon, aber mir ging es eher um deine Aufzeichnungen zum Palermo-Protokoll. Woher hast du diese Infos?«

»Das ist ein Übereinkommen der Vereinten Nationen zu Schutzmaßnahmen und strafrechtlicher Verfolgung von Menschenhandel.«

»Ja, das ist mir schon klar, aber …« Thomas sprang auf und verließ die Küche, ohne seinen Gedanken zu Ende zu führen. Einen Augenblick später kehrte er mit einem Ordner in der Hand zurück.

»Was hast du da?«, fragte Heloise.

»Das ist ein Fall, über den ich letztes Jahr berichtet habe – eine Frau, die ihren Mann und dessen Geliebte in Augustenborg ermordet hat. Hier ist ein Auszug aus der Mordakte.«

Er legte den Ordner vor Heloise und schlug ihn auf.

»Jedes Mal, wenn in einer polizeilichen Akte neue Informationen zu den Ermittlungen hinzugefügt werden, wird der neue Eintrag mit dem Datum und der Unterschrift des jeweiligen Ermittlers versehen. Wie so eine Art Logbuch, in dem man sehen kann, wer was gemacht hat und wann die unterschiedlichen Spuren im Laufe der Ermittlungen aufgetaucht sind. Das wird chronologisch festgehalten.«

Er zeigte auf den unteren Rand des Dokuments.

»Hier zum Beispiel. Wie du siehst, wurde am 14. Oktober ein Zeuge verhört, ein Kollege des Ermordeten … Die Polizei ermittelte bereits in die Richtung einer Beziehungstat – Mord aus Eifersucht … Sie haben einen Brief einer Verdächtigen gefunden, in dem etwas über Rache und dergleichen geschrieben stand. Und hier stehen also der Name, die ID-Nummer und die Unterschrift des Ermittlers, der das Verhör durchgeführt hat, mitsamt Datum und Uhrzeit.«

»Okay?« Heloise sah ihn fragend an. »Und?«

»Hast du dir mal diese Einträge in Mia Sarks Akte angesehen?«

»Ähm ja, den letzten. Warum?«

»Welches Datum wurde dort vermerkt?«

»3. August 1998 – zwei Tage nach dem Unglück auf der Flensburger Förde, bei dem Tom Mázoreck ums Leben kam. Dort stand, dass der Fall zu den Akten gelegt worden war, ich habe aber nicht darauf geachtet, welcher Ermittler diesen Eintrag geschrieben hat. Warum?«

»Wo stand der Eintrag zum Palermo-Protokoll?«

»Weiter vorn. An der Stelle, an der Interpol in den Fall einbezogen wurde, also irgendwann Anfang Juni 1997.« Heloise sah ihn mit gerunzelter Stirn an. »Warum?«

Thomas fuhr sich mit der Hand über den Mund und sah sie an.

»Was ist denn los?«

»Das Palermo-Protokoll gab es 1997 noch gar nicht.«

»Was meinst du damit?«

»Dass es nicht existierte. Es trat erst im Jahr 2000 in Kraft.«

Heloise starrte Thomas an, während ihr so langsam aufging, was das bedeutete.

»Willst du damit sagen, die Polizei hat die Akte manipuliert?«

Thomas zuckte leicht mit den Schultern und biss sich auf die Unterlippe. Sein Blick war auf einmal hellwach.

»Aber …« Heloise schüttelte den Kopf. »Warum?«

»Wie schon gesagt …« Er warf einen Blick auf das Whiteboard und studierte die Stichpunkte. »Wenn es um das Sexleben der Leute geht … um ihre allerdunkelsten Triebe …«

Ihre Blicke trafen sich.

»Jemand hat versucht, etwas zu vertuschen.«

# 36

Das Licht erhellte den Korridor hinter Thomas, seine Umrisse waren dunkel, wie er dort im Türrahmen zum Schlafzimmer stand, doch Heloise konnte seine Blicke spüren.

»Alles okay hier?«, fragte er. »Hast du alles, was du brauchst?«

»Ja, danke, alles in bester Ordnung.«

»Gut.« Thomas nickte zögernd. »Ich werde im Zimmer der Jungs schlafen. Das liegt am Ende des Flurs, falls du mich brauchst.«

»Willst du nicht hierbleiben?«

Er sah sie lange an.

»Bist du dir sicher?«

Heloise nickte.

Er ging auf das Bett zu und legte sich in voller Montur neben sie. Er rollte sich auf die Seite, stemmte den Ellenbogen in die Matratze und stützte den Kopf auf die Hand.

»Alles okay?«, fragte er und sah sie an.

»Mh-hmm.« Heloise drehte sich zu ihm um und lächelte müde. »Ich habe nur gerade an Jan gedacht.«

»Was ist das mit dir und diesem Jan?«, fragte Thomas. »Warum ist dir das alles so wichtig?«

»Ich weiß nicht, das ist einfach so.« Sie drehte sich wieder auf den Rücken und blickte an die Decke. »Als Sterbebegleitung fühlt man sich verpflichtet. Man hat eine gewisse Verantwortung für den Menschen, den man auf seinem letzten Weg begleitet.«

»Das verstehe ich.« Thomas nickte. »Aber ich kenne dich. Da ist noch mehr.«

Heloise fuhr sich mit der Hand durchs Haar.

»Es ist nur so …« Sie schüttelte den Kopf, suchte nach den richtigen Worten. »Als meine Mutter im Sterben lag, war ich mit Gerda im Urlaub in Goa. Zu dem Zeitpunkt ging es mir ziemlich schlecht. Ich war unglücklich, weil ich dich verloren hatte, und ich glaube, ich hatte eine leichte Depression, denn ich hatte einfach keinen Platz für die Probleme anderer Menschen. Obwohl ich wusste, dass meine Mutter krank war, bin ich einfach abgereist. Und während ich bei einem Mondfest am Strand von Betalbatim meine Sorgen in Piña Coladas ertränkte, starb sie ganz allein in einem Krankenhausbett im Rigshospital.«

Thomas sagte kein Wort, er hörte einfach nur zu. Er strich ihr das Haar aus dem Gesicht und sah sie mit milden Augen an.

»Und mein Vater …« Heloise schluckte und machte eine lange Pause, bevor sie weitersprach. »Für ihn bin ich auch nicht da gewesen. Ich wusste, dass er mich brauchte, dass er sich wünschte, ich würde seine Hand nehmen und ihm sagen, dass ich ihn liebe, damit er seinen Seelenfrieden findet, aber ich … Ich war nicht da. Ich *konnte* einfach nicht.« Sie schüttelte den Kopf. »Ich glaube, Jan hat das Bedürfnis, reinen Tisch zu machen, und ich anscheinend auch.« Ein trauriges Lächeln huschte über ihr Gesicht. »Ich habe das Bedürfnis, für jemanden diese Person zu sein. Diejenige, die bis zum Ende da ist. Doch plötzlich weiß ich nicht mehr, ob ich das kann. Ob es überhaupt das Richtige ist.«

Heloise seufzte und fühlte sich plötzlich von einer schieren

Müdigkeit übermannt. Schwerelos. Als würde sie zum ersten Mal seit Jahren richtig entspannen.

Thomas legte den Arm um sie und zog sie an sich heran, und erst jetzt merkte sie, dass sie leicht beschwipst war.

Heloise wusste immer noch nicht, was Jan Fischhof getan hatte, geschweige denn, warum. Aber vielleicht spielte das auch gar keine Rolle, dachte sie und schloss die Augen. Vielleicht ging es bei ihrem Besuch in Sønderborg gar nicht darum, in *seiner* Vergangenheit aufzuräumen.

Sie schmiegte sich an Thomas, hob den Kopf, und ihre Lippen fanden seine in der Dunkelheit.

Samstag, 13. Juli

# 37

Der Wecker klingelte um 9.00 Uhr. Thomas streckte sich nach dem Gerät und schlug so fest auf den Ausschaltknopf, dass es zu Boden fiel.

Heloise blinzelte ins helle Sonnenlicht, das ins Schlafzimmer fiel. Dann sah sie Thomas an.

»Hej«, sagte sie lächelnd und mit rauer Morgenstimme.

»Hej«, sagte Thomas. Er zog sie an sich und küsste sie.

»Warum hat der Wecker geklingelt?«, fragte sie.

»Meine Jungs spielen heute ein Finalspiel in einem Fußballturnier, und ich habe versprochen, es mir anzusehen.«

»Heute?«

»Ja.« Er nickte. »In einer halben Stunde.«

»Siehst du, genau deshalb habe ich keine Kinder bekommen«, sagte Heloise grinsend und zog die Bettdecke fester um sich. »Meine Samstage sind heilig. Viel Spaß beim Spiel!«

Thomas lächelte, stand auf und ging hinaus ins Badezimmer. Heloise hörte kurz darauf das Brausen der Dusche. Einige Minuten später stand er vor ihr, tropfnass. Er trocknete sich schnell ab und zog sich ein T-Shirt über den Kopf.

»Ich würde dich ja gern mitnehmen, aber …« Zögernd sah er Heloise an.

»Nein, nein. Natürlich nicht«, sagte sie und winkte ab.

»Ein andermal?«, fragte er und knöpfte seine Jeans zu.

»Ein andermal!«

Thomas lächelte, lehnte sich zu ihr und küsste sie.

»In ein paar Stunden bin ich wieder zurück, okay?« Er schob seine Hand unter die Bettdecke, um sie zu berühren. »Versprich mir, dass du hier liegen bleibst, bis ich wieder da bin.«

Heloise fuhr mit ihren Fingern durch sein Haar.

»Ich kann jetzt nicht wieder einschlafen. Mein Körper schreit nach Kaffee«, sagte sie. »Außerdem habe ich mir überlegt, heute Vormittag nach Egernsund rauszufahren. Ich hoffe, ich kann Ole oder Lisette Dalsfort dazu überreden, mit mir über ihre Tochter zu sprechen. Aber ich komme einfach heute Abend wieder vorbei?«

»Okay«, sagte Thomas und zog die Bettdecke zur Seite. Er küsste Heloise auf den Bauch. »Unten in der Küche findest du Kaffee und Brot und Joghurt und diverse andere Sachen. Nimm dir einfach, worauf du Lust hast.«

Er zog die Decke noch ein Stück weiter nach unten.

Heloise lächelte und sah zu ihm runter. »Du kommst zu spät, wenn du jetzt nicht aufhörst.«

Er richtete sich auf und küsste sie auf den Mund. »Okay, aber wir sehen uns später, ja?«

Sie schlang die Arme um seinen Hals.

»Wir sehen uns später.«

Heloise sah dem Auto nach, wie es aus der Einfahrt rollte, und widerstand der Versuchung, augenblicklich Thomas' sämtliche Schränke und Schubläden zu durchwühlen und in dem Leben zu stöbern, das er all die Jahre gelebt hatte. Stattdessen öffnete sie den Kühlschrank und nahm eine Tüte Milch heraus. Sie warf eine Kaffeekapsel in den Automaten und schaltete ihn ein.

Während der Milchschäumer seine Arbeit erledigte, öffnete Heloise ihren Posteingang, um zu sehen, ob Morten Munk ihr schon etwas geschickt hatte. Doch sie hatte keine neuen Mails und schrieb ihm eine SMS.

*Was gefunden?*

Er rief sie sofort zurück.

»Hej«, sagte Heloise. »Hast du was?«

»Ja, und sogar mehr, als du denkst! Am 8. Dezember 1996 und am 8. Dezember 1997 wurden insgesamt einhundertachtzehn Pornofilme auf Hush-Hush hochgeladen, ich habe gerade eben den letzten durchgeschaut, es war eine lange Nacht.«

»Du hast noch gar nicht geschlafen?«

»Äh-äh«, gähnte er.

»Ey, ganz im Ernst, Morten, du hättest deswegen nicht die ganze Nacht durchmachen müssen.«

»Zu spät«, sagte er. »Nur vier der einhundertachtzehn Videos wurden in Dänemark hochgeladen. Zwei von ihnen wurden von Kingdom produziert, aber Mia Sark ist in keinem von beiden dabei. Der dritte ist ein Schwulenporno, aber der vierte: Bingo!«

Heloise richtete sich auf. »Du hast ihn gefunden?«

»Ja, und das ist ziemlich kranker Scheiß, kann ich dir sagen.«

»In welchem Jahr wurde der Film hochgeladen?«

»Im Dezember 1997, aber aufgenommen wurde er am 31. Mai.«

In der Nacht, in der sie verschwunden war.

»Ich maile dir den Link«, sagte Munk.

»Kannst du mir auch die Links von den Kingdom-Filmen schicken?«

Am anderen Ende der Leitung blieb es einen Moment lang still, Heloise konnte hören, wie Munk in die Tasten haute.

»Done!«

»Danke, Morten«, sagte sie. »Ich schulde dir ein Essen im Restaurant Frank mit allem Drum und Dran, wenn ich wieder in Kopenhagen bin, okay? Champagner und Austern und was dein Herz begehrt.«

»Sag Bescheid«, gähnte er. »Jetzt werd ich erst mal ins Bett fallen.«

Heloise beendete den Anruf.

Sie goss die warme Milch in ihren Kaffee und setzte sich vor den Computer. Munk hatte ihr drei Links geschickt, aber an der URL war nicht abzulesen, welcher Inhalt sich dahinter verbarg, also klickte sie auf den ersten.

Eine dunkle, amateurmäßige Kulisse, die nach mittelalterlicher Burg aussah, erschien auf dem Bildschirm. Vor dem Tor der großen Burg standen zwei Wachen. Sie trugen lange, pelzige Umhänge, die Kapuzen hatten sie sich tief in die Stirn gezogen, so dass man ihre Gesichter nicht erkennen konnte. In den Händen trugen sie lange spitze Lanzen. Die Filmqualität war miserabel, der Produktionswert gleich null, und die Kostüme sahen aus, als wären sie beim Discounter gekauft worden.

Das Kingdom-Productions-Logo lief über den Bildschirm. Es folgte ein Cut, und in der nächsten Szene befanden sich die Darsteller in einem dunklen, kryptaähnlichen Raum. Eine junge Frau, die Heloise noch nie gesehen hatte, war in einer grotesken Verrenkung auf einen großen Holztisch geschnallt worden. Sie war nackt, und ihre Brüste waren mit engen Lederschnüren umwickelt, so dass sie blauviolett angelaufen und unnatürlich langgezogen waren. Ihre Hände und Füße waren mit Seilen gefesselt, und um den Tisch standen drei maskierte Männer, die sie dabei beobachteten, wie sie sich wand und aufbäumte.

An diesem Film war nichts spielerisch oder humoristisch. Es war bitterer Ernst, und Heloise musste den Blick abwenden.

Sie schloss das Fenster und öffnete den nächsten Link. Dasselbe Intro und Logo flimmerten über ihren Bildschirm. Dieselbe dilettantische Kulisse, dieselben kapuzentragenden Wachen. Diesmal war es ein Mann, der an eine stattliche Säule gebunden worden war – er sah beinahe so aus, als würde er sie umarmen. Ihm war Zaumzeug angelegt worden, wie einem Pferd. Eine junge, in Leder gekleidete Frau stand mit einer erhobenen Peitsche hinter ihm.

Heloise schloss auch dieses Fenster und öffnete den dritten Link. Der schwarze Bildschirm rauschte einen Moment. Dann erschien das Bild, und Heloise stockte der Atem.

Die Handkamera war auf ein schwarzes Ledersofa gerichtet, und auf diesem Sofa saß Mia Sark. Sie trug ein weißes Baumwollhöschen und ein knappes Oberteil und lehnte sich mit einem unsicheren Gesicht zum Kameramann vor. Der Film schien vom Stil der Dogma-95-Filme inspiriert worden zu sein, es gab keinen Ton zum Bild.

Die Kamera zoomte auf Mia Sarks Gesicht. Sie lächelte verspielt mit zusammengekniffenen Augen.

Das Bild wackelte, als eine Hand unter der Kameralinse erschien und Mia Sark am Hals packte. Das Bild wurde unscharf, und für einen Moment zeigte die Linse zur Decke. Dann wurde die Kamera justiert und das Mädchen herangezoomt.

Jetzt war ihr Blick angsterfüllt.

Ihre Lippen bewegten sich, sie schien mit dem Kameramann zu sprechen. Sie schüttelte den Kopf und versuchte, sich aus seinem Griff zu befreien.

Er lockerte den Griff um ihren Hals für den Bruchteil einer

Sekunde. Dann schlug seine Faust hart zu, und Mia Sark sackte auf dem Sofa zusammen.

Sie hob den Kopf, Blut sickerte aus ihrer Nase und lief über ihr Kinn. Sie zitterte und hob eine Hand, um ihren Peiniger abzuwehren. Ihre Lippen bewegten sich, sie war in Tränen ausgebrochen. Heloise konnte ihr nicht von den Lippen ablesen, was sie sagte, aber es sah aus wie ein Gebet.

Der Mann mit der Kamera zog ein Messer und richtete es auf das Mädchen. Sie begann tonlos zu schreien.

Heloise schlug den Laptop mit einem lauten Knall zu.

Sie stand auf, lief in der Küche auf und ab und rang nach Atem.

War das der Auftakt zu einem Mord, den sie da gerade gesehen hatte?

Wer zur Hölle stand auf so etwas? Wie krank musste man sein, um so etwas zu tun?

Sie stützte die Arme auf den Esstisch und starrte schockiert vor sich ins Leere, während die Bilder aus dem Clip sich in ihrem Hirn festbrannten.

Die Holzbeine scharrten über den Boden, als sie einen Stuhl unter dem Tisch hervorzog. Sie setzte sich und klappte den Computer wieder auf. Sie spulte den Film zurück, klickte auf den Pausenknopf und scrollte sich durch die Standbilder. Sie scrollte vorbei an Mia Sarks verspieltem Lächeln, an der Hand, die sich in Slow Motion um den Hals des Mädchens legte.

Die Kamera wackelte, die Linse zeigte zur Decke, die nächsten Bilder waren körnig und unscharf.

Was hatte sie gesehen?

Heloise scrollte vier Standbilder vor, dann wieder eins zurück – und da war es! Ihre Finger zuckten von der Tastatur zurück, als hätten sie sich an ihr verbrannt.

Sie ließ sich in ihrem Stuhl zurücksinken und starrte auf das Standbild.

Die Wand hinter dem Sofa, auf dem Mia Sark saß, war mit weißen Fliesen verkleidet, ungefähr mittig verlief eine Borte aus etwas schmaleren Fliesen. Mit dunkelblauem Blumenmuster.

Royal-Copenhagen-Porzellan.

# 38

Schäfer biss in ein dick beschmiertes Butterbrötchen, während er gelangweilt Zeitungsartikel über interne Machtkämpfe in der Regierung, Datingprobleme hochgebildeter Frauen und Regenwetterwarnungen überflog.

Er unterdrückte ein Gähnen und faltete die Zeitung zusammen.

»Ich hau ab«, rief ihm Connie aus der Tür zu. Sie hatte bereits ihre Schuhe angezogen und hielt die Schlüssel in der Hand.

Schäfer sah auf. »Wo willst du denn hin?«

»Zu Edith. Ich glaube, ich bleibe über Nacht«, sagte sie. Edith war eine der Frauen, die sie in den vergangenen Tagen auf ihrem letzten Weg begleitete, eine einsame, achtundneunzigjährige Dame, die im Stadtteil Frederiksberg im Pflegeheim Akaziengarten wohnte.

»Alles klar.« Schäfer lächelte.

»Ich habe eine Lasagne aus dem Gefrierfach genommen, die kannst du dir heute Abend warm machen«, sagte sie und zeigte auf den Ofen.

Schäfer stand auf, ging auf sie zu und gab ihr einen Kuss.

»Geht's dir gut?«, fragte Connie. »Hast du Schmerzen?« Besorgt sah sie ihn an.

»Ist schon okay.« Schäfer schlang seine Arme um ihre Taille und spürte, dass sie bei der Berührung zusammenzuckte.

Er runzelte die Stirn und sah sie fragend an. »Warum darf ich dich nicht mehr berühren?«

Sie senkte den Blick, und Schäfer fühlte sich mit einem Mal von einer ihm unbekannten Angst übermannt. Er musste an Rud Johansens Frau denken, die von einem auf den anderen Tag die Nase voll gehabt hatte. An Bertelsen, der meinte, er, Schäfer, würde den Braten nicht mehr riechen. Beim bloßen *Gedanken* daran, Connie zu verlieren, würde er sich lieber die Kugel geben.

Mit beschämtem Blick sah sie zu ihm auf.

»Ich habe Angst, dass ich dir zu dick geworden bin«, murmelte sie.

»*Dick*?« Schäfer betrachtete sie von oben bis unten und fühlte sich sofort erleichtert. »Was in aller Welt redest du da?«

»Ich habe seit Juli acht Kilo zugenommen.«

»Na und? Die acht Kilo sitzen offensichtlich hier«, sagte er und formte seine Hände zärtlich um ihre Brüste.

Connie legte den Kopf schief. »Bist du sicher? Du überlegst nicht, mich gegen ein jüngeres Modell auszutauschen?«

Schäfer zog sie an sich heran und vergrub sein Gesicht in ihrem dichten Haar. »Niemals!«

Sein Telefon, das neben ihnen auf dem Tisch lag, klingelte, und Connies Blick fiel auf den Bildschirm.

»Lass es klingeln«, sagte er und legte seine Hände wieder an ihre Taille.

»Es ist Heloise.« Sie nahm das Handy vom Tisch und reichte es ihm. »Das ist doch bestimmt wichtig?«

Sie gab Schäfer einen Abschiedskuss und verließ die Küche.

Er nahm den Anruf an und hielt sich das Handy ans Ohr. »Hallo?«

»Es war Mázoreck«, sagte Heloise. Ihre Stimme überschlug sich. »Ich glaube, er hat Mia getötet. Vielleicht sogar alle beide!«

»Hey, langsam, hol erst mal tief Luft!«, sagte Schäfer in beschwichtigendem Ton. »Und jetzt ganz langsam: Worum geht's?«

»Bist du gerade in der Nähe eines Computers?«

»Ja?«

»Okay, check deine Mails. Ich hab dir was geschickt.«

Nachdem er die Videos gesehen hatte, rief er Heloise sofort zurück.

»Und, was meinst du?«, fragte sie.

»Ich denke, dass du recht haben könntest.« Er nickte. »Und wenn es sich, wie du behauptest, bei dem Raum wirklich um das Gästehaus handelt, das zum Grundstück der Mutter gehört, dann haben wir einen Tatort.«

»Das ist es, ganz bestimmt!«

»Okay, ich werde Zøllner auf den Weg schicken, dann kann er –«

»Nein, wir können ihm nicht vertrauen, Schäfer! Er ist korrupt! Vielleicht steckt er sogar in der Sache mit drin.«

»Was redest du denn da?«

»Er hat die Akte manipuliert, die Dokumente im Nachhinein geändert, damit es aussieht, als wäre es ein Fall von Menschenhandel.«

»Die Akte manipuliert?« Schäfer konnte seinen Ohren nicht trauen.

»Ja, wenn er es nicht war, dann einer seiner Kollegen. Die versuchen hier, irgendwas unter den Teppich zu kehren. Zøllner, Roebel ... Es kommt mir so vor, als wollten sie gar nicht, dass der Fall aufgeklärt wird! Wir können ihnen nicht trauen!«

Schäfer schwieg einen Moment, während er Heloises Worte sacken ließ.

»Und Fischhof?«, fragte er schließlich.

»Was meinst du?«

»Was hat er mit der ganzen Nummer zu tun?«

»Das weiß ich noch nicht, aber du hast ja die Intros zu den Kingdom-Filmen gesehen, oder?«

»Du meinst diese stümperhaften Game-of-Thrones-Szenen?«

»Ja«, sagte Heloise. »Ich habe mal recherchiert, offenbar beginnen alle Kingdom-Filme mit diesem Intro. Du weißt schon, so wie alle MGM-Filme mit dem brüllenden Löwen beginnen?«

»Ja, und?«

»Jan hat doch irgendwann mal etwas von Männern mit Umhängen und Speeren erwähnt – er meinte ganz bestimmt diese Männer aus dem Intro! Ich habe damals gedacht, dass er vielleicht vor diesen Gestalten Angst hat, aber das glaube ich inzwischen nicht mehr. Jedenfalls hätte er keinen Grund. Ich habe mich mit einem Typen von Kingdom Productions unterhalten, René Decker, und es machte nicht den Eindruck, als hätte er ein Problem mit Jan. Ganz im Gegenteil.«

»Hm«, brummte Schäfer und kratzte sich am Hals.

»Die Filme, die Kingdom produziert, sind unglaublich abstoßend, aber es wirkt trotzdem so, als hätten alle Beteiligten vorher ihr OK gegeben. Als wären alle mit den ausgeführten Handlungen einverstanden, oder?«

»Das schon«, sagte Schäfer. »Auch wenn es ganz und gar unbegreiflich klingt, du scheinst recht zu haben, dass alle Beteiligten auf ihre Kosten gekommen sind.«

»Aber was in dem Video mit Mia Sark geschieht, ähnelt eher dem Auftakt zu einem Mord.«

Schäfer nickte. In dem Clip hatte der Kameramann das Mädchen mit einem Jagdmesser angegriffen, bevor die Aufnahme gestoppt worden war.

»Ich glaube, er hat sie beide getötet«, sagte Heloise. »Mia und Nina. Er hat sie mit nach Hause genommen, zum Grundstück seiner Mutter draußen auf dem Land, ins Gästehaus. Und dann hat er sie ermordet! Du hast selbst gesehen, dass er Mia mit dem Messer bedroht hat. Glaubst du etwa, dabei ist es geblieben?«

»Wohl kaum.« Schäfer schüttelte den Kopf. »Ich werde eine Bekannte von mir bitten, sich die Videos anzuschauen. Sie ist Expertin, die Täterprofile erstellt. Ich bin gespannt, was sie dazu sagt.«

»Warum?«

»Weil ich seit vorgestern Blut pisse«, sagte Schäfer. »Ich weiß nicht, ob's dir entfallen ist, aber hier sind vor zwei Tagen ein paar Gorillas vor meinem Haus aufgetaucht, und ich würde jetzt gern wissen, was hier vor sich geht.«

# 39

Die Häuser im Neubaugebiet von Nordhavnen glichen großen, glänzenden Dominosteinen aus Glas und Chrom. Sie waren von gepflegten Grünanlagen umgeben. Von dort aus hatte man Sicht auf ein weißes, zwölfstöckiges Monstrum mit Pool, Jacuzzi und Lichterketten und wurde von einem ständig dröhnenden Bass aus der Disco vom Oberdeck unterhalten.

Schäfer kehrte dem Kreuzfahrtschiff den Rücken zu und las erneut die SMS, die Michala Friis ihm geschickt hatte, um sicherzugehen, dass er vor dem richtigen Aufgang stand. Er drückte mit dem Daumen auf die Klingel, und in der nächsten Sekunde brummte der Türsummer.

Schäfer schob die Tür auf und nahm den Lift in den sechsten Stock. Michala Friis stand bereits in der offenen Wohnungstür, als er oben ankam. Ihr Haar war nass, sie trug eine weite, ausgewaschene Jeans und ein weißes Shirt.

»Hej«, begrüßte sie ihn. »Komm rein!«

»Danke«, sagte Schäfer. »Und danke für deine Hilfe.«

»Gern! Alles okay bei dir?«, fragte sie und musterte die Naht über seinem Veilchen.

»Könnte schlimmer sein.« Er nickte. »Aber jetzt will ich gern rausfinden, was für Arschlöcher mich da überfallen haben, und es ist wirklich toll, dass du mir dabei behilflich sein willst.«

»Was kann ich tun?«, fragte sie und schloss die Tür hinter ihnen.

»Ich will, dass du mal einen Blick auf eine Sache wirfst«, sagte Schäfer. »Könntest du ein Täterprofil erstellen?«

Michala nickte eifrig. »Hast du Material dabei, das wir uns ansehen können?«

Schäfer kramte in seiner Tasche. »Jepp.«

»Willst du einen Kaffee?«, fragte Michala.

»Ja, gern.«

Schäfer folgte ihr durch die Wohnung. Sie war hell und modern, mit glänzenden Oberflächen, geraden Linien und hohen Decken. Das Licht fiel aus allen erdenklichen Winkeln herein. Nirgendwo stand Nippes herum, nur Bücher und Kunst und ein einzelner Zweig von einem Eukalyptus in einer Vase auf dem Wohnzimmertisch.

»Wie lange wohnst du hier schon?«

»Noch nicht so lang. Sie sind immer noch dabei, einige der Nachbarwohnungen fertig zu stellen, alles ist neu. Ich bin immer noch nicht ganz angekommen.«

»Gefällt es dir hier?«

»In der Wohnung?«

»Ja, und in der Gegend?«

Sie nickte. »Ja, bisher schon. Auch wenn der Meeresblick, der mir in der Verkaufsbroschüre versprochen wurde, die meiste Zeit von der Majestic Sea Queen versperrt wird.« Mit einem Nicken deutete sie zum Wohnzimmerfenster, von wo aus man den Himmel über dem riesigen weißen Ungetüm nicht sehen konnte. »Ich treffe mehr Touristen als Nachbarn in der Konditorei, aber abgesehen davon …«

»Na ja, immerhin war die Wohnung billig«, sagte Schäfer und zwinkerte.

Michala sah ihn an und lachte.

»Genau«, sagte sie. »Ein Schnäppchen.«

Schäfer stellte seine Tasche auf dem Boden ab. Er spürte ein Stechen in der Magengegend und presste die Hand auf den Unterleib.

»Dürfte ich mal die Toilette benutzen?«, fragte er.

»Klar, aber du musst ins große Badezimmer gehen, die Gästetoiletten sind noch nicht angeschlossen. Zweite Tür rechts. Du musst durchs Schlafzimmer.«

Schäfer ging den Flur hinab und betrat Michala Friis' Schlafgemach. Er warf einen Blick auf das ungemachte Bett und die weiße Doppeldecke, die zerknautscht auf der Matratze lag. Ein schwarzer Spitzen-BH lang neben dem Nachttisch auf dem Boden, und an der Gardinenstange hing ein Kleid auf einem Bügel. Es roch süßlich in dem Zimmer – nach Parfüm und Sex, und Schäfer spürte, wie sein Körper gegen seinen Willen reagierte.

Er schüttelte das Gefühl ab, betrat das angrenzende Badezimmer und schloss hinter sich ab.

Er öffnete seinen Hosenstall und stellte sich vor die Toilettenschüssel, als er bemerkte, dass die Klobrille bereits hochgeklappt war. Sein Blick wanderte über die Utensilien im Badezimmer und fiel auf den Rasierer, der auf dem Rand des Waschbeckens lag. Es war kein klassischer Damenrasierer, sondern ein Männermodell von Gillette mit drei Klingen.

Nachdem er die Kloschüssel rot gefärbt hatte, wusch er sich die Hände und ging wieder zurück in die Küche. Er setzte sich an den Tisch und öffnete seine Tasche. Auf dem Platz vor ihm lag ein Stapel Papier und Briefe, den er zur Seite schob, um seinen Laptop vor sich abstellen zu können.

»Cortado? Flat White?«, fragte Michala. »Was nimmst du?«

»Kaffee«, brummte Schäfer.

Sie lächelte und begann, Kaffeebohnen in einem Monstrum von einer Espressomaschine zu mahlen. Es klang wie eine elektrische Stichsäge, die Metall zermalmte.

Schäfers Blick fiel auf den Briefkopf eines der Briefe, die er zur Seite geschoben hatte, und blickte zu Michala auf.

»Sag bloß, es ist Sandahl?!«

»Wie bitte?« Sie schaltete die Maschine aus, der Lärm verstummte, und sie blickte ihn mit gerunzelter Stirn an.

Schäfer hatte Mühe, sich ein Grinsen zu verkneifen.

»Was ist?«, fragte sie.

»Die Klobrille war oben«, sagte er und zeigte mit dem Daumen über die Schulter Richtung Badezimmer.

Michala schüttelte irritiert den Kopf. »Und?«

Schäfer hielt ihr das Briefpapier vom Universitätskrankenhaus Montpellier vor die Nase. »Sandahl?«

Michala grinste und senkte den Blick.

»Das ging ja schnell«, gluckste Schäfer und sah auf seine Armbanduhr. »Weniger als achtundvierzig Stunden seit eurer ersten –«

»Wir sind seit vier Monaten zusammen.« Sie reichte Schäfer die Kaffeetasse und musterte ihn abwartend.

Schäfer runzelte die Stirn.

»Ihr habt euch doch neulich erst einander vorgestellt, als wir –«

»Jakob ist noch nicht so weit, das mit uns an die große Glocke zu hängen. Es ist noch ganz frisch, also …«

Schäfer hob beide Augenbrauen und nickte überrascht.

»Tja, sieht so aus, als hätte Bertelsen doch recht.« Er nahm ihr die Tasse ab, ohne den Augenkontakt zu unterbrechen. »Vielleicht rieche ich den Braten wirklich nicht mehr.«

»Nein, du hast es einfach nicht registriert, weil du dich nicht dafür interessierst, was ich so in meiner Freizeit mache.« Michala senkte den Blick.

»Hey, das stimmt nun auch wieder nicht«, entgegnete Schäfer und rutschte auf seinem Stuhl hin und her. »Aber hey, Glückwunsch! Sandahl scheint ein … toller Kerl zu sein.«

»Ach, hör doch auf«, sagte Michala und schlürfte ihren Cortado. »Ich weiß sehr wohl, dass du ihn für einen Idioten hältst.«

Sie grinste.

Schäfer erwiderte das Grinsen.

»Hast du gehört, dass er sich bei Wilkins getäuscht hat?«, fragte er.

»Mm-hmm.« Michala nickte. »Da war er nicht gerade stolz drauf.«

»Nein, das kann ich mir denken, aber hey! Man kann ja nicht jedes Mal ins Schwarze treffen.« Schäfer breitete die Arme aus. Er musste sich schwer zusammenreißen, um nicht in einen Freudengesang auszubrechen.

»Okay, genug über Sandahl«, sagte Michala und nahm Schäfer gegenüber Platz. »Was hast du mir denn nun mitgebracht?«

»Ein Video«, sagte er und klappte den Laptop auf. »Was weißt du über Sado-Maso und Gewaltpornographie generell?«

»So einiges. BDSM wird in der Pornoindustrie ein immer wichtigerer Faktor«, sagte Michala und verschränkte die Arme vor der Brust.

»Wofür steht BDSM überhaupt?«

»Bondage und Disziplin, Dominanz und Submission, Sadismus und Masochismus.«

»Meine Herren«, entfuhr es Schäfer. »Was ist so verkehrt an ganz gewöhnlichem Sex?« Er schüttelte den Kopf.

»Gar nichts«, sagte sie. »Gewöhnlicher Sex wird tatsächlich von den meisten bevorzugt. Es gibt Hunderttausende von Amateuren, die sich und ihre Partner selbst beim Sex zu Hause filmen und das ins Internet hochladen. Eine Art Wohlfühlexhibitionismus. Wir reden hier also nicht von professionellen Pornodarstellern mit Silikonbrüsten, sondern von pummeligen Hausmütterchen und Männern, die man nicht gerade gut bestückt nennen würde. Mit anderen Worten: ganz normale Männer und Frauen. Die Beleuchtung ist alles andere als gut, Kamerawinkel sind auch nicht gerade optimal, und –«

»Okay, es klingt so, als hättest du so *einige* von diesen Filmchen gesehen?«

»Das kann ich dir sagen.« Michala nickte. »Dabei kann niemand wissen, welche sexuellen Vorlieben sich hinter einer unauffälligen Fassade verbergen. Wenn du einen schmächtigen, höflichen Steuerberater oder eine junge engagierte Lehrerin vor dir hast, würdest du nicht auf die Idee kommen, dass sie insgeheim in sadistischen Phantasien schwelgen.«

Schäfer nickte.

Vor zwei Jahren hatten er und sein Team einen Pädophilenring auffliegen lassen. Elf Männer waren wegen Besitz von oder Mitwirken an Pornoproduktionen mit Minderjährigen festgenommen und verurteilt worden. Einer der Männer, der anfangs noch am vernünftigsten erschien – ein magerer Botaniker, der von seinem näheren Umfeld als weich und freundlich charakterisiert worden war –, stellte sich auf den Aufnahmen, die die Polizei beschlagnahmt hatte, als der abscheulichste von allen heraus.

»Der Typ, den wir uns jetzt ansehen werden, ist auch nicht das, was man als frommen Messdiener bezeichnen würde«, sagte Schäfer. »Nur dass du Bescheid weißt.«

Er öffnete den Link und drückte auf Play.

»Was denkst du?« Schäfer sah Michala Friis fragend an. Sie hatten sich die Aufnahme von Mia Sark dreimal hintereinander angesehen, und er hatte ihr alles erzählt, was er über ihr Verschwinden wusste.

»Mit was für einem Typen haben wir es hier zu tun?«, fragte er. »Was könnte ein mutmaßliches Motiv sein?«

»Ich weiß nicht, ob man beides über einen Kamm scheren kann, aber so ganz unmittelbar würde ich vermuten, dass es diesem Mann hier um den Kick geht.«

Michala stellte ihre Kaffeetasse ab.

»Außerdem stelle ich mir mal wieder folgende, immer wiederkehrende Frage: Warum haben Männer dieses animalische Bedürfnis, Frauen weh zu tun oder mit Gewalt zu erobern? Was sind das für Triebe?«

»Normale Männer haben dieses Bedürfnis nicht«, warf Schäfer ein.

»Doch«, erwiderte Michala. »Gewalt und ihre Rhetorik sind nicht allein der BDSM-Szene vorbehalten. In beinahe allen Pornos wird Frauen von Männern Gewalt zugefügt. Oft ist es nur ein Klaps auf den Po, hier und da drücken sie das Gesicht der Frau in die Matratze, würgen sie, spucken sie an, packen sie an den Haaren und so weiter. Schlimmer wird es noch, wenn sich mehrere Männer mit einer Frau vergnügen, dann entsteht ein Rausch, eine Art Blutdurst. Sie werden wilder und ausgelassener, und jeder Idiot, der Augen im Kopf hat, kann sehen, dass es der Frau weh tut, aber dass ihr Schmerz die Männer eher noch anturnt. Da kennen sie oft keine Gnade«, erklärte Michala. »Und genau in diesem Ton sprechen Männer auch oft über Frauen. Der Jargon unter Männern, wenn es um Sex geht: Die Frau soll *bestraft* werden, sie soll *richtig fertiggemacht* werden und so weiter.«

»Nun mal langsam, die meisten von uns haben mit so etwas nichts am Hut«, erwiderte Schäfer.

»Natürlich nicht. Versteh mich nicht falsch: Ich liebe Männer, Männer sind phantastisch. Aber in euch schlummert dieser latent aggressive Trieb, bei dem es darum geht zu dominieren. Die meisten von euch wandeln diesen Trieb in etwas Positives um – ihr erkundet die Welt, macht Karriere, sorgt für die Familie. Aber hier und da taucht jemand wie dieser Kerl hier auf«, sagte sie und zeigte auf den Computerbildschirm. »Typisch für diese Männer ist ihre Beziehungsunfähigkeit und dass sie oft kein geregeltes Arbeitsleben haben – sie langweilen sich schnell, wenn es monoton wird. Ein Mann, der von einer Frau zur nächsten läuft, von einem Job zum anderen, ohne sich jemals richtig zu binden oder Verpflichtungen einzugehen.«

»Und der bei seiner Mutter wohnt.«

»Hat er das?«

Schäfer nickte.

»Na, da haben wir doch einen Gewalttäter, wie er im Buche steht. Erwachsene Männer mit einem Profil wie diesem, die noch bei ihren Müttern leben, tun dies nicht, weil sie ein ach so gutes Verhältnis zu ihren Müttern haben. Ganz im Gegenteil: Studien zeigen, dass diese Männer ihre Mütter geradezu hassen. Und ein Mann, der seiner Mutter gegenüber Hass empfindet? Gegenüber einer Mutter, die die Kontrolle über sein Leben hatte, ihn dominiert hat, die Quelle allen Übels und aller Scham ist?« Michala betrachtete das Standbild auf dem Bildschirm. »So ein Mann muss sich abreagieren, aber er traut sich nicht, den Konflikt mit seiner Mutter auszutragen, deshalb sucht er sich ein anderes Opfer. Diese Art von Täter ist oft sehr charmant, hat ein aktives Sexleben, ihm bieten sich also viele Opfer an, aus denen er auswählen kann. Nimm zum Beispiel jemanden wie

Bundy. Die Frauen haben ihn geliebt, und er hat mindestens dreißig von ihnen umgebracht, bevor er gefasst wurde.«

»Tom Mázoreck hat in den ersten Monaten nach Mia Sarks Verschwinden ein Verhältnis zu ihrer Mutter begonnen«, sagte Schäfer. »Was sagst du dazu?«

»Das ist ein gutes Beispiel für Post-offense-behavior.« Michala stand auf und holte ein Buch aus dem Regal im Wohnzimmer. Es war ein englisches Fachbuch: *Forensic Psychology – The Use of Behavioral Science in Civil and Criminal Justice.* Sie schlug das Buch auf und fuhr mit dem Finger über das Inhaltsverzeichnis.

»Die Täter zieht es dabei an den Tatort zurück. Sie suchen Orte auf, die mit ihrer Tat in Verbindung stehen, auch wenn es dort von Polizisten nur so wimmelt – aus dem simplen Grund, dass sie sich einfach nicht fernhalten können. Der Nervenkitzel macht sie an.«

Schäfer nickte.

»In diesem Fall *lebt* er aber am Tatort, nicht wahr?«

»Genau«, sagte Schäfer. »Ich bin selbst noch nicht dort gewesen, aber ja, alles deutet daraufhin.«

»Okay, das heißt, dass unser Täter einen anderen Kick braucht. Also hilft er bei der Suche nach dem Mädchen, spricht mit der Presse, macht eine Zeugenaussage, all die Sachen, die du mir erzählt hast.« Sie blätterte in ihrem Buch. »Er mimt den besorgten Bürger. Und wir wissen, dass die Frauen ihm nicht widerstehen können, also macht er sich an die trauernde Mutter ran. Scheiße, der Kerl ist gut!«, rief Michala, und in ihrer Stimme klang Bewunderung mit. Sie fand die Seite, nach der sie gesucht hatte, und drehte das Buch auf dem Tisch, so dass Schäfer den Eintrag lesen konnte. Er kniff die Augen zusammen, las still den englischen Text und übersetzte ihn dann murmelnd:

»Post-offense-behavior äußert sich in … Handlungen wie

etwa der Rückkehr zum Tatort, der Teilnahme an der … Beerdigung des Opfers, dem Eingehen von Freundschaften oder engen Bindungen mit Hinterbliebenen oder Freunden des Opfers.«

Er hob den Blick und sah Michala an.

»Das Ganze scheint eine Art Spiel für ihn gewesen zu sein.«

»Genau«, sagte sie nickend. »Es geht dabei einzig und allein darum, die Spannung aufrechtzuerhalten.«

Sie deutete auf den Bildschirm, auf dem Mia Sarks Gesicht zu einem Schrei verzerrt im Standbild eingefroren war.

»Und irgendwie habe ich so eine Ahnung, dass sie nicht die Erste war, die er mit in sein Häuschen genommen hat.« Sie und Schäfers Blicke trafen sich. »Oder die Letzte.«

Schäfer zwängte sich an einer Traube Touristen vorbei, die gerade an Bord des Kreuzfahrtschiffs gingen, und lief zurück zu seinem Wagen. Er nahm sein Handy aus der Tasche und suchte eine Nummer in seiner Kontaktliste.

»Hej, Rud!«, sagte er und drehte den Schlüssel im Zündschloss. »Langweilst du dich gerade?«

»Es ist ein Trauerspiel«, antwortete Rud Johannsen. »Was kann ich für dich tun?«

»Lust auf einen Roadtrip?«

»Einen Roadtrip?«

»Ja.«

»Tja, warum nicht. Wohin soll's gehen?«

»Erzähl ich dir unterwegs«, sagte Schäfer und legte den ersten Gang ein. »Pack dein Obduktionsköfferchen, ich hol dich in einer halben Stunde ab.«

# 40

Die Fassade der modernen weißen Villa sah aus, als bestünde sie aus einem einzigen gigantischen Stück Glas. Heloise spähte in den Eingangsbereich, der mit Kunst, Designermöbeln und Orchideen dekoriert war. Eine halb geschwungene Treppe führte hinauf ins obere Stockwerk, und von der Decke hing eine riesige kupferfarbene Designerlampe. Heloise konnte einmal quer durch das gläserne Haus hindurchsehen und entdeckte die Reste eines Frühstücks, eine Teekanne und ein halb leeres Saftglas auf dem Esstisch vor der gegenüberliegenden Fensterfront, hinter der sich die Flensburger Förde erstreckte.

Heloise drückte auf den Klingelknopf und wartete, doch im Haus rührte sich nichts. Sie trat ein paar Schritte zurück, legte den Kopf in den Nacken und sah hinauf zu den Fenstern im oberen Stockwerk. Gerade wollte sie um das Grundstück herumgehen, als sie eine Stimme hinter sich vernahm.

»Suchen Sie Ole?«

Ein Schreck durchfuhr Heloise, dann drehte sie sich um.

Ein älterer Herr in Morgenmantel und Pantoffeln stand vor dem Briefkasten der Nachbarn und betrachtete sie mit gerümpfter Nase und zusammengekniffenen Augen.

»Ja«, sagte Heloise. »Wissen Sie, wo ich ihn finden kann?«

»Er ist in Singapur.« Der Mann klemmte sich seine Zeitung

unter den Arm und schloss den Briefkasten. »Er ist am Mittwoch wieder da.«

»Und seine Frau? Wissen Sie, wo sie sich gerade aufhält?«

Der Mann warf einen Blick auf die offene Garage hinter Heloises Rücken.

»Der Lexus steht hier, also gehe ich davon aus, dass sie zu Hause ist«, sagte er.

Heloise schüttelte den Kopf.

»Ich habe geklingelt, aber niemand hat aufgemacht.«

Der Mann ließ seinen Blick über die Förde schweifen und legte die Hand an die Stirn, um die Sonne abzuschirmen.

»Ah, sie ist immer noch draußen. Sie geht jeden Vormittag schwimmen.« Er zeigte Richtung Wasser. »Nehmen Sie die Treppe am Ende des Pfads. Die führt direkt zum Badesteg.«

Er zeigte zu dem schmalen Kiesweg, der zwischen den beiden Grundstücken entlangführte.

Heloise bedankte sich für die Hilfe und ging hinunter an den Strand.

Sie trat auf den schwankenden Pontonsteg und näherte sich dem Handtuch und den Gummischuhen, die am Ende des Stegs lagen, während sie Lisette Dalsfort beobachtete, die ein gutes Stück vom Ufer entfernt durchs Wasser glitt. Sie kraulte in langen, ruhigen Zügen mühelos vorwärts, so routiniert, dass man nicht hören konnte, wie sie die Wasseroberfläche durchbrach. Sie schwamm auf eine Badeinsel zu, die wie ein Blatt auf dem Wasser trieb. Sie lehnte ihre Unterarme an den Rand der Badeinsel und ließ ihren Kopf für einen Moment auf ihren Händen ruhen. Dann stützte sie sich auf ihren Armen nach oben, wie eine Apnoetaucherin, die ein letztes Mal tief Luft holte, stieß sich vom Rand ab und verschwand.

Heloise hielt nach ihr Ausschau, während die Sekunden verstrichen.

Fünfzehn. Fünfundzwanzig.

Ein ganzes Stück von der Badeinsel entfernt brach Lisette Dalsfort wieder durch die Wasseroberfläche und ließ sich einige Minuten auf der Stelle treiben, bis sie schließlich auf den Badesteg zugeschwommen kam.

Heloise beobachtete neugierig, wie Lisette Dalsfort sich am Geländer an der kleinen Leiter aus dem Wasser zog. Heloise hatte das Gefühl ein Déjà-vu-Erlebnis zu haben, das sich mit ihren Gedanken vermischte.

Lisette Dalsfort trug eine schwarze Badekappe aus Latex, einen Sportbadeanzug und eine Schwimmbrille. Ihr nicht mehr ganz so junger Körper war hochgewachsen und drahtig, sie hatte schmale Hüften und athletische Schultern – und scheinbar kein Gramm Fett am Körper.

War Heloise ihr schon einmal begegnet?

Heloise nickte Lisette Dalsfort höflich zu, während sie überlegte, wie sie die Sache am besten angehen sollte. Die Aufnahmen von Mia Sark flimmerten immer noch vor ihrem inneren Auge auf, und jetzt stand sie hier – direkt vor Nina Dalsforts Mutter.

War Nina das Gleiche zugestoßen wie Mia?

»Wie ist das Wasser?«, fragte sie.

»Herrlich.«

Lisette Dalsfort sprach das Wort mit einem langgezogenen Ä aus. Dadurch klang sie irgendwie anmutig, fast schon aristokratisch, aber es gab kein Anzeichen von Wärme in ihrer Stimme. Sie wirkte eher abweisend. Denselben Eindruck machte auch ihre Körpersprache.

Sie wischte sich mit den Handflächen das Wasser vom Körper, dann beugte sie sich nach ihrem Handtuch, das auf dem Steg lag.

»Ich muss mich vorstellen«, sagte Heloise und streckte die Hand aus. »Heloise Kaldan vom *Demokratisk Dagblad.* Ich wollte Sie fragen, ob ich Ihnen ein paar Fragen stellen könnte?«

Lisette Dalsfort legte sich das Handtuch zu einer Wurst gerollt in den Nacken wie eine Boxerin nach einem Kampf und schob sich die Schwimmbrille hoch auf die Stirn.

»Ich spreche nicht mit der Presse«, sagte sie und sah nur kurz auf die ausgestreckte Hand, bevor sie Heloises Blick erwiderte.

Heloise starrte sie mit offenem Mund an. Sie war älter geworden. Das Gesicht war schmaler, der Blick unheimlich leer, und statt des kreischgrünen Oberteils trug sie einen Badeanzug, aber Heloise war sich hundertprozentig sicher.

Die Frau, die vor ihr stand, war auf dem Foto in Jans Wohnzimmer zu sehen.

Auf dem Bild, von dem Heloise dachte, dass es sich um Jans Frau und Tochter handelte.

»Entschuldigen Sie, aber …« Heloise konnte ihre Verblüffung nicht verbergen. »Sie *sind* doch Lisette Dalsfort, ja?«

Die Frau streckte den Rücken durch und starrte Heloise unbeirrt in die Augen. Ihr Blick war klar und hart.

»Was wollen Sie?«

»Ich …« Heloise blinzelte verdutzt. »Ich möchte gerne mit Ihnen über ihre Tochter sprechen. Über die Ermittlungen zu ihrem Verschwinden.«

Lisette Dalsfort schüttelte den Kopf, bückte sich und sammelte mit einer Hand ihre Gummischuhe auf. Mit langen, zielgerichteten Schritten ging sie den Badesteg hinab Richtung Ufer.

Heloise folgte ihr.

»Wenn ich die Polizei richtig verstanden habe, hatten Sie den Verdacht, dass Tom Mázoreck etwas mit dem Verschwinden von Nina zu tun haben könnte.«

Keine Antwort.

»Und Jan Fischhof und die beiden anderen von der Nerzfarm«, fügte Heloise hinzu. »Warum glauben Sie das?«

Immer noch keine Antwort.

»Was glauben Sie, warum Jan Fischhof ein Foto von Ihnen und Nina in seinem Wohnzimmer stehen hat?«

Abrupt blieb Lisette Dalsfort stehen. Sie wandte sich um und sah Heloise verblüfft an.

»Ein Foto?«

»Ja.« Heloise nickte. »Ein Foto von Ihnen und einem jungen Mädchen, ich gehe davon aus, dass es sich dabei um Ihre Tochter handelt. Auf dem Bild trägt sie eine Wildlederjacke und Blue Jeans. Sie haben einen grünen Pullover an … sagt Ihnen das was?«

»Ja. Das Bild haben wir nach ihrer Konfirmation gemacht. Die Polizei hat um ein Foto gebeten, damals, als sie …« Sie sah an Heloise vorbei in die Ferne. Ihr rechtes Augenlid begann zu zittern.

»Haben Sie eine Idee, warum Jan Fischhof dieses Foto auf seinem Schreibtisch stehen hat?«

Lisette Dalsfort antwortete nicht.

»Jan liegt im Sterben«, sagte Heloise. »Und er hat angefangen, etwas zu erzählen, über –«

»Gut so!« Lisette Dalsfort sah auf einmal hellwach aus. Sie nickte. »Den Tod hat er verdient. Das haben die alle.«

»Alle?«

»Fischhof, Carstensen, Gallagher …«

»Warum?«

»Manchmal, wenn ich draußen im Wasser bin, tauche ich so lange unter, bis meine Lungen brennen. Dann stell ich mir vor, wie es sich angefühlt haben muss. Nicht wieder auftauchen zu können …« Sie ließ ihren Blick über die Förde schweifen, als würde sie mehr zu sich selbst sprechen. »Der Instinkt, unter Wasser nicht nach Luft zu schnappen, ist stärker als der eintretende Schmerz in den Lungen. Haben Sie das gewusst?«

Sie sah wieder zu Heloise, die den Kopf schüttelte.

»Man holt erst wieder Luft, wenn man kurz davor ist, das Bewusstsein zu verlieren. Zu diesem Zeitpunkt ist so viel Kohlenmonoxid im Blut, dass das Gehirn einen Atemimpuls auslöst, weil der Körper dem Schmerz kaum noch standhält. Und das ist nicht besonders clever von unserem Gehirn, denn wenn eines noch mehr Schmerzen verursacht als Sauerstoffmangel, dann ist es Salzwasser, das in unsere Lungen dringt.«

Sie lächelte kaum merklich.

»Leute, die wiederbelebt werden, nachdem sie eigentlich schon fast ertrunken waren, beschreiben, dass es sich anfühlt wie Lava, die durch ihre Luftröhre fließt. Der Schmerz erfüllt den ganzen Körper, und man *weiß*, dass der Tod naht.« Sie nickte. »Tom Mázoreck hat bekommen, was er verdient hat, und nun ist also Jan Fischhof an der Reihe. Er ist krank, sagen Sie?«

Heloise nickte.

»Was fehlt ihm?«

»Krebs.«

»Ah!« Lisette Dalsforts Augen leuchteten, und sie presste die Lippen aufeinander, als wolle sie ein Lächeln unterdrücken.

»Ich habe vor kurzem mit Hans Gallagher gesprochen, und er weist jede Schuld von sich, etwas mit Ninas Verschwinden zu tun zu haben«, sagte Heloise. »Die Polizei meint, Sie hätten sich auf diese Gruppe Männer eingeschossen, die an jenem Abend auf der Nerzfarm war, und dass sie deshalb jemanden verdächtigen, der nicht …«

»Meine Tochter war siebzehn Jahre alt. Siebzehn! Die hätten sie einfach gehen lassen können, aber die …«

»Ich bin ganz Ihrer Meinung«, sagte Heloise.

Verblüfft sah Lisette Dalsfort sie an.

»Ich kann mir vorstellen, dass nicht unbedingt alle vier ihre Finger mit im Spiel hatten, aber ich glaube, Sie haben recht: Tom Mázoreck hat etwas mit Ninas Verschwinden zu tun.«

Lisette Dalsforts Augen glänzten feucht. »Niemand sonst glaubt daran. Nicht einmal mein Mann.«

Heloise zog ihr Notizbuch aus der Tasche und klickte auf ihren Kugelschreiber. »Wissen Sie, ob Nina ein Mädchen namens Mia Sark gekannt hat? Sie verschwand ein Jahr nach Nina.«

Lisette Dalsfort schüttelte den Kopf. »Nein, das glaube ich nicht.«

»Hatte Nina Verbindungen zu einem Lokal in Broager, das Club Celeste heißt?«

»Nein!« Der Funken, der eben noch in ihren Augen aufgeblitzt war, erstarb sofort, und sie hob abweisend die Hand. »Ich weiß, worauf Sie hinauswollen, aber sie …«

»Vielleicht war es Ihnen einfach nicht bewusst? Ingeborg Sark wirkte auch, als hätte sie gar keine Ahnung, wo ihre Tochter da gearbeitet hat, aber vielleicht war sie …«

»Nina war keines von diesen Mädchen!«, sagte Lisette Dalsfort zornentbrannt. »Wenn das Ihre Sichtweise ist, habe ich Ihnen nichts mehr zu sagen.«

Sie zog das Handtuch von ihren Schultern, als wolle sie einen Schlussstrich unter das Gespräch ziehen, und ging los.

»Wussten Sie, dass Mia Sark und Jan Fischhof ein Verhältnis miteinander hatten?«, fragte Heloise und folgte ihr. »Und dass

Tom Mázoreck sich an dem Abend ihres Verschwindens am selben Ort aufhielt? Zwischen Mias und Ninas Fall scheint es viele Verbindungen zu geben, und außerdem habe ich einen Film gefunden, der …«

»Wenn Sie auch nur ein einziges Wort schreiben, das im Geringsten andeutet, dass meine Tochter irgendwas mit diesem Lokal in Broager zu tun hat, dann werde ich persönlich dafür sorgen, dass Sie nie wieder als Journalistin arbeiten werden. Haben Sie mich verstanden?« Lisette Dalsforts Stimme bebte vor Wut. »Ich werde Ihnen eigenhändig ein Grab schaufeln.«

Sie machte auf dem Absatz kehrt und ging.

# 41

»Er sitzt draußen im Garten. Augenblick, ich werde ihn fragen, ob er mit dir sprechen will.«

»Nein, Ruth, ich will mit dir sprechen.« Heloise lenkte den Wagen in die Auffahrt von Gerdasminde und trat so hart auf die Bremse, dass der Staub um sie herum aufwirbelte.

»Mit mir?«

»Ja.« Heloise schlug die Wagentür zu und betrat das Haus. »Könntest du mal zum Schreibtisch im Wohnzimmer gehen? Dort, wo Jans Fotos stehen?«

»Im Wohnzimmer?«

»Ja. Ich meine die gerahmten Bilder.«

»Ja, ich steh davor. Was ist damit?«

»Das Foto, auf dem Alice den grünen Pullover trägt …«

»Mit den Schulterpolstern? Ja, was soll damit sein?«

»Du hast gesagt, das sei ein Foto von Jans Familie. Woher weißt du das?«

Ruth schwieg am anderen Ende der Leitung.

»Hat Jan dir das erzählt?«, fragte Heloise und legte ihre Tasche auf dem Esstisch ab. Sie zog einen Stuhl hervor und setzte sich.

»Ich versteh nicht ganz, worauf du hinauswillst.«

»Hat *er* dir erzählt, dass das ein Foto von Alice und Elisabeth ist, oder hast du das einfach nur angenommen?«

»Ähm, tja … daran kann ich mich gar nicht erinnern.« Ruth schien von Heloises Fragerei genervt zu sein. »Vielleicht war das eine der anderen, die mir das erzählt hat.«

»Eine der anderen Begleiterinnen?«

»Ja, eine von denen, die er mit seinem Gezeter vergrault hat.«

»Ok. Kannst du mir einen Gefallen tun, Ruth? Leg den Hörer kurz weg, nimm das Bild mit raus in den Garten und frag Jan, wer das ist und warum er es eingerahmt hat.«

Ruth legte das Telefon ab, dann wurde es still. Nach einigen Minuten kehrte sie zurück.

»Was hat er gesagt?«, fragte Heloise.

»Er hat nach dir gefragt.«

»Aber was hat er zu dem Bild gesagt?«

»Hab ich dir doch gerade erzählt! Ich habe ihn danach gefragt, und seine Reaktion war: Wo ist Heloise? Als ich ihm das Bild noch mal gezeigt habe, hat er sich weggedreht und gar nichts mehr gesagt.«

Heloise biss sich vorsichtig in die Unterlippe, während sie überlegte, wie sei weiter vorgehen sollte.

»Die anderen Bilder, die auf dem Schreibtisch stehen – wärst du so lieb und könntest sie mir mit deinem Handy abfotografieren?«

»Was meinst du? Ich soll ein Foto von den Fotos machen?«

»Ja. Mach mal ein Foto vom Schreibtisch, auf dem all die gerahmten Bilder stehen, und schick es mir als MMS.«

Heloise legte auf und wartete, bis Ruths Nachricht aufploppte. Sie öffnete sie, klickte auf das Bild und zoomte es näher heran. Ihr stockte der Atem.

Die Fotografie von Nina und Lisette Dalsfort stand in der vordersten Reihe. Direkt dahinter blickte ihr Mia Sark aus einem Bild entgegen.

Heloises Herz hämmerte hart in ihrer Brust, während ihr Blick über die anderen Fotos glitt – über die anderen Gesichter.

Gesichter, die sie nicht kannte.

Gesichter junger Frauen.

# 42

Die riesigen Stahlpylonen der Großen-Belt-Brücke ragten über ihnen in den Himmel. Rud Johannsen lehnte sich auf dem Beifahrersitz nach vorn und sah durch die Windschutzscheibe.

»Es ist jedes Mal wieder beeindruckend, nicht wahr?«

Schäfer nickte steif. Sein Blick war auf die Fahrbahn fixiert, die Hände fest um das Lenkrad geklammert, während er sich so weit wie möglich vom Brückengeländer entfernt auf der Überholspur hielt.

Sie ließen den ersten Pylon hinter sich zurück, der Wind rüttelte am Wagen. Schäfer hatte einen zivilen Einsatzwagen von der Zentrale geliehen, den sie mit Ruds Ausrüstung vollgeladen hatten. Schäfer drückte aufs Gas.

»Wie viele Meter sind es eigentlich bis da unten?«, fragte Rud neugierig und schaute hinab auf den Großen Belt. »Das müssen doch mindestens …«

»Kaldan meint, das Gästehaus wurde ausgeräumt«, unterbrach Schäfer ihn und überholte einen silbergrauen Porsche Cayenne. »Es ist seit den Filmaufnahmen garantiert mehrmals gereinigt worden.«

»Das muss nicht unbedingt einen Unterschied machen«, sagte Rud. »Der Boden ist doch mit Linoleum ausgelegt, oder?«

»Ja.«

Rud nickte zufrieden.

»In dieser Art von Belag gibt es Millionen winzige Risse, und wenn der Boden mit Blut in Kontakt kommt, sickert es in diese kleinen Risse und bleibt dort – jahrein, jahraus. Egal, wie viel Wasser und Seife du drüberschüttest, egal, wie kräftig du schrubbst. Blut kann man so gut wie nie vollständig entfernen. Es klebt unter Dielenböden, in den Fugen zwischen den Fliesen, in Spalten und Löchern und Rissen, und es …«

Das Klingeln von Schäfers Handy unterbrach Rud. Es war mit der Freisprechanlage des Autos verbunden, und Heloises Stimme erklang aus den Lautsprechern, als Schäfer den Anruf entgegennahm.

»Jan hat gerahmte Fotos von Nina Dalsfort und Mia Sark in seiner Wohnung stehen«, sagte sie. Sie klang gar nicht wie sie selbst, sondern schrill und außer sich.

»Wie bitte?«

»In seinem Wohnzimmer stehen Fotos der verschwundenen Mädchen. Was ist denn das für eine *Scheiße*, Schäfer? Ich weiß einfach nicht, was er …«

»Stopp, stopp, stopp«, unterbrach Schäfer sie. »Was für Fotos sind das? Woher hast du die?«

»Sie stehen in seinem Haus in Dragør. Im Wohnzimmer! Unmengen an gerahmten Fotos. Zwei Fotos sind jeweils von Mia Sark und Nina Dalsfort, aber da stehen noch mehr Bilderrahmen, mit Fotos von sieben anderen jungen Frauen, von denen ich nicht weiß, wer sie sind.«

Schäfer runzelte die Stirn und starrte geradeaus auf die Fahrbahn, während die weißen Mittelsteifen rechts an ihm vorbeiflogen.

»Hattest du nicht gesagt, dass der Film in Tom Mázorecks

Haus aufgenommen worden war?«, fragte er. »Dass er sich in diesem Gästehaus an Mia Sark vergangen hat?«

»Ja, aber wer sagt denn, dass es Mázoreck war, der gefilmt hat? Wir konnten schließlich nur eine Hand sehen! Vielleicht war es Jan?! Oder vielleicht waren mehrere daran beteiligt?«, vermutete Heloise. »Lisette Dalsfort geht davon aus, dass sowohl Jan und Mázoreck als auch die beiden anderen von der Nerzfarm unter einer Decke stecken.«

»Wie kommt sie darauf?«

»Keine Ahnung, aber ich habe eben auch eine Mail von meinem Informanten bei TV 2 erhalten. Weißt du noch, dass Hans Gallagher gefilmt hatte, wie sie Nina Dalsfort an diesem Abend auf der Nerzfarm in die Mangel genommen hatten? Und dass das im Fernsehen ausgestrahlt wurde?«

»Ja?«

»Mir wurde der Clip gerade geschickt.«

»Und?«

»Ich habe es noch nicht gesehen, aber ...« Heloise schwieg einen Augenblick. »Ich habe so ein ungutes Gefühl, Schäfer. Irgendwas geht hier nicht mit rechten Dingen zu!«

»Okay, hör mal!«, sagte er. »Ich bin auf dem Weg zu dir und habe meinen besten Kriminaltechniker dabei. Wir überqueren gerade den Großen Belt. Ich gehe davon aus, dass wir gegen 16.00 Uhr am Gästehaus sind. Lass uns da draußen treffen, okay? Und dann sehen wir, wie wir die Sache angehen.«

»Okay, wir sehen uns dort. Danke, Schäfer«, sagte Heloise und legte auf.

Schäfer entspannte sich etwas, als er Land unter den Reifen spürte, und neben ihm auf dem Beifahrersitz pfiff Rud vergnügt ein Liedchen.

»Schöner Tag, heute, was?« Rud ließ den Blick über die Landschaft schweifen und holte tief Luft. »Ein schöner Tag, um richtig anzupacken!«

# 43

Wie sieht so eine Häutung aus?«

Die junge Reporterin hielt dem Mann neben sich das Mikrophon hin. Er trug eine grau melierte Schiebermütze, die Wangen waren von dunklen Bartstoppeln übersät, und in seinem Gesicht saß eine lange, schmale Hakennase.

»Hier werden die Tiere eingeschläfert«, erklärte er und klopfte auf den Apparat, den er vor sich herschob – eine braune, kastenförmige Maschine auf Rädern. Dres Carstensens Name wurde am unteren Rand des Bildschirms eingeblendet, während er sprach.

Der Laptop stand vor Heloise auf dem Esstisch. Sie lehnte sich auf ihrem Stuhl nach vorn und drehte die Lautstärke auf.

»Die Tiere werden mit Kohlenmonoxid vergiftet. Es dauert nicht länger als eine halbe Sekunde, bis der Tod eintritt.« Carstensen schnippte mit den Fingern. »Die Tiere merken davon nichts.«

Er kehrte dem Mikrophon den Rücken zu und öffnete einen der Drahtkäfige, steckte eine behandschuhte Hand hinein und holte einen weißen Nerz heraus. Er hielt das Tier vor die Kamera und streichelte seinen Rücken. Der Nerz warf seinen Kopf von einer Seite zur anderen, auf und ab, sein Näschen zitterte, seine rosa Augen waren weit aufgerissen und wachsam. Dres Carstensen öffnete eine Luke in dem Apparat und ließ das Tier eine Rutsche hinuntergleiten, die in den Bauch des Geräts führte, schloss die Luke wieder, ging zum nächsten Käfig und wiederholte den Vorgang.

Heloise klickte auf die Vorspultaste und ließ die Aufnahme im Zeitraffer vorbeigleiten.

Sie drückte wieder auf Play, als die Kamera Carstensen zur Häutung folgte, und er demonstrierte, wie der nächste Schritt vonstattenging. Ein toter Nerz war mit Metallklammern an seinen Hinterbeinen aufgehängt worden. Carstensen nahm ein Skalpell und schnitt den kleinen Körper zwischen den Beinen auf. Er steckte seine Finger in den Einschnitt und zog dem Tier das Fell mit einem schnellen, ruckartigen Handgriff über die Ohren. Zurück blieb etwas, das Heloise an die anatomischen Zeichnungen aus dem Biologieunterricht erinnerte: etwas, das einem menschlichen Oberschenkel ähnelte, mit roten, sehnigen Muskeln, die sich überlappten und von einem dünnen Fettfilm überzogen waren.

Heloise zog angewidert die Mundwinkel nach unten und dachte an die Drohbriefe, die Nina Dalsfort laut Gallagher bei ihrem geplanten Anschlag auf die Nerzfarm bei sich getragen hatte, in denen die Aktivisten drohten, den Arbeitern auf genau diese Weise das Leben zu nehmen.

Sie spulte weiter vor, bis sie zu der Berichterstattung über die Aktivisten kam.

»Pelzproduktion ist ein Thema, das sowohl im In- als auch im Ausland die Meinungen spaltet«, sagte die Moderatorin. »Einige nennen es Sabotage, andere eine Befreiungsaktion, wenn Aktivisten von Greenpeace oder PETA in Nerzfarmen einbrechen und die Tiere freilassen. Zuletzt war die Nerzfarm in Benniksgaard Ziel einer solchen Aktion. Die Arbeiter auf der Farm mussten die Sache in die eigene Hand nehmen. Wir möchten unsere Zuschauer vor den schrecklichen Bildern warnen, die wir nun zeigen werden.«

Es war dunkel, die Handkamera wackelte. Heloise konnte die Umrisse des Haupthauses Benniksgaard im Hintergrund erkennen. Auf dem Hofplatz saßen drei Männer im Schneidersitz auf dem Boden, die Hände auf dem Rücken zusammengebunden. Ein paar Meter von ihnen entfernt lag ein junges Mädchen mit dem Gesicht nach unten im Kies und schrie. Sie wand sich auf dem Boden, ihre Hände und Füße waren gefesselt.

Gallagher war sicher derjenige, der filmte, vermutete Heloise. Dres Carstensen ging mit einem Gewehr in der Hand hinter den jungen Männern auf und ab. Er sah aus, als halte er nach jemandem Ausschau, wahrscheinlich nach der Polizei.

Tom Mázoreck saß vor dem Mädchen in der Hocke. Seine Augen waren auf sie gerichtet, seine Lippen bewegten sich, doch man konnte nicht hören, was er sagte. Nina Dalsforts Schreie übertönten alles.

Hinter Mázoreck stand Jan Fischhof und betrachtete das Mädchen, das sich auf dem Boden wand und versuchte, sich frei zu machen.

Etwas Helles schimmerte in seinem Gesicht, und Heloises Nackenhaare stellten sich auf.

Es war ein Lächeln.

# 44

Heloise schaltete den Computer aus und lehnte sich in ihrem Stuhl zurück. Was zur Hölle war damals passiert? Sie starrte auf ihr Telefon, das neben dem Laptop lag, und überlegte, Jan anzurufen. Sie fuhr erschrocken auf, als es plötzlich klingelte.

Sie nahm das Telefon in die Hand und blickte auf das Display. Die Nummer war unterdrückt.

»Hallo?«

»Ja, guten Tag, spreche ich mit Heloise Kaldan?«

»Ja, am Apparat.«

»Guten Tag, ich bin Elisabeth Ulvaeus. Sie hatten versucht, mich zu erreichen?«

»Elisabeth!« Heloise setzte sich auf. »Vielen Dank, dass Sie zurückrufen!«

»Ja, Sie müssen entschuldigen, dass ich mich nicht schon früher gemeldet habe, aber ich war auf einer Forschungsreise, und wir hatten kein Internet, ich konnte also erst jetzt Ihre Nachrichten abhören.«

»Kein Problem.« Heloise stand auf und ging ihm Wohnzimmer auf und ab. »Ich freue mich, dass Sie sich gemeldet haben. Hören Sie: Ich bin mit ihrem Vater befreundet, und ich bin dabei herauszufinden, was in Rinkenæs passiert ist, bevor Sie …«

»Und das verstehe ich nicht ganz«, unterbrach Elisabeth. »Ich glaube, Sie verwechseln da etwas. Jan ist nicht mein Vater.«

Heloise blinzelte erstaunt. »Wie bitte?«

»Ich bin die Tochter von Alice.«

»Ich verstehe nicht ganz …« Heloise schüttelte den Kopf. »Wer ist denn dann Ihr Vater?«

»Mein Vater hieß Leif. Er ist gestorben, als ich noch ganz klein war. Meine Mutter war erst später mit Jan zusammen, nachdem ich schon von zu Hause ausgezogen war.«

Heloise sagte kein Wort.

»Als meine Mutter letztes Jahr starb, habe ich das Haus geerbt, und eigentlich wollte ich es verkaufen, aber da war Jan schon krank, also …«

Heloise starrte verwirrt ins Leere.

»Sie sind seine Sterbebegleiterin, nicht wahr?«, sagte Elisabeth.

»Ja.«

»Es tut mir wirklich leid, dass ich ihn selbst nicht so oft besuchen kann, wie ich gerne würde, aber wir leben so weit voneinander entfernt, und ich …« Sie klang schuldbewusst. »Ich weiß es wirklich zu schätzen, dass Sie für ihn da sind, damit er nicht …«

»Entschuldigen Sie, aber ich habe es immer noch nicht ganz kapiert …« Heloise schüttelte den Kopf. »Wenn *Sie* nicht Jans Tochter sind, wer denn sonst?«

»Was meinen Sie damit, wer denn sonst?«

»Jans Tochter? Wie heißt sie?«

»Ich habe keine Ahnung, wovon Sie …«

»Er hatte doch eine Frau, die an Krebs gestorben ist«, sagte Heloise. »Damals, als er noch in Südjütland gelebt hat. Er hatte eine Frau und eine Tochter, die er nicht …«

»Davon weiß ich gar nichts«, sagte Elisabeth. »Er hat nie über sein Leben in Südjütland gesprochen.«

»Er hat nie seine Familie erwähnt?«

»Ich wusste nicht einmal, dass er eine Familie hatte.« Elisabeth klang verblüfft. »Meine Mutter meinte nur, dass er irgendein Trauma haben müsse, das haben wir an seinen wechselnden Launen gemerkt. Aber er wollte nie darüber sprechen, also haben wir es einfach dabei belassen. Aber ich hätte wirklich nie gedacht, dass er …«

Die Verbindung wurde unterbrochen.

Heloise versuchte mehrmals, Elisabeth zurückzurufen, geriet aber immer wieder direkt an den Anrufbeantworter.

Heloise legte die Handflächen an die Fliesen, schloss die Augen und ließ das warme Wasser über das Gesicht rinnen.

Sie fühlte sich benommen und erschöpft und von der ganzen Situation überfordert. Es gab so viele offene Fragen, so wenige Antworten.

Warum hatte Jan Alice und Elisabeth nie von seiner Vergangenheit erzählt?

*Auge um Auge, Heloise. Zahn um Zahn. Der Schaden, den man anderen zufügt, wird einem selbst zugefügt werden.*

Wer waren die anderen Mädchen auf den Fotos? Warum hatte Jan sie auf seinem Schreibtisch aufgestellt?

*Das Blut … So viel Blut, Heloise!*

Heloise drehte die Dusche ab, wrang das Wasser aus ihrem Haar, trat aus der Duschkabine und trocknete sich ab. Sie ließ das Handtuch auf den Boden fallen und zog sich einen Slip und ein T-Shirt an. Der Spiegel über dem Waschbecken war beschlagen, und sie öffnete das Fenster, um den Dunst hinausziehen zu lassen.

Ihr Blick wanderte hinaus in den Garten, und sie erstarrte vor Schreck.

Dort, auf der anderen Seite des Rasens, hinter den Zweigen der Trauerweiden, sah sie das Auto, das auf dem Landweg parkte. Mattroter Lack. Getönte Scheinwerfer.

Heloise stand wie angewurzelt da. Sie hielt die Luft an und lauschte.

Als sie die Schritte im Kies hinter dem Haus hörte, sprintete sie los. Sie lief ins Schlafzimmer, riss die Schranktür auf und griff nach dem Gewehr. Dann flog sie die Treppe hinunter in die Küche, schnappte sich die Schachtel mit der Munition und leerte den Inhalt auf den Küchentisch. Die Patronen rollten über die Tischplatte, einige von ihnen fielen auf den Boden. Hektisch sammelte sie zwei von ihnen auf und lud die Flinte mit zittrigen Händen.

Im Haus war es still.

Vorsichtig tastete sie sich durch einen Raum nach dem anderen, das Gewehr auf Anschlag, und spähte aus den Fenstern, an denen sie vorbeikam. Das Herz hämmerte in ihrer Brust, und sie verfluchte sich selbst im Stillen, ein Haus gemietet zu haben, das so weit ab vom Schuss lag.

Versuchte jemand, ins Haus einzudringen? Hatte sie überhaupt die Haustür hinter sich abgeschlossen?

Sie schlich in den Flur und wollte gerade das Schloss prüfen, als es laut an der Tür hämmerte.

Heloise fuhr erschrocken zusammen, hob das Gewehr und zielte auf die Tür.

»Wer ist da?«, rief sie.

»Mein Name ist Johan Hessel«, antwortete die Stimme auf der anderen Seite.

Heloise kniff die Augen zusammen. »Wer?«

»Johan Hessel. Sind Sie die Journalistin?«

Heloise riss die Tür mit einem Schwung auf und richtete das Gewehr auf den Mann, der auf der Türschwelle stand.

Erstaunt öffnete er den Mund.

»Hey, hey!«, sagte er erschrocken und hob die Hände, um Heloise zu beschwichtigen. »Ich will bloß mit Ihnen sprechen!«

»Wer sind Sie?«

»Ich heiße Johan. Ich war mit Mia Sark befreundet. Sie haben vor kurzem mit ihrer Mutter gesprochen, nicht wahr? Mit Ingeborg?«

Heloise musterte ihn, die Augen zu Schlitzen verengt. Langsam erkannte sie ihn von dem Foto wieder, dem letzten Foto, das von Mia Sark gemacht worden war.

»Warum, verdammt nochmal, verfolgen Sie mich?«, fuhr sie ihn an.

»Ingeborg meinte, sie hat das Gefühl, dass Sie etwas wissen. Dass Sie vielleicht herausgefunden haben, was mit Mia passiert ist.« Er stand immer noch mit erhobenen Händen da. »Wenn Sie Informationen haben, würde ich gerne wissen, was Sie in Erfahrung bringen konnten. Die Polizei erzählt uns nämlich rein gar nichts.«

Heloise sah ihn einen langen Augenblick an, während ihr Puls sich beruhigte.

Dann ließ sie das Gewehr sinken.

# 45

Woher wussten Sie, dass ich hier bin?«, fragte Heloise.

»Alle wissen, dass Sie hier sind«, sagte Johan. Er hatte sich ihr gegenüber aufs Sofa gesetzt. Der graue Stoff seines T-Shirts war unter den Achseln von Schweiß durchtränkt. Seine Hände waren grobschlächtig, die Ränder seiner Fingernägel schwarz, der Blick unter dem Schirm seiner roten Cap war angespannt.

»Eine Großstadtjournalistin, die einfach so nach Gråsten reinspaziert kommt und in alten polizeilichen Ermittlungen herumschnüffelt? Das ist gerade das einzige Thema, worüber der ganze Ort spricht. Die Kopenhagenerin, die in Gerdasminde wohnt.«

Heloise konnte sich ein Lächeln nicht verkneifen.

*Großstadtjournalistin.*

»Sie waren mit Mia unterwegs an dem Abend, an dem sie verschwand«, sagte sie. »Im *Zinnsoldaten.*«

»Ja«, antwortete Johan. »Ich und Mia und eine Freundin namens Malou.«

»Ingeborg hat mir erzählt, dass Sie sie immer noch besuchen, jedes Jahr.«

»Immer wenn sich Mias Verschwinden jährt, ja.« Er nickte. »Es sind zwar schon viele Jahre vergangen, aber es beschäftigt mich immer noch. Es ... es *bedrückt* mich immer noch.«

Sie schwiegen lange.

»Ich habe gesehen, dass Sie gestern im Celeste waren«, sagte er vorsichtig.

Heloise nickte.

»Glauben Sie, dass jemand von denen ihr etwas angetan hat?« Seine Augen glänzten.

»Nein, Johan, das glaube ich nicht«, sagte Heloise.

»Aber Sie glauben, *dass* ihr etwas angetan wurde? Sie glauben, jemand hat sie getötet?«

Heloise holte tief Luft. Sie brachte es nicht übers Herz, ihm von dem Video zu erzählen.

»Ingeborg hat mir erzählt, Sie hätten angedeutet, dass Mia vermutlich einem Mord zum Opfer gefallen ist. Wenn Sie also etwas wissen, dass Sie mir nicht erzählen, dann …«

»Nein, das habe ich nie behauptet.« Heloise schüttelte verständnislos den Kopf.

»Aber Sie haben nach Jan Fischhof gefragt.«

»Ja, ich habe Jan erwähnt, woraufhin sie vollkommen die Fassung verloren und mich rausgeschmissen hat«, erklärte Heloise. »Warum?«

»Weil Hoffnung das Einzige ist, was Ingeborg gerade noch am Leben hält. Und dann tauchen Sie plötzlich auf und reden über Fischhof, da glaubt sie natürlich, dass da ein Zusammenhang besteht.« Johan zuckte mit den Schultern und setzte eine nachsichtige Miene auf. »Sie hatte einfach Angst.«

Heloise starrte ihn an. »Ein Zusammenhang?«

»Ja, mit dem, was mit seiner Tochter passiert ist.«

Heloise stockte der Atem.

»Was ist denn mit ihr passiert?«, fragte sie.

»Ich dachte, das wüssten Sie.« Johan runzelte die Stirn.

»Sie wurde ermordet.«

# 46

Erleichtert atmete Heloise auf, als sie Schäfer erblickte. Er lehnte an der Motorhaube eines schwarzen Lieferwagens, der in der Einfahrt zu Renata Mázorecks Haus stand. Ein kleiner dünner Mann mit weißem, wild vom Kopf abstehendem Haar holte gerade ein paar Pappkartons, Eimer und Kübel aus dem Kofferraum.

Heloise parkte neben dem Transporter und stieg aus. Sie fiel Schäfer direkt in die Arme, ohne auch nur ein Wort zu sagen.

»Hej, du«, sagte er und drückte sie an sich. »Die Kavallerie ist eingetroffen.« Sie löste sich aus der Umarmung und sah hinüber zu dem Kriminaltechniker, der Schäfer begleitet hatte.

»Heloise, Rud Johannsen – Rud, Heloise Kaldan«, stellte Schäfer sie einander vor.

Der Mann gab Heloise die Hand und verneigte sich vor ihr. »Enchanté!«

Sie nickte höflich und wandte sich dann wieder an Schäfer.

»Jan hatte eine Tochter, die ermordet wurde, als er noch hier gelebt hat«, erklärte sie. »Sie hieß Bianca. Bianca Fischhof.«

Schäfer hob die Augenbrauen und sah sie verwundert an.

»Sie wurde tot in ihrer Wohnung in Sønderborg aufgefunden«, fuhr Heloise fort. »Die Polizei konnte nie ermitteln, wer hinter dem Mord steckte.«

Sie sahen einander lang in die Augen, während sich das Bild nach und nach zusammenzufügen schien.

»Na dann«, sagte Rud Johannsen über Schäfers Schulter hinweg. »Wollen wir doch mal sehen, ob wir Blut finden können.«

Heloise führte die beiden hinters Haus durch den großen Garten.

»Hier hinten«, sagte sie und ging auf das Gästehaus zu. Sie drückte die Klinke herunter und hielt den beiden die Tür auf. Zu dritt traten sie hinein und sahen sich um.

Rud Johannsen stellte eine batteriebetriebene Arbeitslampe auf den Boden des Waschraumes und begann sofort, die Risse im Linoleumboden, die Fugen zwischen den Fliesen und den zerbrochenen Spiegel zu untersuchen. Er ging wie bei einer Schädlingsbekämpfung mit einer großen weißen Sprühflasche herum und sprühte eine farblose Flüssigkeit über Decke, Wände und Boden.

»Was ist euer Plan?«, fragte Heloise.

»Wenn Mia Sark hier ermordet worden ist, dann gibt es vermutlich immer noch Reste von Blutspuren«, sagte Schäfer. »Und wenn Mázoreck auch andere Mädchen mit hierhergebracht und sich an ihnen vergangen hat, beispielsweise Nina Dalsfort, dann werden wir sicher auch von ihnen Spuren finden. Wenn dem so ist, können wir die DNA abgleichen und finden eventuell Anhaltspunkte zu anderen Opfern, die wir noch gar nicht auf dem Schirm haben.«

»So, ihr Lieben«, sagte Rud Johannsen und stellte die Sprühflasche ab. »Schließt mal bitte die Tür, ich mach das Licht aus, und dann wollen wir doch mal sehen, ob es hier etwas zu holen gibt.«

Heloise zog die Tür zu.

»Die Luminolmischung, die Rud verwendet, reagiert auf

Blut«, erklärte Schäfer. »In Verbindung mit der Substanz färben sich Blutreste blau.«

»Seid ihr bereit?«, fragte Rud.

Er löschte das Licht, und der Raum explodierte unter einem neonblauen Feuerwerk. Die fluoreszierenden Flecken leuchteten überall auf – an den Wänden, an der Decke, auf dem Boden.

»Himmel Herrgott nochmal«, fluchte Schäfer leise und blickte sich um.

Heloise starrte an die Wände und Decke.

»O Gott, das sieht ja aus wie ... wie *Gleaming Lights of the Souls* von Kusama«, sagte sie staunend. Sie hatte die Lichtinstallation der japanischen Künstlerin mehrmals im Louisiana Museum für Moderne Kunst gesehen und jedes Mal von neuem die leuchtenden Punkte bewundert, die wie Sterne am Firmament glitzerten. Doch hier im Gartenhaus hatte der Anblick nichts Romantisches.

»Da kriegst du doch die Tür nicht zu!«, rief Rud Johansen und klatschte sich begeistert auf die Oberschenkel. »Damit können wir doch was anfangen, oder?«

Er schaltete seine Lampe wieder an und verließ das Häuschen, um den Rest seiner Ausrüstung aus dem Wagen zu holen.

Heloise und Schäfer folgten ihm.

»Und jetzt?«, fragte Heloise. »Was hat das jetzt zu bedeuten?«

Schäfer warf einen Blick zurück aufs Gästehaus. »Es ist besser, wenn du abhaust«, sagte er.

»Warum?«

»Weil ich hier draußen keine Befugnis habe. Das ist außerhalb meines Einsatzradius, und wenn jemand erfährt, dass Rud und ich hier herumschnüffeln und alte Fälle wieder aufrollen, die in den Zuständigkeitsbereich von Südjütland fallen, dann kann ich meinen Job verlieren. Also ist es besser, wenn du dich hier nicht blicken lässt. Zu viele Köche, du weißt schon.«

Heloise nickte und holte ihre Autoschlüssel hervor.

»Was hast du vor?«, erkundigte Schäfer sich. »Geht's ab nach Hause?«

»Nein. Ich fahre zu einem alten Bekannten, der hier bei einer Lokalzeitung arbeitet. Ich habe ihn auf dem Weg hierher angerufen und ihn gebeten, mehr über den Mordfall Bianca Fischhof herauszufinden.«

»Gut«, sagte Schäfer. »Ruf an, wenn etwas ist, okay?«

Heloise sah Rud Johansen nach, der mit einem Karton auf dem Arm zurück zum Gästehaus lief.

»Fahrt ihr heute Abend wieder zurück nach Kopenhagen?«, fragte sie.

»Nein, das wird hier dauern.«

»Okay, nimm den hier.« Heloise holte den Schlüssel vom Haus in Gerdasminde aus ihrer Tasche und drückte ihn Schäfer in die Hand. »Ich werde woanders übernachten, ihr könnt also dort unterkommen. Dort gibt es viel Platz. Ich schick dir eine SMS mit der Adresse.«

»Und wo wirst du übernachten?«, fragte er.

»Bei meinem Bekannten.«

Schäfer hob eine Augenbraue. »Dein Freund von der Lokalzeitung?«

»Ja.«

»Gut.« Er grinste wissend und steckte den Schlüssel in die Tasche. »Viel Spaß.«

# 47

Heloise scrollte durch die Artikel auf der Infomedia-Plattform. Über den Mord an Bianca Fischhof war 1998 offenbar in allen Zeitungen berichtet worden, und insbesondere für die Boulevardpresse schien es ein Fest gewesen zu sein, das *Blutbad in der Brandtsgade,* wie sie es getauft hatten, mit ausführlichen Beschreibungen auszuschlachten.

»O nein, hör mal, was hier steht«, sagte sie und sah zu Thomas, der gerade zur Tür hereingekommen war. »*Die Identität der Frau, die in der Nacht vom 2. auf den 3. April ermordet worden war, konnte nun festgestellt werden. Dies teilte die Polizeidienststelle Südjütland in einer Pressemitteilung mit. Bei dem Opfer handelt es sich um die 22-jährige Bianca Fischhof. Fischhof studierte im vierten Semester an der Krankenpflegeschule in Sønderborg und wurde in der Nacht zu Mittwoch mit nicht weniger als siebenunddreißig Messerstichen getötet, nachdem ein unbekannter Täter in ihre Wohnung eingedrungen war, in der sie sich zum Tatzeitpunkt allein aufhielt. Am frühen Morgen des 5. Juni fand der Vater des Opfers sie und schlug Alarm* – o Gott!«

Heloise sah auf.

»Ja, das habe ich gelesen.« Er nickte. Er trat an den Tisch, an dem Heloise saß, zögerte einen Augenblick, dann legte er einen braunen Briefumschlag vor sie. »Hier.«

Heloise sah ihn an.

»Was ist das?«

»Wonach du suchst. Details zum Mord.«

Heloise runzelte die Stirn.

»Aber wie …?«

»Ich habe eine Informantin bei der Polizei.« Thomas drehte sich um und öffnete das Barschränkchen. »Brauchen wir vielleicht etwas Stärkeres?«

»Ja, gern«, sagte Heloise. »Eine Informantin, sagst du?«

»Ja, eine, die sich darauf einlässt, den Dienstweg zur Akteneinsicht abzukürzen, wenn man die richtigen Strippen zieht.«

Er hielt zwei schwere Kristallgläser in der einen Hand und schenkte mit der anderen den Cognac ein.

Heloise hob die Augenbrauen. »Ist es jemand, den du datest?«

»Nein, wir haben nie *gedatet.*«

»Also eine, die du vögelst?«

Er zuckte halbherzig mit den Schultern. »Vögelte. Präteritum.«

»Und jetzt hast du sie einfach so gefragt, ob sie dir die Akte rausgeben kann? Einfach so?«

»Ja.« Thomas reichte Heloise eines der Gläser. »Aber das ist nur zur grundlegenden Information. Du darfst die Details nicht in einem Artikel verwenden oder deinem Polizistenfreund in Kopenhagen erzählen, wie du an die Infos gekommen bist, okay?«

»Ist es diese Jessica Rabbit? Datest du diese Rothaarige mit den Brüsten?«

»Wir daten nicht.« Thomas setzte sich Heloise gegenüber und prostete ihr zu. »Aber ich finde es sehr niedlich, dich so eifersüchtig zu sehen.«

Heloise senkte den Blick und lächelte. Sie legte ihre Hand auf den Briefumschlag.

»Warte«, sagte Thomas und legte seine Hand auf ihre. »Bevor

du den Umschlag öffnest, muss ich dir sagen, dass sich etwas darin befindet, was sich für immer in deine Netzhaut einbrennen wird.«

»Was auch immer es ist, ich habe Schlimmeres gesehen«, sagte Heloise bestimmt.

Sie öffnete den Umschlag und schüttete den Inhalt auf den Küchentisch.

Obwohl die Bilder ziemlich verpixelt waren, war überwältigend viel Blut darauf zu erkennen. Es waren Polizeifotos, und sie waren in einem Wohnzimmer aufgenommen worden. Bianca Fischhof – oder was von ihr übrig war – lag auf dem Boden. Sie trug einen schwarzen BH. Der Rest ihres Körpers war nackt und blutverschmiert. Ein langes Seil war um ihren Hals gewickelt, hinter ihr zogen sich Blutspuren quer über den Boden, als wäre sie durch den Raum geschleift worden.

Ihr ganzer Körper war von Stichwunden übersäht – riesige, klaffende Wunden. Im Gesicht, an den Armen. In ihrer Brust, am Bauch.

Thomas hatte recht gehabt. Diese Bilder würde sie nie wieder aus ihrem Gedächtnis löschen können.

»Hast du jemals Bilder von Sharon Tate gesehen?«, fragte Thomas.

»Polanskis Frau?«, erwiderte Heloise und sah auf. »Die Schauspielerin, die von der Manson Family ermordet wurde?«

Thomas nickte.

»Man könnte fast meinen, da habe jemand versucht, den Mord nachzustellen«, sagte er und zeigte auf die Fotos. »Das Seil um den Hals, die Position der Leiche ... Sie ähnelt ihr auch ein wenig – abgesehen von den dunklen Haaren.«

»Ja, und abgesehen davon, dass Sharon Tate schwanger war«, warf Heloise ein.

»Das war Bianca Fischhof auch.«

Verblüfft sah sie auf. »Sie war schwanger?«

Thomas nickte.

Heloise schlug die Hand vor den Mund. Sie konnte ihren Blick nicht von der getöteten Frau auf dem Foto abwenden.

Der Bauch der Frau war nicht rund, aber ganz flach war er auch nicht.

»Bist du sicher?«, fragte Heloise, ohne die Hand vom Mund zu nehmen. »Dazu habe ich nichts in den Berichterstattungen gefunden.«

»Es steht im Obduktionsbericht«, sagte Thomas. »Sie war im fünften Monat, und der Fötus starb. Diese Information wurde nie an die Presse gegeben.«

Heloise konnte ihren Blick nicht von dem Bild abwenden. Sie stellte sich vor, wie Jan seine Tochter gefunden haben musste. Wie konnte man überhaupt weiterleben, nachdem man geradewegs in seinen persönlichen Albtraum hineinspaziert war?

Sie setzte das Glas an den Mund und leerte es in einem Schluck.

»Wer war ihr Freund?«, fragte sie und stellte das Glas vor sich ab. »Wer war der Vater des Kindes?«

Heloise sah auf und blickte Thomas an.

Sie kannte die Antwort, noch bevor er den Mund öffnete.

»René Decker«, sagte er.

# 48

Pferdehufe klackerten über den Asphalt. Hunderte von Reitern in schwarzen Paradeuniformen ritten mit Lanzen in der Hand am Hafen entlang.

Die Garde von Sønderborg gab in den ersten Reihen den Takt vor, und die Cafés und Restaurants an der Uferpromenade waren mit Besuchern überfüllt.

»Entschuldige, ich kann dich kaum verstehen.« Heloise presste ihren Finger gegen das eine Ohr und ihr Handy gegen das andere. »Was hast du gesagt?«

»Er ist ziemlich weit weg«, wiederholte Ruth. »Ich komme kaum noch an ihn heran.«

»Aber es geht ihm gut?«

»Ja, er hat ausnahmsweise mal sein Abendessen zu sich genommen, und es sieht so aus, als hätte er gerade keine Schmerzen. Er sieht fern, aber er ist nicht wirklich da. Mit ihm zu sprechen ist unmöglich.«

»Okay, aber könntest du mir einen Gefallen tun, Ruth? Kannst du ihm ausrichten, dass ich bald wieder da bin und die Dinge langsam unter Kontrolle bekomme? Er soll sich keine Sorgen machen.«

Heloise legte auf und wandte sich zu Thomas um.

»Was ist denn hier los?«, fragte sie und zeigte auf die Reiter.

»Hier wird heute ein Ringreitturnier ausgetragen«, erklärte Thomas.

»Was ist das?«

»Tja, was ist das eigentlich?«, fragte er und spähte über die Menschenmenge hinweg. »Das ist eine Art moderne Form von mittelalterlichem Ritterturnier. Das findet jedes Jahr hier im Ort statt. Doch statt den Gegner mit seiner Lanze aufzuspießen, muss man so kleine Ringe stechen. Wer die meisten Ringe bekommt, gewinnt. Oder so ähnlich. Ich kenne die Regeln nicht genau, aber das Wichtigste an diesen Turnieren sind ohnehin nicht die Pferde, sondern das Bier, die Grillwürste und die Karussells am Turnierplatz.«

Er zeigte in Richtung Festplatz.

Heloise musste grinsen. »Du klingst schon wie ein Eingeborener.«

»Ja, ich habe sogar angefangen, ›Moin‹ zu sagen!«

»Tust du nicht!«

»Doch, klar! So macht man das hier!«

Heloise legte den Kopf in den Nacken und lachte. Thomas legte den Arm um sie.

»Komm, lass uns etwas essen gehen«, sagte er und zeigte auf einen Tisch für zwei, der gerade vor einem italienischen Restaurant frei geworden war.

»Ich habe ein total schlechtes Gewissen«, sagte Heloise, nachdem der Kellner ihre Bestellung entgegengenommen hatte. »Da kommen mir die schlimmsten Fotos von Jans Tochter zu Gesicht, und ich fühle mich vor allem erleichtert.«

»Erleichtert?«

»Ja.«

»Wie das?«

»Weil ich in den letzten Tagen befürchtet hatte, es könnte sich herausstellen, dass Jan gar nicht der Mensch ist, für den ich ihn gehalten hatte.«

Thomas betrachtete sie mit gerunzelter Stirn.

»Warum hattest du solche Angst davor? So lange hast du ihn doch nicht gekannt.«

Heloise holte tief Luft und zögerte. Dann schüttelte sie den Kopf.

»Keine Ahnung. Das ist bestimmt albern.«

Sie ließ ihren Blick zum Schloss von Sønderborg schweifen, das am Hafen hinter den Segelbooten lag.

»Wunderschön ist es hier, nicht wahr?«

Thomas sah sie immer noch fragend an.

»Ich meine, mich zu erinnern, dass Waldemar der Große das Schloss hat bauen lassen«, sagte Heloise. »Kann das sein?«

»Was verschweigst du mir?«, fragte Thomas.

Sie wandte sich zu ihm um.

»Was meinst du?«

»Irgendetwas hat sich seit unserem letzten Treffen geändert. Irgendetwas fühlt sich fremd an. Also, was ist los?«

Heloise senkte den Blick und seufzte.

»Können wir nicht einfach in der Seifenblase bleiben, in der wir die letzten achtundvierzig Stunden waren?«, fragte sie.

»Von welcher Seifenblase sprichst du?« Thomas schüttelte verständnislos den Kopf. »Wir sind doch hier, in diesem Augenblick. Was verheimlichst du mir?«

Heloise holte tief Luft und atmete langsam wieder aus, während sie in die Ferne Richtung Wasser starrte.

»Ist es dieser Regierungssprecher?«

»Was? Nein!« Heloise runzelte die Stirn und schüttelte den Kopf. »Nein! Das … er … da war nie Liebe im Spiel.«

»Was ist es dann?«

Heloise schluckte und blickte ihm tief in die Augen.

»Es ist so schön, dass du meinen Vater so gern hattest.«

»Er war ein guter Mann.« Thomas nickte.

»Nein«, entgegnete Heloise und schüttelte kaum merklich den Kopf. »Das war er nicht.« Sie musterte Thomas' Gesicht und lächelte traurig. »Ich beneide dich darum, dass du dich auf diese Weise an ihn erinnerst.«

Thomas' Augen verengten sich, sein Mund öffnete sich zu einer wortlosen Frage.

»Solange er so in deiner Erinnerung weiterlebt, fühlt es sich für mich nur wie ein böser Traum an«, sagte Heloise. »Als wäre ich jetzt wieder aufgewacht, du bist hier, alles ist gut. Aber wenn ich dir erzähle, was passiert ist, dann kehre ich wieder in die albtraumartige Realität zurück, und das …« Sie schüttelte den Kopf. »Ich weiß gerade nicht, wie ich das auf die Reihe kriegen soll, denn wenn ich an meinen Vater denke, will ich am liebsten einfach nur noch schreien! Ich will einfach nur mein Gesicht in den Wind halten und laut schreien, aber …« Eine Träne lief ihr die Wange hinunter. »Aber ich bringe es nicht fertig! Ich habe diesen Kloß im Hals, ein Tumor aus Wut und Trauer und … und ich …« Wieder schüttelte sie den Kopf. »Ich werde diesen Kloß nicht los. Wann immer ich den Mund öffne, bringe ich keinen Laut hervor, und ich …«

Thomas beugte sich vor und zog sie an sich.

»Hey, hey, schon gut«, sagte er. Er strich ihr übers Haar und küsste sie. »Wir müssen nicht darüber sprechen, wenn du noch nicht so weit bist. Wir haben alle Zeit der Welt.«

Ihr Essen kam, und sie aßen schweigend, während sie die Menschen beobachteten, die sich am Hafen tummelten. Es war eine angenehme Stille – die Art von Stille, die nur zwischen Menschen herrscht, die sich bedingungslos lieben.

»Wollen wir nach Hause?«, fragte Thomas.

Heloise nickte und sah ihm nach, als er aufstand, um zu bezahlen.

Er betrat das Restaurant, und Heloise ließ den Blick über das Schloss und die Segelboote, die am Hafen vertäut waren, bis zu der alten Bogenbrücke schweifen, die die Insel Als mit dem Festland verband.

Ob sie hier glücklich werden könnte?

Hier war es wirklich schön, keine Frage. Das Tempo war gemütlich, die Natur bezaubernd und die Immobilienpreise angemessen.

Es gab diese Jeder-kennt-Jeden-Dynamik, die Heloise gar nicht gefiel, doch dasselbe konnte sie auch über Kopenhagen sagen. Es waren immer dieselben Leute, die ihr in ihrem Viertel begegneten, dieselben Leute, die sie im zwanzigsten Jahr in Folge mit Wangenküsschen begrüßt hatte. Eine kleine, eingefleischte Gruppe von Künstlern und Medientypen, die klatschten und tratschten und miteinander ins Bett gingen. Und ganz ehrlich, schöpfte sie das Leben in der Hauptstadt überhaupt zu Genüge aus? Wann war sie das letzte Mal im Königlichen Theater gewesen, wann hatte sie überhaupt das letzte Mal in ihrer Freizeit ihren Stadtteil verlassen?

Sie atmete tief ein und stellte sich ein Leben vor, das sie hier unten haben könnte.

Vielleicht wäre hier ein Neuanfang möglich, sie könnte ihre Vergangenheit und die Verbrechen ihres Vaters endgültig hinter sich lassen.

Wie sie so dasaß und mit dem Gedanken spielte, Bøttger anzurufen und zu kündigen, entdeckte sie ein sonnengebräuntes Gesicht in der Menschenmenge, das sie zurück ins Hier und Jetzt beförderte.

Sie richtete sich auf ihrem Stuhl auf und folgte René Decker mit den Blicken. Er trug ein schwarzes Unterhemd, eine helle Leinenhose und einen dunkelgrauen Filzhut mit cremefarbenem Seidenbändchen und bahnte sich seinen Weg seitlich an den dicht gedrängt stehenden Menschen vorbei.

Heloise sah über ihre Schulter und hielt nach Thomas Ausschau, doch er war nirgends zu sehen.

Dann wandte sie sich wieder zur Menschentraube um und suchte sie nach Decker ab.

Er war dem dichten Gedränge entkommen und hatte das Tempo angezogen. Eine Hand hatte er in die Tasche gesteckt, in der anderen hielt er eine Zigarette. So ging er mit schnellen Schritten an Heloises Tischchen vorbei, ohne sie zu bemerken.

Nachdem er ein Stück weiter um eine Ecke bog, stand sie auf und folgte ihm.

# 49

Die Abendluft war warm, und der Festplatz ein Kaleidoskop aus neonfarbenen Lichtern der sich drehenden Karussells. Das große Riesenrad blinkte in der Abenddämmerung, die Rufe der Losverkäufer, Zirkusmusik und freudiges Lachen und Johlen der Besucher bildeten einen lebendigen Geräuschteppich.

Heloise folgte René Decker in ein riesiges Zelt mit vielen langen Tischen, an denen Hunderte von Menschen saßen, wo sie ihn aus den Augen verlor. Die Leute um sie herum tanzten und rempelten sie an. Eine Band spielte einen alten Partyhit der Band Tøsedrengene, die Bühnenlichter blinkten, und Heloise spürte den Bass in ihrer Brust vibrieren.

Sie versuchte, sich in der Menge zu orientieren, als ein Mann vor sie trat.

»Hej, wie heißt du?«, fragte er.

Mit offenem Mund und einem Silberblick glotzte er Heloise an, als wäre sie nackt. Er stank nach billigem Rasierwasser und Schweiß. In der Brusttasche seines offenen Hemdes steckten eine Handvoll grüner Reagenzgläser, die mit Lakritzlikör gefüllt waren.

Heloise ignorierte ihn.

Sie reckte den Hals und entdeckte René Decker hinter dem Rücken des Mannes. Er stand an der Bar und unterhielt sich mit einem Typen, so groß wie ein Schrank. Er war kahlrasiert und vom Nacken bis quer über den Schädel tätowiert. Er schüttelte den Kopf und presste bedauernd die Lippen aufeinander. Deckers Kiefermuskulatur spannte sich an, und obwohl er mindestens einen Kopf kleiner war als der Riese, packte er ihn am Schlafittchen und zog ihn zu sich herunter.

Heloise konnte nicht hören, welche Worte zwischen den beiden gewechselt wurden, aber sie sah, wie der Riese den Kopf hängen ließ, als Decker ihn von sich wegstieß.

Genervt glitt Deckers Blick über die Menschenmenge im Zelt und blieb ausgerechnet bei Heloise hängen.

Bewegungslos starrte er sie für eine lange Sekunde an, dann senkte er den Blick.

»Warum bist du so zickig?«, fragte der Typ vor Heloise und trat einen Schritt näher an sie heran.

Sie entdeckte eine Lücke in dem Getümmel und zwängte sich an den Menschen vorbei, doch der Typ packte sie am Handgelenk und hielt sie fest,

»Hey, wo willst du denn hin?«, fragte er. Sein Griff war hart.

»Lass mich los«, sagte Heloise.

»Lächle doch mal! Warum bist du so angepisst, Süße?«

Heloise befreite sich aus seinem Griff, als sie plötzlich merkte, dass sie umzingelt war. Vier Freunde des Mannes hatten einen Kreis um sie gebildet.

Auf einmal fühlte sich die Luft so stickig an, als gäbe es nicht genug Sauerstoff im Zelt.

»Würdest du bitte zur Seite gehen?«, fragte sie den Typen, der sich vor ihr aufgebaut hatte.

»Was bekomme ich dafür?« Er grinste und musterte sie von oben bis unten.

»Aus dem Weg!«

Er sah sich im Kreis seiner Freunde um und lachte.

Eine Hand streifte ihren Hintern, eine andere ihren Busen. Sie kamen immer dichter.

»Ich habe gesagt, du sollst aus dem Weg gehen!«, rief Heloise. »Lasst mich durch!«

Plötzlich packte eine Hand den Lakritztypen im Nacken und stieß ihn so heftig zur Seite, dass er stürzte und über den Boden schlitterte.

René Decker hielt Heloise die ausgestreckte Hand entgegen und zog sie zu sich.

Die vier Typen stoben auseinander, der fünfte kam hastig wieder auf die Beine und hielt die Hände abwehrend nach oben.

»Hey, sorry, Mann. Ich will keinen Stress, okay?«

René Decker starrte ihn mit einem kalten Blick an.

Der Typ trat ein paar Schritte zurück, dann wandte er sich um und verschwand.

René packte Heloise am Arm und zog sie aus dem Zelt.

»Was hast du hier zu suchen?«, fragte er und ließ von ihr ab. Er spähte über den Festplatz, wich ihrem Blick jedoch aus. »Du hast hier nichts verloren!«

Heloise sah den Mann an, der vor vierundzwanzig Stunden eine Pistole auf sie gerichtet hatte, und dachte an die Leiche ohne Kopf, die in der Sønderborger Bucht an den Strand gespült worden war.

Sie dachte an Jes Decker und Pitbull. An die Bilder von Bianca Fischhofs leblosem Körper.

Ihr Herz schlug ihr bis zum Hals.

»Ich weiß, was damals passiert ist«, sagte sie. »Mit Bianca … Ich weiß, was du verloren hast.«

»Habt ihr etwas rausgefunden?«, fragte er, immer noch, ohne

sie anzusehen. »Habt ihr herausgefunden, was damals passiert ist?«

Heloise schüttelte den Kopf. »Nichts Konkretes, aber ich habe eine Theorie. Eine Idee, wer es gewesen sein könnte.«

»Mázoreck?«

»Ja.«

Decker nickte. »Das hat auch ihr Vater damals vermutet, aber wir …« Er schüttelte den Kopf. »Wir haben nie Beweise gefunden.«

»Jan hat also auch gedacht, dass Mázoreck hinter dem Mord steckt?«, fragte Heloise.

»Ja.«

»Und glaubst du, dass er … dass er sich gerächt hat?«

Endlich erwiderte René Decker ihren Blick und lächelte. Er nickte nur ein einziges Mal.

»Das hoffe ich.«

Thomas erhob sich von der Treppenstufe vor dem Restaurant und hob resigniert die Arme. »Wo hast du bloß gesteckt?«

»Entschuldige«, sagte Heloise und schob das Handy zurück in ihre Tasche. »Ich war kurz drüben auf dem Festplatz.«

»Und ich dachte schon, du wärst wieder abgehauen.«

Heloise lächelte und schüttelte den Kopf. »Nein, das würde ich niemals tun.«

»Mit wem hast du gesprochen?«, fragte er und zeigte auf das Handy in ihrer Hosentasche.

»Schäfer.«

»Sind sie noch draußen im Gartenhäuschen zu Gange?«

»Nein, sie sind fertig für heute. Sie haben Hunderte von Proben genommen, meinte er. Und jetzt wollen sie sehen, was sich in diesen Proben finden lässt.«

»Und jetzt?«, fragte Thomas und betrachtete sie mit warmem Blick.

»Was meinst du?«, fragte Heloise

»Was ist der Plan?«

In seinen Augen konnte sie tausend Fragen erkennen.

Heloise holte tief Luft und ließ ihren Blick über das Wasser schweifen. Dann sah sie Thomas an und lächelte.

»Lass uns nach Hause gehen.«

# 50

Schäfer parkte vor dem Restaurant Providence und ging das letzte Stück bis zum Strand zu Fuß. Er tippte sich an den nicht vorhandenen Hut, als er an einem jungen Paar vorbeikam, das mit seinem Golden Retriever Gassi ging, und schlenderte geradewegs zu dem Anwesen direkt am Ufer.

Der Name auf dem Briefkasten verriet ihm, dass er an der richtigen Adresse war. Er sah hinüber zu dem alten, grauen Holzhaus. Das Grundstück war von einem weißen Zaun umgeben, eine breite Veranda verlief einmal rings um das Gebäude. Aus allen Fenstern schien warmes Licht. Schäfer sah einen alten Mann in einem Schaukelstuhl auf der Veranda sitzen.

Der Mann schaukelte still vor sich hin. Den Blick hatte er auf die Förde gerichtet, und der Rauch aus seiner Pfeife stach in Schäfers Nase. Bis auf das Knirschen des Stuhls, das Zirpen der Grashüpfer und den Wellen, die sanft ans Ufer rollten, war es still.

Schäfer klopfte an das Holz des Gartentors. Der Alte sah auf.

»Guten Abend«, sagte Schäfer.

»Guten Abend«, erwiderte der Mann und erhob sich aus seinem Schaukelstuhl. Er ging auf das Gartentor zu und ließ Schäfer herein. »Ich habe mich schon gefragt, ob Sie überhaupt noch kommen.«

»Tut mir leid, die Arbeit hat sich ein bisschen hingezogen.«

»Ach, das macht nichts«, sagte der Mann. Schäfer reichte ihm die Hand. »Erik Schäfer.«

»Kurt«, stellte er sich vor. »Kurt Linnet.«

Sie gingen hinauf auf die Veranda. Schäfer sah sich um und nickte beeindruckt.

»Sie wohnen hier ja nicht schlecht, was?«

»Tja«, sagte Kurt bescheiden und steckte sich die Pfeife zwischen die Lippen, schob die Hände in die Hosentaschen und lächelte vergnügt. »Seit vierundvierzig Jahren schon. Ich kann nicht klagen.«

Schäfer ließ seinen Blick über die Förde schweifen und atmete die salzige Luft tief ein.

»Darf ich Ihnen etwas anbieten?«, fragte Kurt. »Ein Bier vielleicht?«

»Nein, danke«, sagte Schäfer. »Wie ich am Telefon schon sagte, wollte ich Sie fragen, ob sie sich noch an die Geschehnisse jenes Abends erinnern können.«

Kurt Linnet forderte Schäfer auf, sich in einen der Gartenstühle zu setzen. Er selbst nahm wieder in seinem Schaukelstuhl Platz.

»Es ist genau dort passiert«, sagte er und zeigte hinaus auf die Förde. »Ein paar hundert Meter vom Ufer entfernt.«

»Haben Sie das Unglück beobachten können?«

»Ja, es war ein heller Sommerabend, ich saß hier und habe nach Toms Boot Ausschau gehalten, als er dort um die Landzunge herumkam. Zu dem Zeitpunkt waren keine anderen Boote auf dem Wasser, und ich habe genau hier gesessen«, sagte er und klopfte auf die Lehne seines Schaukelstuhls.

»Verstehe ich das richtig …« Schäfer beugte sich vor. »Haben Sie nach Mázorecks Boot Ausschau gehalten, *bevor* es auftauchte?«

»Ja.«

Schäfer schüttelte den Kopf. »Aber wie konnten Sie wissen, dass er unterwegs war?«

»Ich hatte ihn unten am Bootshafen gesehen. Ich hatte damals eine kleine Barke, die direkt neben Toms Nimbus vertäut lag. An dem Tag bin ich draußen auf der Förde gewesen, und auf dem Rückweg habe ich ihn gesehen. Er stand auf der Mole, als ich gerade das Boot festgemacht habe, und machte sich zum Ablegen klar, also – ja.« Kurt zuckte mit den Schultern. »Er ist immer hier vorbeigekommen, also habe ich nach ihm Ausschau gehalten, nachdem ich von meinem Törn zurückgekommen war.«

»Sie haben ihn also unmittelbar vor dem Unglück noch lebend gesehen?«

»Mhh-hmm.« Kurt schaukelte in seinem Stuhl vor und zurück und paffte an seiner Pfeife. Der süße Duft von Apfeltabak umhüllte ihn.

»Wie war er drauf?«, fragte Schäfer.

»Tja, schwer zu sagen. Er wirkte eigentlich so wie immer.«

»Haben Sie mit ihm gesprochen?«

»Nein, ich wollte sie nicht stören.«

»Sie?«

»Ja, er stand da mit einem anderen Burschen, als er den Kahn zum Ablegen bereit gemacht hat. Ich bin also davon ausgegangen, dass sie zusammen rausfahren wollten. Das habe ich auch der Polizei gesagt, aber ich hatte mich offenbar getäuscht. Sie haben nur Tom gefunden, nachdem sie sowohl das Boot untersucht als auch die Förde durchkämmt haben. Das Boot ist dort drüben gesunken.« Er zeigte mit seiner Pfeife Richtung Förde. »Das liegt da immer noch, glaube ich. Auf dem Grund.«

»Und auf dem Boot war ein Brand ausgebrochen?«, erkundigte sich Schäfer. »Gab es eine Explosion?«

»Ich weiß nicht, wie das Feuer ausgebrochen ist, aber eine Explosion habe ich nicht gehört«, sagte Kurt. »Als ich Tom kommen sah, bin ich in die Küche gegangen, um mir ein Bier zu holen. Als ich wieder rauskam, stand das Boot in Flammen, aber einen Knall hat es nicht gegeben.« Kurt schwieg und schien plötzlich in Gedanken verloren zu sein. »Ich habe nur das Feuer gesehen, und dann …«

»Was dann?«, hakte Schäfer nach.

»Tja, nichts«, sagte Kurt. Er bemerkte, dass ihm die Pfeife ausgegangen war, und zündete ein Streichholz an. »Ich habe den Notruf gerufen, aber da war nicht mehr viel zu machen.« Er paffte, bis die Glut im Pfeifenkopf aufleuchtete. »Der Polizist ist in einer kleinen Jolle rausgerudert und hat Tom aus dem Wasser gefischt.« Er blies das Streichholz aus und schüttelte den Kopf. »Es war schrecklich. So ein junger Mann, und plötzlich soll alles vorbei sein? Schrecklich!«

»Ich kenne Zøllner noch aus alten Zeiten. Stimmt es, dass er den Einsatz geleitet hat?«

»Welcher von beiden?«

»Wie bitte?«

»Welcher der beiden Zøllners?«, fragte Kurt

»Es gibt mehr als einen?«

»Ja, Steffen und Peter. Sie waren an diesem Abend beide vor Ort.«

»Ich kenne den Kommissar«, sagte Schäfer. »Peter. Wer ist der andere?«

»Steffen ist Arzt hier bei uns im Ort. Sie sind Cousins.«

»Warum war er am Unglücksort?« Schäfer sah Kurt Linnet fragend an.

»Um die Leiche zu untersuchen, natürlich. Ich habe den Krankenwagen gerufen, während Peter auf seiner Jolle rausgerudert ist, um Tom zu holen, aber als der Rettungswagen ankam, hat er ihn einfach weggeschickt und stattdessen Steffen angerufen.«

»Warum?«

Kurt Linnet zuckte mit den Schultern. »Das weiß ich nicht. Er wies mich an, wieder ins Haus zu gehen, als er mit dem Leichnam zurück an Land kam, ich konnte also nur noch aus dem Küchenfenster verfolgen, was hier vor sich ging.« Er zeigte auf das Fenster hinter seinem Rücken. »Wahrscheinlich, weil der Rettungsdienst ohnehin nichts mehr ausrichten konnte. Peter meinte jedenfalls, es wäre einfacher, wenn Steffen sich die Sache ansehen würde. Außerdem ist Steffen Taucher, er hat das Wrack untersucht, um zu sehen, ob noch andere Personen an Bord waren, aber wie gesagt: Ich hatte mich getäuscht. Tom war an diesem Abend allein auf seinem Boot.«

»Den Mann, mit dem Sie ihn am Segelhafen gesehen hatten – kannten Sie den?«

»Ja.« Kurt nickte. Er wippte in seinem Schaukelstuhl vor und zurück. »Ein Typ namens Fischhof.«

# 51

Schäfer schlug mit der Faust gegen die Eingangstür und wartete. Im Haus war es dunkel, und keine Geräusche drangen nach draußen.

»Zøllner!«, rief er. »Mach auf!«

Schäfer wartete einen Augenblick und lauschte. Irgendwo in der Nachbarschaft begann ein Hund zu bellen.

Er ging um das Haus herum und fand Peter Zøllner auf seiner Terrasse. Dort saß er im Dunkeln und starrte hinaus in den Garten. Er hielt eine Flasche Wodka in der einen und seine Dienstwaffe in der anderen Hand. Sein Gesicht wurde nur vom Mondschein erhellt.

»Ach, da bist du ja«, sagte Zøllner, als er Schäfer kommen sah. Lässig hob er seine Waffe. »Hab mich schon gefragt, wann du bei mir auftauchen wirst.«

Schäfer zog seine Heckler & Koch und zielte auf Zøllner. »Leg deine Waffe nieder, Peter!«

»Welche Waffe?« Zøllner richtete sie auf sich selbst und starrte in den Lauf. »Meinst du die hier?«

»Leg sie weg!«

Zøllner lehnte sich nach vorn und ließ den Kopf an die Mündung sinken. Er legte den Daumen an den Abzug und schloss die Augen.

»Stopp!«, rief Schäfer. »Leg die Waffe weg!«

»Jeden Morgen wache ich auf und frage mich, warum ich überhaupt noch hier bin«, nuschelte Zøllner. »Jeden verdammten Morgen …« Er öffnete die Augen wieder. »Ich habe keine Ahnung, warum ich noch hier bin, Erik. Weißt du's? Weißt du, was das alles soll?«

»Leg die Waffe weg, Peter. Sofort!«

Zøllner warf die Pistole vor Schäfer ins Gras. Er setzte die Flasche an den Mund und trank einen Schluck.

»Mach doch, was du willst«, sagte er und wischte sich mit dem Handrücken über den Mund. »Ist mir alles egal.«

Schäfer hob Zøllners Pistole auf und steckte sie sich in den Hosenbund, dann entsicherte er seine eigene Waffe.

»Was zur Hölle sollte das?«, fragte er leise und setzte sich neben Zøllner. Er legte ihm die Hand auf die Schulter. »Was ist denn los mit dir, Mann?«

»Lis ist tot«, sagte Zøllner und starrte ins Leere.

Schäfer presste die Lippen aufeinander und nickte. »Ich weiß.«

»Und Nicky und Naomi, sie … sie sind nicht mehr da. Sie sind einfach nicht mehr da.«

»Ich weiß«, wiederholte Schäfer. »Und es tut mir so leid. Wahnsinnig leid.«

Zøllner sah ihm in die Augen und schnaubte verächtlich. Er schüttelte den Kopf. »Sag schon, warum du hier bist.«

Schäfer zog Mázorecks Totenschein aus der Tasche und faltete das Dokument auseinander.

»Erzähl mir von dem Fall«, sagte er.

Zøllner warf einen raschen Blick auf den Zettel, sagte jedoch kein Wort.

»War es Mord?«, fragte Schäfer.

Zøllner sah auf seine Füße und atmete tief ein.

»Ich weiß von den Mädchen«, sagte Schäfer. »Von Mia und Nina. Von Jes Decker und seinem Sexclub in Broager.«

Zøllner schwieg.

»Ich habe soeben Kurt Linnet einen Besuch abgestattet, der mir erzählte, dass er an jenem Abend Fischhof gemeinsam mit Mázoreck am Segelhafen gesehen hat«, fuhr Schäfer fort. »Und ich sehe, dass dein Cousin den Totenschein unterschrieben hat. Als erfahrener Arzt sollte er doch in der Lage sein, den Unterschied zwischen Mord und Ertrinken zu erkennen – oder zumindest zu wissen, dass eine solche Leiche immer zur Autopsie geschickt werden muss. Erklär mir doch bitte mal, warum keine ordnungsgemäßen Ermittlungen zu dem Fall durchgeführt wurden!«

Peter Zøllner stand auf, trat an das Terrassengeländer und legte die Hände auf die Brüstung.

»Ich hatte an diesem Morgen Dienst«, sagte er, Schäfer den Rücken zugekehrt.

»Wovon redest du?«, fragte Schäfer. »An welchem Morgen?«

»Ich habe den Fall in der Brandtsgade übernommen. Bianca, das arme Mädchen, sie … Ihr ganzer Körper war eine offene Wunde, und sie …« Er schüttelte den Kopf. »Ein Zeuge hatte Mázorecks Wagen in der Nacht zuvor vom Tatort wegfahren sehen, und ich wusste, dass er und Jes Decker sich gegenseitig ein Dorn im Auge waren. Das Mädchen war von Deckers Jungen schwanger, und ich … Ich hatte keine Beweise, aber ich *wusste*, dass Mázoreck sie ermordet hatte.« Zøllners Schultern hoben sich für einen Augenblick, während er erneut tief einatmete. »Also … also habe ich Jan zur Seite genommen. Ich habe ihm von meinem Verdacht erzählt und dass ich glaube, dass Bianca nicht die Einzige ist, die er auf dem Gewissen hat.«

»Mia Sark und Nina Dalsfort?«

Zøllner nickte. »Mia und Nina und noch so einige andere. Junge Frauen hier aus der Gegend, die verschwunden waren. Ich bat Jan, ihn im Auge zu behalten. Sein Kommen und Gehen zu protokollieren. Sie arbeiteten ja schließlich beide auf der Nerzfarm, Jan hat ihn also täglich gesehen.«

»Wie hat Fischhof reagiert?«

»Er war blind vor Wut. Sagte, er würde Mázoreck umbringen! Ich bat ihn, sich zu beruhigen und seine Energie lieber darauf zu verwenden, ihn in eine Falle zu locken, durch die wir ihn überführen konnten. Ich dachte, ich hätte ihn zur Vernunft gebracht, aber als ich Mázoreck an jenem Abend aus dem Wasser fischte, wusste ich sofort, dass es Mord war.«

»Woran hast du das erkannt?«

»Das Feuer hatte ihn übel zugerichtet, aber ich konnte trotzdem noch die Schnittwunden an seinem Hals erkennen. Als Kurt aussagte, Mázoreck mit Jan nur kurz vorher gesehen zu haben, wusste ich, was Jan getan hatte, und ich … ich ließ ihn davonkommen.«

»Du hast ihn nicht zur Rede gestellt?«

Zøllner schüttelte den Kopf. »Er war bereits abgereist. Hatte einen Brief auf dem Küchentisch in einer der Dienstwohnungen draußen auf dem Benniksgaard hinterlassen.«

»Einen Brief?«

Zøllner nickte. Er holte tief Luft, seine Hände klammerten sich noch fester um das Terrassengeländer.

»Darin stand, dass er sein Leben so nicht fortführen könne. Erst hatte ich gedacht, es sei ein Abschiedsbrief, dass er sich das Leben nehmen wollte, aber als wir die Dienstwohnung untersuchten, konnten wir feststellen, dass er seinen Pass mitgenommen hatte. Sein Portemonnaie war auch weg, ich ging also davon aus, dass er sich ins Ausland abgesetzt hatte. Erst jetzt habe ich erfahren, dass er all die Jahre drüben auf Seeland gewohnt hat.«

»Aber du wusstest, dass ein Mord begangen worden war, und du hast es vertuscht?«

Peter Zøllner nickte.

Schäfer schüttelte den Kopf. »Was zur Hölle hast du dir dabei gedacht?«

»Ein Mann sollte das Recht haben.« Peter Zøllner drehte sich zu Schäfer um. »Seine Tochter ist ermordet worden, Erik. Auf bestialischste Weise. Eine schwangere Frau. Zweiundzwanzig Jahre alt, verdammt nochmal.« Seine Stimme brach. »Kann sein, dass du dir jeden Tag so eine Scheiße ansehen musst und schon total immun bist, aber was der jungen Frau widerfahren ist ...« Er kniff die Augen zu und schüttelte den Kopf. »Das werde ich nie vergessen.«

»Du redest hier von Selbstjustiz, Peter. Von Rache! Wir sind hier verdammt nochmal in Südjütland. Und nicht im Wilden Westen.«

»Lis war gerade mit Nicky schwanger, als Bianca ermordet wurde. Sie war *schwanger*.«

Schäfer schwieg, und Zøllner schüttelte den Kopf.

»Du wirst das nie verstehen«, sagte er. »Du hast keine Kinder.«

»Es tut überhaupt nichts zur Sache, ob ich Kinder habe oder nicht«, sagte Schäfer wütend. »Die Gesetze gelten für alle! Du kannst doch nicht einfach entscheiden, wer diese Gesetze brechen darf und wer nicht. So läuft der Laden nicht!«

»Ist mir egal. Der Plan ist doch aufgegangen. Mázoreck hat bekommen, was er verdient hat.« Zøllner sah Schäfer erhobenen Hauptes an.

»Und was ist mit den Eltern der anderen Mädchen? Findest du nicht, die haben verdient zu erfahren, was mit ihren Kindern passiert ist?«

»Das würde sie auch nicht wieder lebendig machen.«

»Statt also deine Arbeit zu machen, lässt du diese Eltern zwanzig Jahre mit der Ungewissheit weiterleben? Seit zwanzig Jahren wartet Ingeborg Sark darauf, dass ihre Tochter zur Tür hereinkommt. Zwanzig Jahre, in denen die Dalsfort-Familie zerrüttet ist, weil die Mutter wie besessen nach Antworten sucht?«

Peter Zøllner starrte auf den Boden.

Schäfer konnte es nicht fassen.

»Was ist mit diesen anderen Mädchen, von denen du gesprochen hast?«, fragte er. »Wurden ihre Leichen jemals gefunden?«

Zøllner schüttelte den Kopf. »An der Futtermaschine der Nerzfarm konnte die DNA von drei verschiedenen Menschen festgestellt werden, Knochenreste, Blutspuren, Zahnsplitter. Doch der DNA-Abgleich passte weder zu Mia Sark noch zu Nina Dalsfort. Wir haben nie herausgefunden, zu wem die Spuren gehörten.«

Schäfer schwieg einen Augenblick, während ihm langsam dämmerte, was Zøllner da gerade gesagt hatte. Seine Mundwinkel verzogen sich vor Ekel.

»Willst du mir damit sagen, dass sie ihre Opfer an die Nerze verfüttert haben?«

Zøllner nickte abwesend.

»Zumindest einige von ihnen. Ich hatte mir damals angesehen, wo Tom Mázoreck sonst noch gearbeitet hatte. Unter anderem hatte er über mehrere Jahre hinweg die Nachtschichten im Ziegelwerk Grønland in Egernsund übernommen. Ich habe die Öfen dort angeschaut: Temperaturen über tausend Grad.

Wirft man eine Leiche in einen solchen Ofen, verbrennt die innerhalb weniger Sekunden zu Staub.«

Zøllner trank einen Schluck aus seiner Flasche.

»Auf der Nerzfarm wurden die Container mit den Tierkadavern jeden Tag nach Deutschland zur Bioverarbeitung geschickt. Außerdem arbeitete Mázoreck Teilzeit bei einer Schlachterei in Blans und war dort an der Produktion des Futters beteiligt, das zum Benniksgaard geliefert wurde. Das ist doch alles ziemlich eindeutig, oder nicht?«, fragte Zøllner. »Er hat sich sein Leben so aufgebaut, um seine Opfer in aller Ruhe loswerden zu können. Biancas Fall war der einzige, bei dem wir eine Leiche gefunden haben. Der einzige, der sich von den anderen unterscheidet.«

»Und was glaubst du, warum?«, fragte Schäfer.

»Weil er wollte, dass sie gefunden wird. Der Mord an ihr war der klassische Overkill: siebenunddreißig Messerstiche, sie ist praktisch enthauptet worden. Ich gehe davon aus, Mázoreck hat es darauf angelegt, dass die Decker-Familie wusste, mit wem sie es zu tun hatte. Das war ein regelrechtes Fuck you!«

Schäfer schwieg, während Zøllners Worte in seinem Kopf herumschwirrten. Er nestelte eine Zigarette aus seiner Brusttasche und steckte sie sich zwischen die Lippen.

»Hast du an Mia Sarks Akte herumgepfuscht?«, fragte er und zündete die Zigarette an.

Zøllners Blick verengte sich. »Was meinst du?«

»Hast du die Dokumente manipuliert?« Er nahm einen tiefen Zug. »Hast du ihr Verschwinden absichtlich aussehen lassen wie ein Fall von Menschenhandel?«

Zøllner senkte den Blick und nickte.

»Warum?«

»Weil die Familie Decker nicht aufgehört hat, zu den Ermittlungen in Biancas Fall Fragen zu stellen. Jahrelang standen deren Handlanger tagein, tagaus vor der Tür und haben mich bedroht, weil ich einfach keine Antworten hatte. Ich wollte nicht, dass jemand herausfand, was Jan getan hatte, also dachte ich, es wäre am besten, wenn die Zusammenhänge gar nicht erst aufgedeckt würden. Ich hatte den Verdacht, dass einer meiner Kollegen für Decker arbeitete, also habe ich irgendwann ein paar Informationen in der Akte geändert.«

Schäfer fuhr sich mit dem Finger über die Naht an seinem Auge und nickte. »Wer außer dir und deinem Cousin weiß, was an jenem Abend auf der Förde geschehen ist?«

»Können wir Steffen nicht aus der Sache raushalten?«, fragte Zøllner. »Er wollte nur das Richtige tun.«

»Das ist ihm anscheinend nicht gelungen«, sagte Schäfer. »Hier muss aufgeräumt werden, Peter. Sowohl in den Fällen als auch auf deinem Revier.«

Zøllner senkte den Kopf.

»Du wirst morgen früh sämtliche Fälle wieder aufrollen und mir die Ermittlungen offiziell übertragen. Dann schickst du einen Eilantrag an die Staatsanwaltschaft, damit wir Tom Mázorecks Leiche exhumieren können«, sagte Schäfer.

»Exhumieren? Warum?«

»Weil das Gästehaus, in dem er gewohnt hat, über und über mit Blutspuren bedeckt ist. Wir müssen die DNA mit den verschwundenen Mädchen abgleichen, damit ihre Familien endlich Gewissheit haben, also brauchen wir auch Mázorecks DNA für das Ausschlussverfahren. Außerdem wird sein Tod ab jetzt als Mordfall behandelt.«

»Was hast du mit Fischhof vor?«, fragte Zøllner.

»Wenn er noch lange genug am Leben bleibt, muss er zur Rechenschaft gezogen werden.«

Zøllner sah auf.

»Und was gedenkst du, mit mir zu tun?«

Schäfer nahm einen tiefen Zug von seiner Zigarette und betrachtete den Mann, der vor ihm stand. Er verspürte Mitleid und konnte gut verstehen, in welchem Dilemma er sich befunden hatte.

Aber es galt nun einmal gleiches Recht für alle.

»Das wird dich den Job kosten, Peter.«

Sonntag, 14. Juli

# 52

Schäfer erblickte Heloise, als er langsam auf die Kirche zurollte, und fluchte leise. Sie stand mit dem Rücken zu ihm auf dem Parkplatz und ließ ihren Blick über den Friedhof von Rinkenæs schweifen, der sanft zur Förde hin abfiel. Er parkte direkt neben ihr und stieg aus dem Wagen.

»Was hast du hier verloren?«, fragte er und versuchte vergeblich, nicht genervt zu klingen.

Er hatte sie eine Stunde zuvor angerufen und ihr berichtet, was er herausgefunden hatte – was Zøllner ihm über den Mord an Mázoreck und die verschwundenen Mädchen erzählt hatte. Er hatte das Gefühl, er stünde in Heloises Schuld und müsste sie deshalb auf dem Laufenden halten, aber er hatte sie auch ausdrücklich darum gebeten, sich von der Exhumierung fernzuhalten.

»Es werden örtliche Behördenvertreter dabei sein, und ich kann mit keinem guten Grund rechtfertigen, warum ich eine Journalistin anschleppe.«

Heloise wandte sich um.

»Das ist mein Fall, Schäfer. Wenn irgendjemand bis zum bitteren Ende dabei ist, dann ja wohl ich.«

»Das sind jetzt polizeiliche Ermittlungen«, sagte er. »Es geht nicht mehr länger nur um deine Freundschaft mit Fischhof.«

»Doch, für mich tut es das!«, entgegnete sie mit störrischer Miene.

Einen langen Augenblick starrten sie sich an.

Dann nickte Schäfer widerwillig.

»Okay, aber du sprichst mit niemandem ein Wort außer mit mir, ist das klar? Du bist eine Beobachterin – nicht mehr. Kein einziges Wort!« Er hob drohend den Zeigefinger.

Heloise willigte nickend ein.

Sie betraten den Friedhof und entdeckten die Totengräber, die sich bereit machten, Mázorecks Sarg aus dem Grab zu heben.

»Wo ist Zøllner?«, fragte Heloise.

»Der schläft sich heute mal aus«, erklärte Schäfer. »Ich bin die ganze Nacht bei ihm gewesen, und wir sind einen Fall nach dem anderen durchgegangen. Heute Vormittag kam dann der richterliche Beschluss.«

Sein Handy vibrierte in seiner Innentasche. Er nahm es hervor und sah auf das Display.

»Da muss ich kurz ran«, sagte er und zeigte auf den Boden vor Heloise. »Du bleibst hier!«

Er nahm den Anruf entgegen und entfernte sich ein paar Schritte von Heloise.

»Hej. Was gibt's?«

»Hej, wie geht's deinem Auge?«, fragte Bertelsen am anderen Ende.

»Funktioniert noch«, antwortete Schäfer und ließ seinen Blick über die Förde schweifen. »Gibt's was Neues?«

»Nein, aber ich habe gerade Lisa Augustin getroffen. Ich soll dich grüßen und dir ausrichten, dass es immer noch nichts Neues über die Arschlöcher gibt, die dich niedergeschlagen haben.«

»Schon okay«, erwiderte Schäfer. »Ich glaub, ich weiß schon, wer dahintersteckt.«

Er dachte daran, was Zøllner ihm über Jes Deckers Handlanger erzählt hatte: dass sie ihm jahrelang aufgelauert hatten. Er konnte sich gut vorstellen, dass sie nach Kopenhagen geschickt worden waren, um herauszufinden, ob Schäfer mehr über den Mord an Bianca Fischhof wusste.

»Was ist mit Wilkins?«, fragte er. »Gibt's da Fortschritte?«

»Ja, wir haben einen Verdächtigen«, sagte Bertelsen.

»Wen?«

»Einen Emil Jardenskjold. Der achtzehnjährige Sohn der Nachbarin. Wir haben die Aufzeichnungen einer Überwachungskamera, die zeigen, wie er und Wilkins sich in der fraglichen Nacht auf der Esplanaden prügeln.«

»Wurde er schon festgenommen?«

»Ja. Eine Streife hat ihn gerade in Herlufsholm vom Internat abgeholt. Er war in der Mordnacht auf einer Party in Østerbro und ist am nächsten Tag nicht im Unterricht aufgetaucht. Sie bringen ihn gerade her.«

»Gut«, sagte Schäfer und nickte zufrieden. »Ich wäre gerne beim Verhör dabei, könnt ihr damit warten, bis ich wieder zurück bin? Ich bin gerade nicht auf Seeland, aber rechne damit, am frühen Abend wieder zurück zu sein.«

»Okay, wir warten«, sagte Bertelsen. »Wir werfen ihn in eine Zelle, dann kann er sich erst mal schön in die Hosen scheißen, bis du wieder hier bist.«

Schäfer beendete das Telefonat und ging zu Heloise zurück. Er schob sich eine filterlose King's zwischen die Lippen und sah dem Kran bei der Arbeit zu. »Bist du zum ersten Mal bei einer Exhumierung dabei?«

Heloise verscheuchte eine Fliege vor ihrem Gesicht und nickte.

Schäfer holte ein Feuerzeug aus seiner Tasche. »Das ist kein Kindergeburtstag, so viel ist sicher.«

# 53

»Komm schon, komm schon.«

Heloise drückte verzweifelt auf den Knopf, während die Fahrstuhltüren langsam zuglitten. Sie behielt die Etagennummern im Auge, die nacheinander auf der Anzeigetafel aufleuchteten, während der Fahrstuhl nach oben rauschte.

Seit dem Anruf von der Sterbebegleitung, den sie auf dem Friedhof von Rinkenæs erhalten hatte, waren bereits drei Stunden vergangen. Drei Stunden, in denen Jan Fischhof mit jeder Sekunde aus dem Leben wich.

Obwohl der Heimflug nach Kopenhagen genau die gleichen fünfunddreißig Minuten gedauert hatte wie auf der Hinreise, hatte er sich unendlich lang angefühlt. Heloise hatte über den Wolken ihre Finger in die Armlehne gekrallt und zu einem Gott gebetet, an den sie bis dahin nie geglaubt hatte. Dafür gebetet, rechtzeitig anzukommen – um ein paar letzte Worte sagen zu dürfen. Nachdem sie in Kopenhagen gelandet war, hatte sie eine SMS von Ruth erhalten, dass sie direkt vom Flughafen ins Rigshospitalet statt nach Dragør fahren sollte.

Kam sie zu spät?

Die Fahrstuhltüren glitten auf, Heloise eilte auf den Korridor und sah sich um. Sie fand die Station, nach der sie suchte, und lief den Korridor entlang.

Am anderen Ende des langen Ganges standen eine Frau in einem Kittel und ein junger Mann. Beim Geräusch von Heloises Schritten sahen beide auf.

»Frau Kaldan?«, fragte der Mann, während Heloise auf sie zukam.

Heloise konnte an der Zimmernummer erkennen, dass sie vor Jans Tür standen.

»Ist er tot?«, fragte sie und spürte, wie sich die Muskeln in ihrem Nacken zusammenzogen.

»Markus Senger«, sagte er und reichte ihr die Hand. »Wir hatten telefoniert.«

Heloise erwiderte seinen Händedruck, ohne den Blick von der Tür abzuwenden.

»Ist er tot?«, wiederholte sie.

»Nein, aber wir haben ihm Schmerzmittel verabreicht. Sie müssen also davon ausgehen, dass er kaum noch ansprechbar ist«, sagte die Frau in dem weißen Kittel. »Er atmet noch selbst, aber er wird nicht viel länger bei Bewusstsein bleiben, es ist also nur eine Frage von Stunden, vielleicht nur Minuten, bis er –«

Heloise wartete nicht darauf, dass sie ihren Satz beendete, sondern öffnete die Tür zum Krankenzimmer.

Die Nachmittagssonne schien durch das Fenster des kleinen Raumes. Jan Fischhof lag in einem Bett, das mitten im Raum stand, und sah friedlicher aus, als Heloise zu hoffen gewagt hatte. In ihrer Phantasie hatte sie ihn vor sich gesehen, wie er sich vor Schmerzen krümmte, sein Körper mit Gummischläuchen umwickelt und von Infusionsnadeln zerstochen, verängstigt und allein. Abgesehen vom EKG-Gerät, das leise neben seinem Kopf piepste, sah das Krankenzimmer fast wie ein ganz normales Schlafzimmer aus. Sogar der Sauerstoffapparat, der ihn sonst überallhin begleitete, war verschwunden. Er lag da, als schliefe er einen tiefen, angenehmen Schlaf, die Hände auf der Brust, die Lippen leicht geöffnet.

Neben ihm saß Ruth. Ihre Augen glänzten feucht, und sie schluchzte auf, als Heloise zur Tür hereinkam.

»Oh, Gott sei Dank. Ich hatte solche Sorgen, dass du es nicht schaffst. Er hat die ganze Nacht nach dir gefragt.«

»Ich bin so schnell gekommen, wie ich konnte«, sagte Heloise und trat ans Bett.

Ruth stand auf und umarmte sie. Heloise spürte, wie ihre Brust bebte und sich unter Schluchzen hob und senkte.

»Gut«, sagte Ruth und ließ von Heloise ab. Sie schniefte ein letztes Mal entschlossen und trocknete ihre Tränen mit der Handfläche. »Setz dich. Dann lass ich euch allein, damit du dich verabschieden kannst.«

»Kann er mich hören?«, fragte Heloise.

Ruth sah hinunter in Jans Gesicht und zuckte mit den Schultern.

»Ich weiß nicht. Ich habe ihm ein paar Psalmen vorgesungen, denn die Ärztin meinte, das könnte beruhigend wirken. Schaden kann es auf jeden Fall nicht.«

Ruth legte ihre Hand auf Jan Fischhofs Arm und blieb einen Augenblick lang so stehen, bis sie sich schließlich umdrehte und das Zimmer verließ.

Heloise schob den Stuhl, auf dem Ruth gesessen hatte, näher ans Bett und setzte sich auf den vorgewärmten Sitz. Sie betrachtete Fischhofs Gesicht und die Vene, die leicht in seiner Schläfe pulsierte.

Heloise lehnte sich über ihn und legte ihre Hand in seine. Sie holte tief Luft.

»Jan, ich bin es. Heloise«, begann sie. »Es tut mir so leid, dass ich erst jetzt wieder hier bin. Ich hatte dir versprochen, dich auf deinem letzten Weg zu begleiten, und ich hoffe, du kannst mich hören.«

Sie zögerte, während sie auf eine Reaktion wartete – ein Zeichen, dass er noch bei ihr war.

Doch sein Gesicht blieb reglos.

»Ich hoffe, du weißt, dass ich deine Freundin bin«, fuhr Heloise fort und drückte seine Hand. »Ich weiß, was du getan hast, und ich bin *trotzdem* deine Freundin. Ich bin keine Geistliche, aber wenn du um Vergebung deiner Sünden bittest, dann sollst du wissen, dass ich dir keine Vorwürfe mache. Hörst du? Ich mache dir keine Vorwürfe!«

Jan Fischhof presste ein gedämpftes Stöhnen zwischen den Lippen hervor, was Heloise als ein erleichtertes Seufzen verstand. Ein undefinierbarer Ausdruck flimmerte über sein Gesicht, und sein Mundwinkel zuckte leicht.

»Lass einfach los«, sagte Heloise und strich über seinen Handrücken. »Du brauchst keine Angst zu haben.«

Sie legte seine Hand an ihre Wange. So blieb sie neben ihm sitzen. Wartend. Bereit.

Sie hatte bereits jegliches Zeitgefühl verloren, als das EKG-Gerät zu piepen begann, aber das Licht, dass durchs Fenster hereinfiel, hatte sich bereits orangerot gefärbt, und die Sonne war hinter dem Horizont versunken.

Sie wusste, dass es vorbei war.

# 54

Die Tür zum Krankenzimmer ging auf, und die Ärztin, mit der Heloise im Flur gesprochen hatte, betrat den Raum. Ihre Bewegungen waren ruhig und methodisch, und der schnelle Blick, den sie Heloise zuwarf, bestätigte die logische Priorität: zuerst der Patient, dann die Angehörigen.

Sie drückte einen Knopf am Monitor des EKG-Geräts, über den eine gerade neongrüne Linie flimmerte, und der Alarm verstummte sofort.

Alles blieb ruhig. Es wurde nicht nach einem Assistenzarzt gerufen, es gab keine roten Lämpchen, die blinkten und aufheulten. Kein Defibrillator wurde aufgeladen, um Jan Fischhof ins Leben zurückzuholen.

Es war einfach vorbei.

Die Ärztin legte zwei Finger an seinen Hals.

»Hatten Sie die Gelegenheit, sich zu verabschieden?«, fragte sie, ohne den Blick von Fischhof abzuwenden.

Heloises Mund war trocken, als wäre er voller Staub, und sie konnte das Wort nur als ein Flüstern hervorpressen.

»Ja.« Sie räusperte sich und schluckte ein paarmal. »Aber ich weiß nicht, ob er mich gehört hat.«

Die Ärztin legte das Stethoskop an, zog den Kragen von Fischhofs Patientenkittel ein Stück nach unten und horchte seine Brust ab. Sie schob das metallene Bruststück ein Stückchen weiter und lauschte. Dann hängte sie sich das Stethoskop wieder um den Hals und drehte sich zu Heloise um.

»Das Gehör ist einer der letzten Sinne, dessen Funktion nachlässt. Auch wenn Sterbende oder Menschen im Koma nicht auf Stimmen reagieren, zeigt die Hirnaktivität, dass sie in den meisten Fällen die Geräusche und Stimmen in ihrem Umfeld registrieren.«

»Ich dachte auch einen Moment lang, er würde versuchen zu lächeln.«

»Das hat er sicherlich«, sagte die Ärztin und betrachtete Heloise mit besorgter Miene. »Wie geht es Ihnen?«

Heloise zuckte mit den Schultern. »Okay.«

»Sollen wir jemanden informieren? Irgendwelche Familienmitglieder?«

»Nein, es gibt nur eine Stieftochter, und die lebt im Ausland. Ich werde sie später anrufen.«

»Vielleicht einen Pfarrer? Wir haben einen Krankenhauspfarrer auf der Station, wenn Sie das Bedürfnis haben, mit jemandem zu sprechen.«

Heloise schüttelte den Kopf.

Die Ärztin schob die Hände in ihre Kitteltaschen. »Wenn Sie glauben, dass Sie hier fertig sind, bringen wir ihn hinunter in die Leichenhalle und anschließend in die Krankenhauskapelle.«

Heloise nickte.

»Viele Angehörige möchten gerne singend Abschied nehmen. Ich weiß nicht, ob Sie daran interessiert sind?«

»Singend?«, fragte Heloise.

»Ja, mit einem Psalm oder ähnlichem. Während der Tote hinausgetragen wird.«

Heloise schüttelte den Kopf. »Ich bin die Einzige hier, also …«

»Was ist mit der Frau, die vorhin hier gewesen ist? Sie sitzt noch draußen im Warteraum.«

»Ruth?«

»Ja, ich glaube, sie sitzt draußen und wartet auf Sie.«

Ruth erhob sich von ihrem Stuhl im Wartezimmer und schloss Heloise in ihre Arme wie eine Mutter ihr Kind. Die Geste rührte Heloise, und ihr kam in den Sinn, dass Ruth vielleicht niemand anderen in ihrem Leben hatte als die Sterbenden, die sie begleitete und die sofort wieder aus ihrem Leben verschwanden. Heloise nahm ihre Hand und ließ sie erst wieder los, als sie gemeinsam vor dem Krankenbett standen und den Mann betrachteten, den sie beide in den Tod begleitet hatten.

»Ich bin so froh, dass du noch rechtzeitig gekommen bist«, sagte Ruth. »Er hat auf dich gewartet, da bin ich mir sicher.«

»Ja, ich bin auch froh«, sagte Heloise.

An der Tür zur Toilette hing eine schwarze Anzughülle. Ruth öffnete die Schutzhülle und holte einen dunklen Anzug, ein weißes Hemd und eine blaugemusterte Krawatte daraus hervor. Sie legte die Kleidung ans Fußende des Bettes und strich es sorgsam glatt.

»Was ist?«, fragte Heloise.

»Er hat darum gebeten, diesen Anzug zu tragen, wenn es so weit ist. Das ist schon einige Monate her, ich habe ihn reinigen lassen, damit das schon erledigt ist. Der Gedanke, in diesen Krankenhaushemdchen gesehen zu werden, hat ihn ganz verrückt gemacht.« Ruth musste bei der Erinnerung an Jans dramatische Wutanfälle lächeln.

Heloise lachte und trocknete gleichzeitig eine Träne von ihrer Wange. »Ja, das kann ich mir vorstellen.«

»Der alte Sturkopf!« Ruth lächelte. »Aber in tiefstem Herzen war er ein guter Mann.«

»Die Ärztin hat gefragt, ob wir etwas singen wollen. Was meinst du?«

»Ja, das ist eine schöne Idee«, sagte Ruth. »Hilfst du mir mit dem Anzug?«

Heloise half ihr, Jan Fischhof aufzurichten, damit sie ihm den weißen Baumwollkittel abstreifen konnten.

»Kümmerst du dich ums Hemd?«, schlug Ruth vor und deutete mit dem Kinn Richtung Fußende.

Heloise trat ans Fußende, um das Hemd zu holen, während Ruth Jan weiter aufrecht hielt und ihm den Krankenhauskittel auszog.

»Nachdem er in der Leichenhalle war, bringen sie ihn die Kapelle«, sagte Heloise und wandte sich wieder zu Ruth um. »Die Ärztin hat gefragt, ob wir einen Pfarrer dabeihaben wollen, der ein paar Worte sagt, aber ich glaube nicht, dass Jan –«

Sie erstarrte.

Ihr blieb die Luft weg, während sie den Mann anstarrte, der vor ihr im Krankenhausbett lag. Geschockt ließ sie das Hemd fallen.

Ihr Blick glitt über die Narben, die in parallelen Streifen über seine linke Schulter liefen – rote, breite Risse, wo die Zähne eines Pitbulls einst Haut und Gewebe zerfleischt hatten.

Panik breitete sich in ihr aus und schnürte ihr den Hals zu.

»Nein«, murmelte sie.

Sie stützte sich am Nachttisch ab, stolperte einen Schritt rückwärts und riss dabei eine Blumenvase um, die auf dem Boden zerbarst.

Erschrocken sah Ruth auf.

»Heloise, du bist ja kreidebleich!«, entfuhr es ihr. »Ist alles in Ordnung?«

Heloise schüttelte den Kopf.

Sie drehte sich auf dem Absatz um und riss die Tür auf.

»Gut, dass du anrufst.« Schäfers Stimme klang gut gelaunt am anderen Ende der Leitung. »Ich bin gerade in der Gerichtsmedizin, und Oppermann schneidet in diesem Augenblick unseren Mázoreck auf. Sein Gesicht und große Flächen seines Oberkörpers sind total verbrannt, es wird also etwas komplizierter, als ich zunächst angenommen habe, aber ich glaube, wir –«

»Er ist es nicht«, sagte Heloise. Sie lief durch die aufgleitenden Glastüren des Krankenhauses und eilte zum Park auf der anderen Straßenseite. Sie hatte keine Ahnung, welches Ziel sie hatte – sie wollte einfach nur weg.

»Wie bitte?« Es knackte in der Leitung. »Was hast du gerade gesagt?«

Wie in einem Albtraum verlor Heloise jegliche Kraft in der Stimme, die Worte drangen als ein Flüstern aus ihr hervor.

»Die Leiche aus dem Grab ... Er ist es nicht. Das ist nicht Mázoreck.«

»Du musst schon lauter sprechen. Ich kann nicht hören, was du –«

»Er hat mich verarscht. Er hat uns alle verarscht.« Heloise rutschte das Telefon aus der Hand.

Sie schaffte noch ein paar Schritte, dann sank sie zu Boden und krallte die Finger in das Gras unter sich.

Sie atmete in kurzen, heftigen Atemzügen, während die Bilder von jungen Frauen vor ihrem inneren Auge vorbeizogen.

Sie hatte ihm die Hand gehalten. Sie hatte ihm seine Sünden vergeben.

Heloise blickte hinauf in den Himmel.

Und endlich brach der Schrei aus ihr hervor.

Vier Wochen später | Samstag, 10. August

# EPILOG

Es regnete schon die dritte Woche in Folge. Der Regen peitschte auf die Blütenblätter der Blumen auf dem Friedhof von Gråsten. Der Kies auf den Gehwegen glänzte nass, und das Vogelbad am benachbarten Grab war bis zum Rand gefüllt.

Heloise starrte in das offene Grab.

Der Sarg, der soeben heruntergelassen wurde, ruhte auf dem schlammigen Boden, und der Regen trommelte heftig auf den Deckel. Er schimmerte wie ein frisch polierter Sportwagen und hatte fast genauso viel gekostet. Heloise hatte, ohne zu blinzeln, ihre Visa durch das Kartenlesegerät des Bestatters gezogen und stellte nun fest, dass weder der Sarg noch die opulente Kreation weißer Lilien, die ihn schmückten, die Schuldgefühle, die in ihrer Brust brannten, lindern konnten.

»Ich weiß, dass es komisch klingt, immerhin habe ich ihn nie getroffen«, sagte sie. »Aber es fühlt sich so an, als würde ich einen Freund zu Grabe tragen.«

Schäfer nickte.

»Du hast einen hübschen Stein für ihn fertigen lassen«, sagte er.

Heloise betrachtete den Granitblock, der neben dem Grab lag, bereit, aufgestellt zu werden.

*Jan Fischhof*, stand dort.

** 18. Januar 1951 † 1. August 1998.*

»Den Platz neben Bianca habe ich nicht bekommen, aber jetzt sind sie sich auf jeden Fall näher als vorher, und er liegt hier unter seinem richtigen Namen.«

Heloise nickte vor sich hin. Ihr Haar war ganz durchnässt, der Regen lief ihr übers Gesicht und in ihren Mund.

Schäfer sah sie mit forschem Blick an, während ein Schnellzug hinter dem Friedhof vorbeidonnerte.

»Du bist überhaupt nicht verantwortlich für das, was Mázoreck angerichtet hat. Das weißt du, nicht wahr?«

Heloise sagte nichts.

»Du kannst dich nicht seinetwegen bestrafen, und das wirst du auch nicht. Du hast rein gar nichts falsch gemacht.«

Heloise starrte hinab ins Grab. »Hab ich nicht?«

»Nein«, sagte Schäfer. »Das hast du nicht.«

Heloise schwieg.

Sie ging in die Hocke und nahm eine Handvoll Erde. Sie hielt sie in ihrer Faust über das Grab und holte tief Luft. Dann ließ sie den Klumpen fallen.

»Danke, dass du noch mal mit mir hier rausgefahren bist«, sagte Heloise, als sie auf Schäfers Auto zugingen.

»Gern geschehen«, sagte er. »Ich war der Meinung, dass du das hier nicht alleine durchmachen solltest.«

Er richtete seinen Autoschlüssel auf den schwarzen Honda, und ein Doppelpiepen erklang.

»Es tut mir nur leid, dass ich schon wieder fahren muss, aber ich habe ein wichtiges Date.«

»Ein Date?«

»Ja. Connie und ich feiern Silberhochzeit.«

Heloise lächelte überrascht. »Ihr habt heute Silberhochzeit?«

Schäfer nickte. »Fünfundzwanzig lange Jahre.«

Heloise umarmte ihn fest.

»Du bist echt ein Glückspilz«, flüsterte sie ihm ins Ohr.

»Ja, das bin ich.«

Er gab ihr einen Kuss auf die Wange. Dann erblickte er den schwarzen Range Rover, der vor der Kapelle hielt.

»Du musst mir deinen Chefredakteur ein anderes Mal vorstellen, ja?«

Heloise nickte und sah Schäfer hinterher, der in seinen Honda stieg und davonfuhr. Dann ging sie auf Thomas' Wagen zu und setzte sich auf den Beifahrersitz.

»Danke, dass du gekommen bist«, sagte sie und schloss die Tür.

»Natürlich«, erwiderte er. »Ich wäre sogar früher gekommen, wenn ich gewusst hätte, dass du hier bist.«

»Ja, ich weiß, aber das war etwas, was ich allein mit Schäfer zu Ende bringen musste.«

Thomas nickte.

»Worauf hast du jetzt Lust?«, fragte er und drehte den Schlüssel in der Zündung. Abwartend sah er sie an. »Wohin willst du?«

Heloise schaute auf ihre Uhr.

»So richtig viel schaffen wir nicht«, sagte sie. »Mein Flug geht in zwei Stunden.«

Thomas nickte.

Der Wagen blieb stehen, keiner der beiden sagte ein Wort. Heloise starrte auf die Scheibenwischer, die über die Windschutzscheibe flitzten.

»Ich habe keine Lust, nach Hause zu fliegen«, sagte sie schließlich.

»Das muss du auch nicht«, erwiderte Thomas.

Heloise sah ihn an. »Muss ich nicht?«

Er schüttelte den Kopf. »Du kannst hier bei mir bleiben.«
»Wie lange?«
»So lange du willst.«

# DANK

Mein größter Dank gilt all den Leser*innen, die Kaldan und Schäfer mit offenen Armen und Herzen empfangen haben. Eure Unterstützung bedeutet mir mehr, als ihr euch vorstellen könnt. Vielen Dank, dass ihr weiterlest.

Ein großes Dankeschön an meine Star-Lektorin Anne Christine Andersen und all die anderen lieben und talentierten Menschen, die sich im Verlag Lindhardt und Ringhof in Dänemark so richtig für mich und mein Schreiben ins Zeug legen.

An die phantastische Nordin Agency und meine Agentin, die unvergleichliche Anna Frankl, die dafür sorgt, dass meine Bücher Leser*innen in der großen weiten Welt finden: Vielen Dank!

Einen großen Dank an Hans Petter Hougen, Professor für Forensische Medizin, für die Inspiration und Hilfe bei den pathologischen Details. Vielen Dank an den ehemaligen Hauptkommissar der Mordkommission, Bent Isager-Nielsen, der ständig meine Anrufe entgegennimmt und sein unerschöpfliches Wissen mit mir teilt.

Ein großes und liebevolles Dankeschön an meine Mutter Jette Aagaard und meine Freundin Katrine Engberg, die meine Entwürfe lesen und deren Meinungen und Ratschläge für meine Arbeit unverzichtbar sind. Vielen Dank an meinen Vater Per

Anders Jensen, der stets zuverlässige Erik Schäfer für meine innere Heloise. Vielen Dank an meinen Bruder Anders Aagaard Jensen für die ewige Unterstützung.

An Tina und Per Rasmussen, Mette Marie Lei Lange, Nanna Jardorf und Anne Mette Kirk: Vielen Dank für Eure offenen Ohren und Euer gutes Zureden!

Ein besonderes Dankeschön an Südjütland für eine wunderbare und behütete Kindheit und den Benniksgaard, mit dem einige meiner besten Kindheitserinnerungen verbunden sind.

Doch vor allem: Vielen Dank an Vega, Castor und Tim. Dass wir zusammengehören! Ich kann mein Glück einfach nicht fassen.

Anne Mette Hancock
**Leichenblume**
Thriller

»Anne Mette Hancock überholt Nesbø und Adler Olsen auf den Bestsellerlisten.« *Berlingske*

*Journalistin Heloise Kaldan* steht vor dem beruflichen und privaten Aus. Da erhält sie Post: von der gesuchten Mörderin Anna Kiel.

*Kommissar Erik Schäfer* hat jahrelang nach Anna Kiel gefahndet. Nun bekommt er unerwarteten Besuch.

*Anna Kiel* träumt davon, sich endlich aus ihrem Versteck zu wagen. Ist jetzt die Zeit gekommen?

Aus dem Dänischen von Karoline Hippe
400 Seiten, Klappenbroschur

Weitere Informationen finden Sie auf
*www.fischerverlage.de*

AZ 651-00093/1

Anne Mette Hancock
**Narbenherz**
Thriller

Kopenhagen: Investigativ-Journalistin Heloise Kaldan hat gerade eine Recherche zu traumatisierten Soldaten begonnen, als sie eine persönliche Entscheidung treffen muss über Leben und Zukunft. Noch bevor sie irgendetwas tun kann, erfährt sie vom Verschwinden eines zehnjährigen Jungen. Vor Ort trifft Heloise ihren guten Freund Kommissar Erik Schäfer, der in dem Fall ermittelt. Die Spuren sind verwirrend, nichts passt zusammen. Heloise versucht, Erik Schäfer zu helfen, das entscheidende Muster zu erkennen. Und begegnet ihren innersten Dämonen.

Der zweite Fall für Heloise Kaldan und Erik Schäfer

Aus dem Dänischen
von Friederike Buchinger
384 Seiten, Klappenbroschur

Weitere Informationen finden Sie auf
*www.fischerverlage.de*

AZ 651-00094/1